科学胎教

每日一页

付娟娟/编著

中国人口出版社
China Population Publishing House
全国百佳出版单位

前言

计划要一个宝宝时，相信每一对准爸妈都希望自己的宝宝聪明、漂亮、活泼，希望自己的宝宝具备优秀人才所具备的一切特质，以便在将来激烈的竞争中立于不败之地。基于这样的出发点，胎教受到了很多有一定文化水平的准爸妈的重视。

胎教自古就有，而且也不乏成功的案例，尤其是这些年来，胎内教育的认知已经十分普及，备孕或者正处于妊娠阶段的准爸妈常常会通过一定的方式来做胎教。这个时候，“如何胎教”“怎样做才有胎教效果”成为困扰准爸妈的问题。

当你拿起这本书时，我们已经为你实现所有的希望准备好了一切。相信你的选择，这就是你最想要的胎教书。

书中详细记录了怀孕每一周胎宝宝的变化，并提供了本阶段最合适、最直接、最实用的胎教方法以及最丰富的胎教素材，一首优美的诗歌，一幅温情满满的画作，一首动听的音乐，一部轻松的电影……准妈妈可以在孕期的每个阶段轻松对照做胎教。

很多父母做胎教时急于求成，偏听偏信，用不正确的胎教方式，给腹中的胎宝宝造成损害。在这里，我们希望纠正少数父母的观点，胎教的目的，不是为了孕育神童，而是帮助你的孩子成长得更健康更快乐。

胎教成功的关键，应该是准妈妈快乐的情绪和对宝宝全身心的爱。

希望本书能够帮助准妈妈走过整个快乐的孕期！

目录

PART 1

孕1月 悄然发芽的小种子

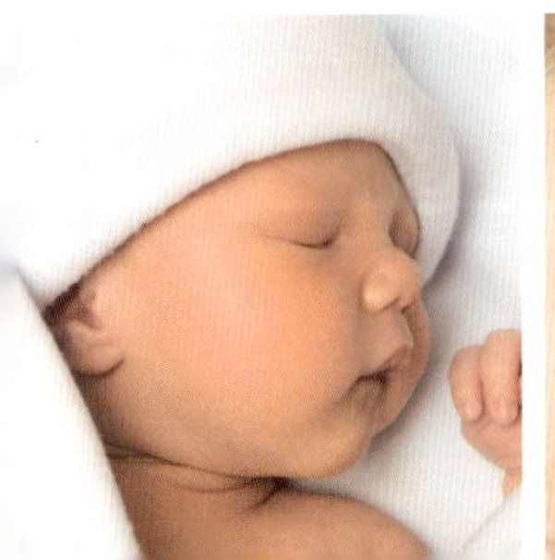

CONTENTS

PART 2 孕2月
好"孕"如期而至

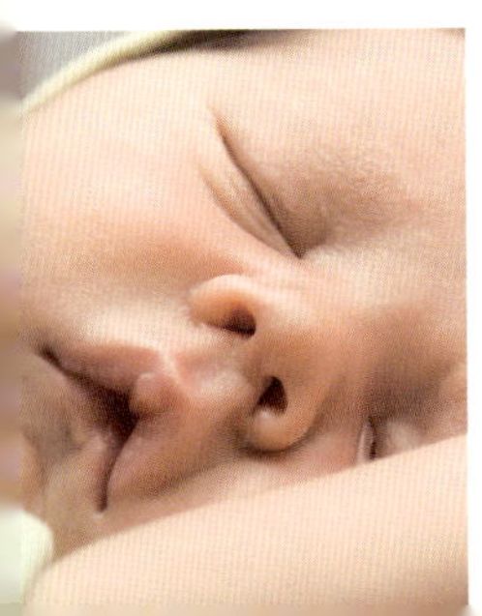
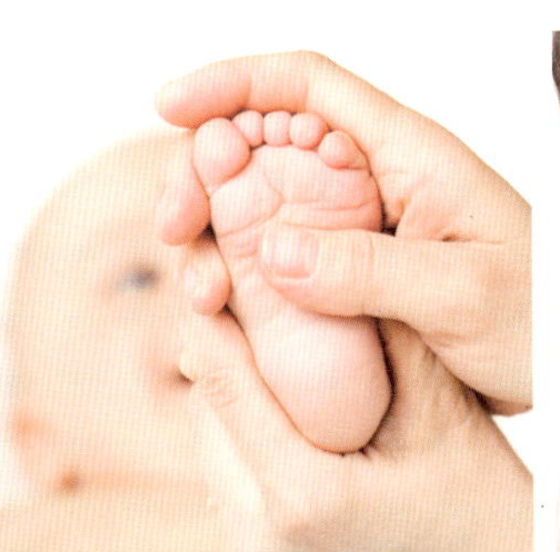

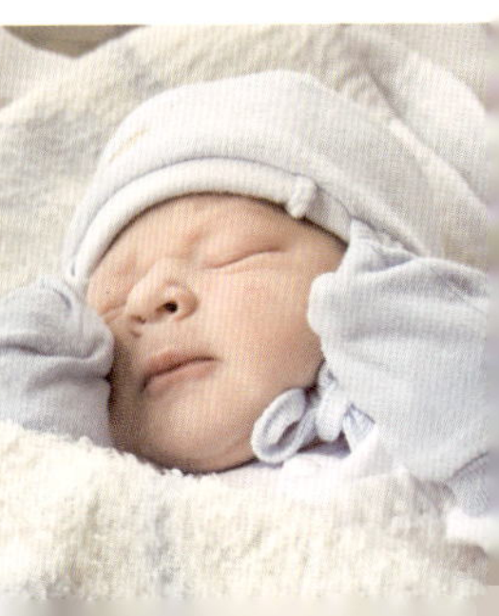

PART 3 孕3月

变成一个小小人

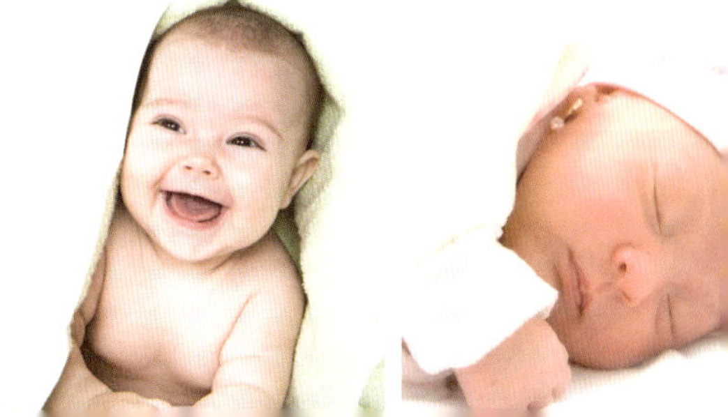

PART 4 孕4月

你的心跳如此动人

PART 5 孕5月

胎动的美妙滋味

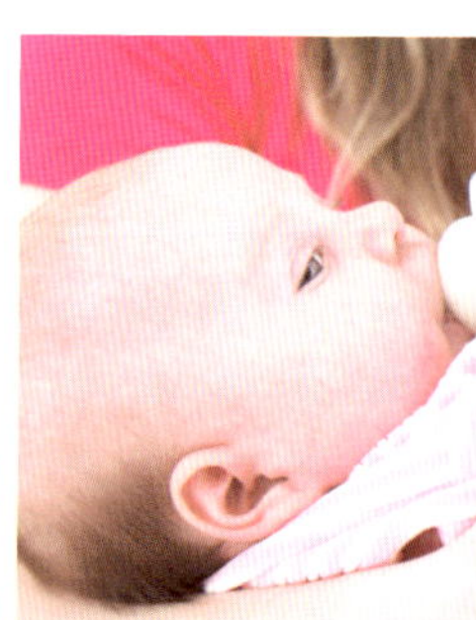

PART 6 孕6月 子宫里的“窃听者”

PART 7 孕7月

亲子互动好时光

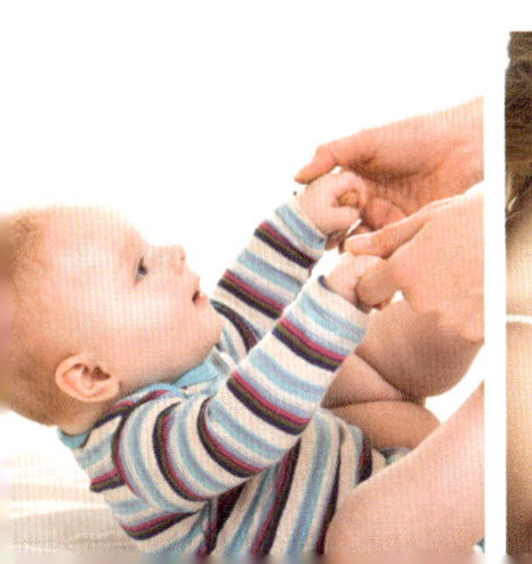

PART 8 孕8月

努力发育成完美宝宝

PART 9 孕9月
掰着指头数日子

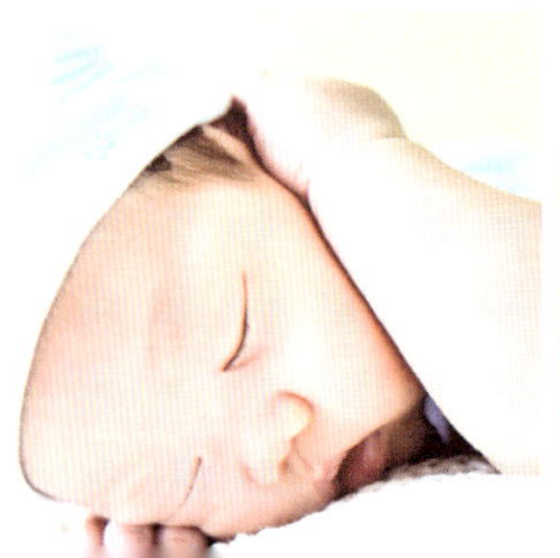
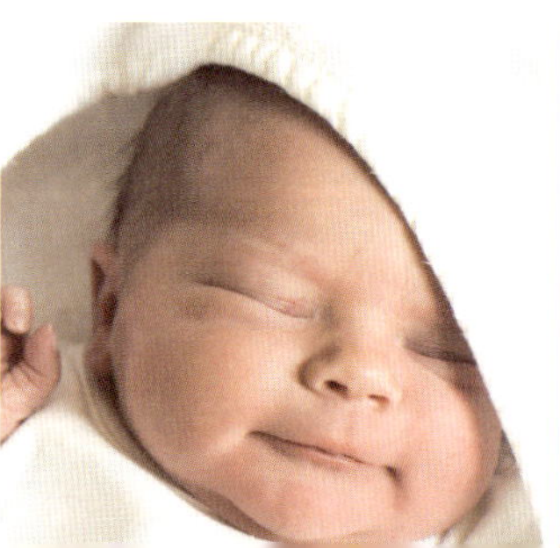
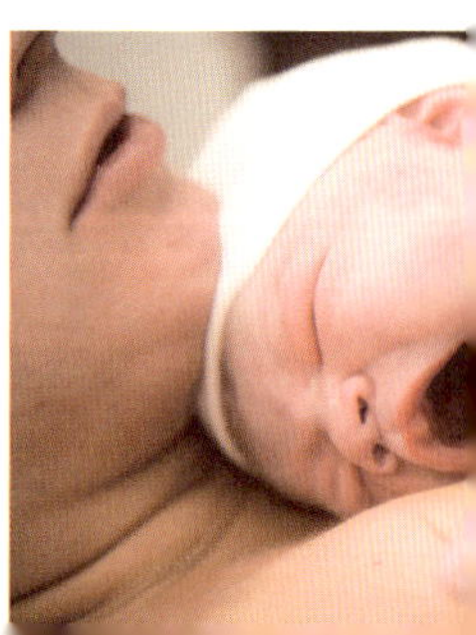

PART 10 孕10月 嘿！亲爱的宝贝

PART 1

孕1月

悄然发芽的小种子

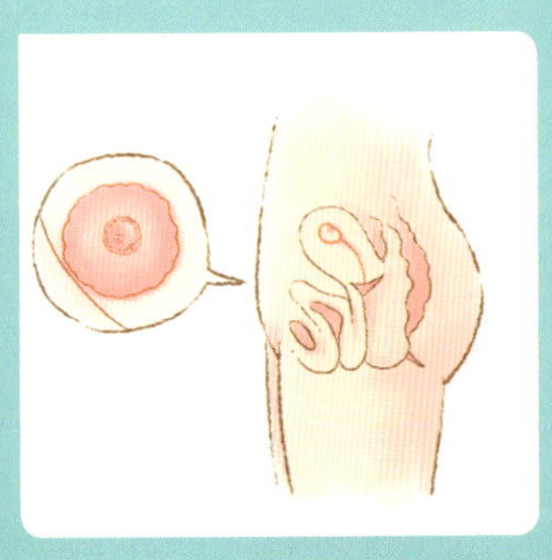

胎教从这个月就可以开始啦，想象一个“小人儿”在你的身体里从无到有，这种感觉是不是既美妙又神奇呢？为了胎宝宝成长得更聪明、更健康，准妈妈从现在开始就要关注营养、关注情绪、关注心理变化了。

1 WEEK

第1天

本周变化：做好为人母的心理准备

按医院惯例，我们将末次月经的第一天作为孕期的第一天，今天是你末次月经的第一天，记住这个有纪念意义的日子吧，你的40周的孕期将从这一天开启。

如果你还没有做好当一名母亲的准备的话，在接下来的一段时间，你可要努力哦。积极调整心态，认识到自己即将担负起准妈妈的重大职责，这是每一名备孕女性在备孕伊始就要开始做的重大任务。

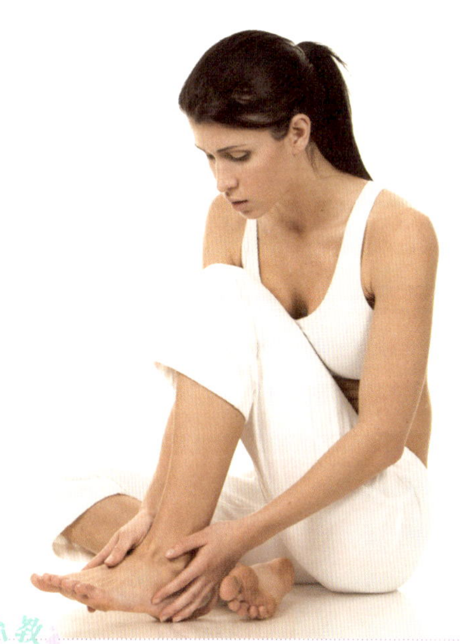

如何找到做妈妈的感觉

身份的角色认知对准妈妈极为重要，这决定了准妈妈对未来将在腹中“安营扎寨”的小生命的认同，也决定了以后两人世界到三口之家的顺利过渡。准妈妈可以通过以下一些方法帮助自己尽快找到做妈妈的感觉：

1 多看漂亮可爱的宝宝照片；多看网上妈妈们所讲述的育儿趣事。

2 从内心深处认同怀孕生子是必经的一个生命历程。女人只有经历了一次完整的生育过程，生命才会变得完整。

3 请求准爸爸帮忙，准爸爸温馨的爱会让准妈妈对孕育一个你们“爱的结晶”充满了期待。

4 提前了解孕育知识，了解怀孕后，身体形态和容貌会发生哪些变化。由于孕期激素分泌异常，心理活动更是复杂多变；在工作、生活中会遇到许多难以预料的困难……提前了解孕育知识可帮助做好面对这些变化的心理准备。

胎教贴心话 在备孕期间，不管是准妈妈还是准爸爸，都要谨慎用药，以免影响精子、卵子质量以及胎宝宝的健康。如果发生感冒、发热的病症，应在告知医生怀孕计划后，遵医嘱治疗。

第2~3天

营养均衡，定时定点

1 WEEK

营养其实也是胎教的一个重要元素，准妈妈营养好，不但能给胎宝宝提供一个良好的身体内环境，还能帮助胎宝宝器官发育更充分。

营养最讲究的就是和谐搭配，营养摄入不足，当然需要补充，但某些营养素摄入过量，会导致另一些营养素被排挤，而有些营养素即使摄入充足，没有另一些营养素的帮忙，也无法充分吸收利用，所以饮食需要均衡，营养才能达到最大化的吸收效果。

偏食挑食容易导致某种营养素的缺乏，所以从备孕起，准妈妈就刻意注意一下，每天的餐桌是否做到了营养全面，至少应包括供给大部分能量的谷物、含维生素和矿物质丰富的蔬果、含有优质蛋白的豆类和乳类以及营养价值较高的鱼类、蛋类、肉类，另外，适当吃些坚果、菌类食物，总之尽量丰富营养。

一日三餐没有相对固定的时间，每餐的食量没有相对固定的标准，有时候忍饥挨饿，有时候暴饮暴食，对身体都是很大的伤害，也无法为怀孕做到足够的营养储备，同样需要早些调整。

下面是中国营养学会建议的准妈妈在孕前每天的食物摄入量，准妈妈可以对照一下，如果自己平日的饮食结构就很合理，一定要继续保持，如果没有达到要求，尽量调整。

准妈妈孕前每日食物摄入量

油	25~30毫升	蛋类	25~50克
盐	6克	蔬菜类	300~500克
奶类及奶制品	300克	水果类	200~400克
大豆类及坚果	30~50克	谷类、薯类及杂豆	50~75克
畜禽肉类	50~75克	水	1200毫升
鱼虾类	50~100克		

胎教贴心话 好的饮食习惯可以帮助准爸妈诞生更优质的精子和卵子，此外，轻松的心情对准爸妈也十分重要，在享受性生活前可以做些能让自己放松的事情，如与准妈妈一起享受浪漫晚餐等。

1 WEEK

第4~5天
保持良好的生活习惯

在孕期，准爸妈培养良好的生活习惯和饮食习惯对胎宝宝的健康发育有着重要意义。

准妈妈良好生活习惯的培养

1 规律作息。胎宝宝的作息和准妈妈是一样的，有规律的作息对胎宝宝有极大的好处。所以不能熬夜，每天定时上床睡觉。给胎宝宝一个规律的生活，是胎宝宝健康发育的前提。

2 戒除不良嗜好。咖啡、浓茶等对神经有很大的刺激作用，胎宝宝的神经还很脆弱，很容易受到侵害，准妈妈除了要远离咖啡和浓茶等嗜好外，特别注意不要受二手烟的危害，如果周围有人吸烟，可以礼貌地提醒他你怀孕了。

3 出行有人陪伴。建议准爸爸陪着准妈妈一同出行，这样不但保护了准妈妈和胎宝宝，也使准妈妈有了愉悦的心情，享受孕育的感觉。

准爸爸需要坚持的好习惯

1 少量或者不要饮酒。大量饮酒可导致精子质量下降。

2 戒烟。吸烟是精子数量下降的主要因素，备孕期间准爸爸应坚持戒烟。

3 不洗桑拿、蒸汽浴。精子是十分娇嫩的，它存活的温度比体温低，高温蒸浴会直接伤害精子。

4 手机、笔记本等应远离“下体”。不少准爸爸习惯将手机放在裤兜里、笔记本电脑放在膝盖上、穿紧身裤等，这些习惯都会使得阴囊温度升高，从而伤害精子。

5 不做剧烈运动。剧烈运动如马拉松和长距离的骑车等会使睾丸的温度升高，破坏精子成长所需的凉爽环境，骑车应尽量选择减震功能良好的自行车。

1 WEEK

第6~7天

优境胎教：营造良好的内外环境

胎宝宝所生活的环境大概可以分为两部分：内环境——准妈妈的身体；外环境——准妈妈生活的环境（包括准爸爸的影响）。让胎宝宝生活在优良的内外环境中，对胎宝宝大有益处。通过自己生活的环境，胎宝宝不仅接收自己需要的东西，比如生长必需品（营养、氧气等），还借助准妈妈的身体保护自己不受伤害，同时也接收一些“精神品”，如通过感受准妈妈的情绪来愉悦自己等。

胎宝宝的生活环境可以细分为：

心理环境：准妈妈的精神状态和意识（修养、兴趣、爱好、职业等）。

生物化学环境：准妈妈的营养状况、药物反应、伴随情绪波动产生的内分泌激素等。

物理环境：准妈妈的心脏跳动的节奏变动、姿势变换、抚摸拍打、胃肠蠕动等。

如何拥有一个适合胎宝宝发育的环境

1 准妈妈要保持身心健康愉悦，养成良好的生活习惯，保证合理的营养。

2 准爸爸要为准妈妈创造舒适的环境，室内颜色要柔和，四周保持整洁，最好摆设有花卉、盆景，墙上挂上活泼可爱的宝宝照片等。

3 准妈妈和准爸爸一起提高对音乐、语言、思想情操各方面的修养，还应该避免外界环境不良因素的刺激。

4 注意营养，常吃能排出身体毒素的食物。

5 保持良好心态。准妈妈心情舒畅时，体内可分泌一些有益的激素，以及酶和乙酰胆碱，有利于胎宝宝的正常生长发育。

胎教贴心话 建议准妈妈多学习一些孕产知识，了解各种生理现象，有了正确的认识会缓解因措手不及而导致的紧张和苦闷。

2 WEEKS

第8天

本周变化：卵子在静待一场“浪漫邂逅”

即将成为胎宝宝一半的那个卵子已经做好准备，静候“邂逅”了。在这之前，准妈妈不妨先了解下有关卵子的知识。

了解卵子

女性的体内有两个卵巢，在胎宝宝时期共有700万个原始卵细胞。这个数量并不是一成不变的，它在出生时减少到200万个，到了青春期就只剩下50万个了。

一名女性一生约有30年左右的排卵时间，大约排400个卵子。在怀孕之前，排卵这件事情每个月都在你的腹中悄悄地、周而复始地进行着，表现为月经来潮。在生育期如果月经没有来潮，可能就是卵子已经受精，准妈妈要做好生育的准备。

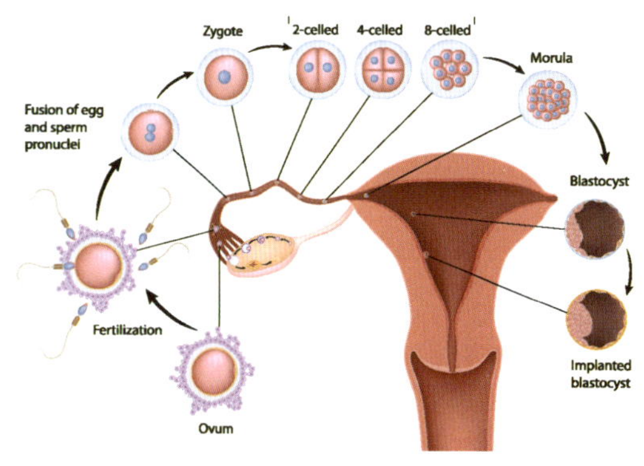

如何找排卵期

卵子排出后可存活1~2天，这期间它会沿着输卵管行进，若是遇到精子就成为受精卵，若是没有遇到，它会独自到达子宫，排出体外。因此，确定排卵期对受孕非常重要。

一个月经周期规律为28天的育龄女性，排卵一般发生在月经前14天左右，而月经周期为30天时，排卵在月经第16天左右。

在排卵期前1~2天，阴道分泌物会增多，像鸡蛋清一样清澈、透明，可以拉出很长的丝，敏感女性的下腹部尤其是下腹部的右侧会隐隐作痛。现在药店有简单易操作的排卵试纸，可以方便地帮你测出排卵期。

排卵期过性生活成功率高

在排卵前的1~2天过性生活可以提高受孕概率。卵子排出后将存活24~48小时，而精子在女性体内存活的时间是2~3天。在排卵前1~2天过性生活，则当卵子排出时，很可能就有健康的精子在输卵管里静候授精了。

第9天

语言胎教：诗歌《孩童之道》

孩子为什么会来到这个世界上，成为你的宝贝？泰戈尔的《孩童之道》这首诗将给你一个不一样的答案。在孕前读这首诗，你会对为人父母有全新的感受，在孕期读这首诗，你会对腹中的胎宝宝生出更多的爱。这是一首适合反复朗诵的爱的赞歌。

孩童之道

如果孩子愿意，此时他就能飞上天堂。

他之所以没离我们而去，这不是没有原因的。

他喜欢将头靠在妈妈的胸间休息，一刻也不能忍受将视线离开她的身体。

孩子知道各种各样的乖巧话，尽管世间很少有人能理解这些话的含义。

他从来不说，这不是没有原因的。

他想要做的一件事，就是学习从妈妈嘴里说出的话语。那也是为什么他看起来如此天真的缘故。

其实，孩子拥有成堆的金子和珍珠，然而他却像个乞丐一样来到这个世界上。

他之所以以假扮的方式来，这不是没有原因的。

这个可爱的小小的裸露着身体的小乞丐假装成完全无助的模样，便是想向妈妈乞求得到爱的财富。

孩子如此无拘无束地生活在这小小的新月世界里。

他之所以放弃了他的自由，这不是没有原因的。

他知道在妈妈内心小小的角落里充满着无穷无尽的快乐，被妈妈亲爱的臂膀拥在怀里的甜蜜要远远超过自由的获取。

孩子从来不知道怎样哭泣，他居住在完美的乐土上。

他选择了流泪，这不是没有原因的。

尽管他带着微笑的可爱的小脸儿引动着妈妈的心向着他，然而他的因为细小的麻烦引起的小小的哭泣，却编织成了怜与爱双重约束的纽带。

——选自泰戈尔的《新月集》

胎教贴心话 刚刚受孕但还不知道有没有成功的那段时间，心情总是忐忑的。有焦虑的情绪很正常，但过分焦虑也会影响到受精卵的着床，准妈妈保持乐观的心态非常重要哦！

第10~11天

准爸爸参与胎教好处多多

在怀孕、育儿过程中，准爸爸参与进来，会收获意想不到的好处，因此，要将“怀孕、育儿是准妈妈一个人的事情”这样的旧观念抛开，让准爸爸也参与到胎教过程中来。

准爸爸参与胎教的好处

1 研究证实，胎宝宝对准爸爸低频率的声音比对准妈妈高频率的声音更敏感，接收到准爸爸的声音也更容易。

2 可以建立宝宝日后对父亲的信任感。

3 准爸爸参与胎教能让准妈妈感觉受到重视与疼爱，从而心情变得愉快，而这样的愉快胎宝宝能感受到。

4 有很多胎教方式准爸爸参与进来才能更好地展开，比如早晨夫妻俩一起到环境清新的公园散散步，做做早操等。有准爸爸的参与，胎教氛围会更加充满爱意，更加生动有效。

一些夫妻合作更有效果的胎教方式

1 情绪胎教。准妈妈的情绪对胎宝宝的影响从受精之前就开始了，在孕期因为生理上的变化，受妊娠反应的影响，准妈妈的情绪会变得难以捉摸，甚至喜怒无常，尤其是在孕早期，心理脆弱起来的准妈妈依赖性也会增强，心里对准爸爸有很多的希望，准爸爸可以帮助准妈妈保持安定平稳的情绪。

2 对话胎教。准爸爸参与对话胎教，话题更多，聊起来也更有趣味性。准爸妈每天坚持跟胎宝宝讲话，可以使得宝宝出生后智力及情绪稳定，加深与宝宝的感情。

3 抚摸胎教。怀孕6个月时可以明显地触摸到胎宝宝的头、背和肢体，准爸爸轻轻抚摸准妈妈日渐隆起的肚皮，不但能促进胎宝宝智力发育、加深父子之间的情感联系，还能让准妈妈感觉到甜蜜的爱意，对胎宝宝的爱是进行所有胎教内容的基础，而准爸爸和准妈妈相互之间的爱意也可以通过准妈妈的神经递质传递给胎宝宝，胎宝宝感受到爱意后，才能更愉快地成长。

胎教贴心话 家务琐事很繁重，准爸爸应承担起家务责任，烧几道菜，收拾一下厨房，打扫一下卫生，这些事情不需要做得多么专业，但总是能令准妈妈倍感温暖的。

2 WEEKS

第12~13天
汉乐府诗歌：《木兰诗》

小时候背过的课文，一首简单的童谣，都会引起你美好的回忆。在本书中，我们会不时为你准备这类素材。现在的你可能会为是否已经怀孕而感到忐忑，为转移注意力，重温这首《木兰诗》吧，看看还能记得多少。

木兰诗

唧唧复唧唧，木兰当户织。不闻机杼声，唯闻女叹息。
问女何所思，问女何所忆。女亦无所思，女亦无所忆。
昨夜见军帖，可汗大点兵，军书十二卷，卷卷有爷名。
阿爷无大儿，木兰无长兄，愿为市鞍马，从此替爷征。
东市买骏马，西市买鞍鞯，南市买辔头，北市买长鞭。
旦辞爷娘去，暮宿黄河边。不闻爷娘唤女声，但闻黄河流水鸣溅溅。
旦辞黄河去，暮至黑山头。不闻爷娘唤女声，但闻燕山胡骑鸣啾啾。
万里赴戎机，关山度若飞。朔气传金柝，寒光照铁衣。将军百战死，
壮士十年归。
归来见天子，天子坐明堂。策勋十二转，赏赐百千强。
可汗问所欲，木兰不用尚书郎，愿驰千里足，送儿还故乡。
爷娘闻女来，出郭相扶将；阿姊闻妹来，当户理红妆；
小弟闻姊来，磨刀霍霍向猪羊。开我东阁门，坐我西阁床。
脱我战时袍，着我旧时裳。当窗理云鬓，对镜贴花黄。
出门看火伴，火伴皆惊忙。同行十二年，不知木兰是女郎。
雄兔脚扑朔，雌兔眼迷离。双兔傍地走，安能辨我是雄雌？

——选自宋朝郭茂倩编的《乐府诗集》

胎教贴心话

胎宝宝的性别从受精开始就已经决定了，不过，这不妨碍你在怀孕过程中，按照民间的说法来玩一玩“猜猜宝宝性别”的游戏。

2 WEEKS

第14天

营养胎教：别忘记补充叶酸

前面我们说过，营养是胎教的一个很重要的部分，从孕前3个月开始，准妈妈便不可忽视叶酸这个重要的营养素。叶酸可以帮助胎宝宝神经系统发育，对预防胎宝宝神经管畸形起着很重要的作用。

叶酸怎么补充

1 一般每天服用0.4毫克的叶酸增补剂就可以有效预防胎宝宝神经管畸形的发生。这里还要提醒的是，服用叶酸增补剂最好在医生的指导下进行。

2 过量的叶酸会掩盖维生素B_{12}缺乏的症状，干扰锌的代谢，引起锌缺乏，因此每天叶酸的摄入量最大也不要超过1毫克。

3 叶酸补充最好在怀孕前3个月到怀孕后3个月期间，怀孕前就保证叶酸维持在一定的水平，可以保证胚胎早期有一个较好的叶酸营养状态。

4 有些医院会给准妈妈开多种维生素矿物质片，里面含有叶酸，这种情况下一定要咨询医生，是不是还需要补充叶酸片，以免过量补充。

多吃富含叶酸的食物

在很多食物中都含有叶酸，这个时期，准妈妈不妨多吃些这样的食物来帮助胎宝宝神经系统的发育。富含叶酸的食物有：

1 新鲜蔬菜。如莴苣、番茄、胡萝卜、青菜、花椰菜、油菜、小白菜、扁豆等。

2 新鲜水果。如橘子、草莓、樱桃、香蕉、柠檬、桃、杨梅、海棠、酸枣、石榴、葡萄、猕猴桃、梨等。

3 动物性食品。如动物的肝脏、肾脏、鸡肉、牛肉、羊肉等。

4 豆类、坚果类食品。如黄豆、核桃、腰果、栗子、松子等。

5 谷物类。如大麦、米糠、小麦胚芽、糙米等。

胎教贴心话 发现怀孕了，但是没有服用叶酸的准妈妈不要太过忧虑，只要在孕期定期检查即可。因为在我们日常饮食中，很多食物都含丰富的叶酸，临床也有很多没服用叶酸但是生出了健康宝宝的准妈妈。

3 WEEKS

第15天

本周变化：精王子遇上卵公主

每一个新生命的形成都是一枚最优秀的精子经历了神奇的旅途，跋山涉水冲破层层障碍，战胜无数竞争对手，最后和一枚卵子相遇而形成的。

只有一个精子能成为最后赢家

同房时，数亿个精子被射入阴道，精子们借助尾部的摆动向输卵管方向游动，进行长达3天的马拉松赛跑。数亿个精子中只有200个左右到达了输卵管壶腹部。

排卵后，卵子会进入输卵管最粗的壶腹部等待精子。

精子们遇到卵子后，会将头部朝向卵子将其包围，但只有1个精子拔得头筹，穿过卵子外面的透明带进入细胞内部，成功与卵子结合。此时，精子的头部迅速分泌出一种特殊的酶，溶解卵子的外壳，帮助精子的头部进入卵子内部同卵子的核融合。一旦精子穿透卵细胞外层的透明带，卵子立即释放一种化学物质，透明带及细胞膜会形成一层保护屏障，阻止其他精子进入。

精子与卵子结合

受精过程的完成也就是受孕过程的开始，精子在输卵管与卵子结合，将各有的23条染色体合并为46条，成为受精卵，受精卵承载着你们的遗传密码，一边迅速分裂繁殖，一边向子宫腔移动。从这一天开始，在准妈妈的腹部，一个独一无二的生命已经开始它神奇的旅程了。

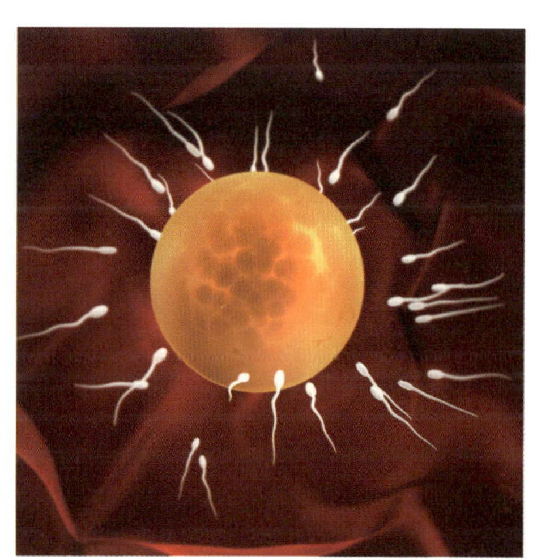

胎教贴心话

有些准妈妈为了怀上双胞胎或者多胞胎，会擅自使用促排卵药物。需要叮嘱准妈妈的是，促排卵药物对身体和胎宝宝都不利，如果不是医学需要，建议不要轻易尝试。

第16~17天

记一份胎教笔记吧

中国台湾知名主持人蔡康永写过一本《宝宝日记》，以“亲爱的宝宝”开头，将一天的见闻、感受等，向宝宝娓娓道来，让人感觉无比温馨，这是一种很好的胎教笔记的形式。

准爸妈有心的话，从今天开始记胎教笔记吧，无论是电子版本还是纸质版本，胎教笔记都将成为你整个胎教过程的好帮手。写笔记不但可以记录胎宝宝的成长变化、母子之间的互动内容，还可以令准妈妈心情安静祥和。

胎教笔记写什么

胎教笔记内容可以包括怀孕的所有事情：身体情况、心理状态、起居、饮食、天气变化以及休息、娱乐……等到第4个月开始，准妈妈和胎宝宝的胎教互动增多，胎教笔记也可以增加一些内容，如胎动开始日期、胎教内容、胎宝宝反应等；其他如产前检查、健康状况、孕期用药状况、生活健康状况、家庭胎动自我监护情况等。

胎教笔记怎么记

准妈妈可以用表格形式、图文形式、流水账形式等任何你喜欢的一种方式记笔记。将每天做胎教的部分用明显的字体或者表格形式表达出来，这样不但一目了然，还会避免漏掉一些项目和内容。

准妈妈可以将写胎教笔记当作经过一天的忙碌之后最好的放松方式。就算哪天或者哪段时间比较忙，忘记写了，也不要就此放弃，坚持下来，这满载爱的胎教笔记将是给未来宝宝最好的见面礼。

第18~19天 要留神的怀孕征兆

留神怀孕征兆可以避免备孕女性在已经受孕的情况下，因为不知情做了伤害胎宝宝的事情，比如吃药、染发等。在怀孕前期一般不会有明显症状，但是身体会有异常的情况出现，因此及早捕捉怀孕信息是非常重要的。

可能怀孕的一些小迹象

1	月经停止	月经周期正常的准妈妈，在性行为后超过两周仍没有来月经，就有可能是怀孕了。
2	频尿	怀孕初期，增大的子宫压迫膀胱引起尿频，有的甚至每小时一次，怀孕3个月后，子宫长大并超出骨盆，症状会自然消失。
3	体温升高	怀孕后由于妊娠黄体酮对体温中枢的影响，基础体温会持续维持在高水平而不下降。
4	早孕反应	早晨起床后有恶心、反酸、食欲缺乏、容易疲倦、挑食等现象，甚至呕吐，有些人会很想吃些酸味的东西。
5	乳房变化	在怀孕初期，准妈妈的乳房会增大一些，有刺痛、膨胀和瘙痒感，乳头周围乳晕上小颗粒显得特别突出。

别把怀孕当感冒

如果你有计划要一个孩子，出现类似感冒的症状时，可以先买一个试纸自己测一下，阳性和弱阳性一般情况下可能就是怀上了，这时候准妈妈要多注意身体。因为怀孕初期的症状表现和感冒确实有点类似，比如体温升高、头痛、精神疲乏等，尤其是有的时候，准妈妈还总会比别人觉得冷、脸色发黄等。

有的准妈妈以为自己感冒了会去打针吃药，而不少感冒药对于尚处于脆弱时期的胎宝宝伤害是比较大的。

胎教贴心话

若是在不知情的情况下服用了感冒药，不要慌张，可以将药名记下来，去医院咨询妇产科医生，医生会给你可信的建议。

第20~21天

音乐胎教：名曲《晨光》

音乐能促进胎宝宝脑神经发育。神经元是神经系统的基本结构单位和机能单位，胎宝宝智力的优劣与脑神经元的发育关系十分密切。不过这个时候的胎宝宝还只是胚胎，他的听觉器官要到4个月以后才发育。现在聆听音乐主要是让准妈妈舒缓心情。

了解这首曲子

这首《晨光》是由班得瑞乐团所作。1990年发迹于瑞士的班得瑞，来自一群爱好生命的年轻作曲家、演奏家及音源采样工程师等青年才俊。

厚实的弦乐加上清脆的风铃声、木管和吉他前后交替演奏主旋律，曲子一开场就以极端的对比令人印象深刻，象征黑夜与白天的交替时分。晨光描述的正是莱茵河清晨的景物，乐曲中所表现的晨光柔和而又充满着活力。

早晨起床听一曲《晨光》

聆听这首曲子的时候，准妈妈可以想象在丝丝清冷的空气里与缓缓的流水声中，朝阳初洒河面，波光粼粼，雾气盘升的宁静氛围。而自己仿佛置身于一片绿油油的麦田，正在充分地享受着阳光的亲吻……一定会被它优美的自然音乐所感染。

胎教贴心话 音乐大师们在演奏时往往将宇宙、大自然中的生命体信息融于舒缓柔美的曲子中，经常聆听不仅有助于安胎顺产，而且对胎宝宝右脑发育也有很大的促进作用。但如果不喜欢这些大师们的作品，也不要勉强自己，听自己喜欢的音乐，胎教效果最好。

第22天

本周变化：受精卵在子宫安营扎寨

这周受精卵将在准妈妈的子宫内完成安营扎寨，发育成胚胎，胎宝宝将真实存在了。这个时候，准妈妈的子宫和身体已经为胎宝宝的到来发生了翻天覆地的变化，但准妈妈可能还没有感觉到。

受精卵在子宫着床

卵子受精后，会一边不停地分裂，一边沿着输卵管渐渐地向子宫方向移动，并经过4~5天到达子宫腔。此时，受精卵已经经历了多次分裂，形成一个中空的泡状物，叫胚泡。到达子宫腔的胚泡会黏附在子宫的表面，这样它就可以得到保护并从血管里汲取氧气和营养，着床开始。在接下来的约5天里，胚泡细胞继续分裂，并产生蛋白分解酶帮助胚泡溶解子宫内膜，让胚泡钻入并埋于子宫内膜里，完成着床。着床后的胚泡会接着分裂成胚盘，成为胚胎。

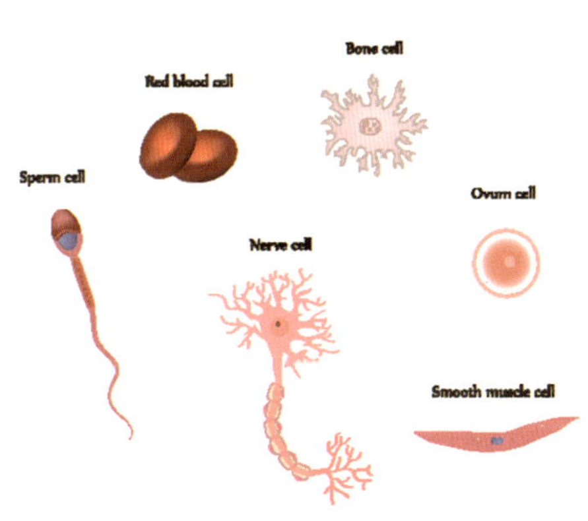

着床时你会有什么感觉

一般情况下，这一系列过程是在无声无息中进行的，准妈妈不会有什么特别的感觉。但也有敏感的准妈妈会察觉自己身体发生的微妙变化，比如基础体温骤降骤升、小腹胀痛、乳房胀痛等；有的准妈妈会出现轻微出血，医学上称之为“孕卵植入性出血”，这对身体的健康及胎宝宝发育无不良影响，不必过于担心。

但如果下腹出现剧烈疼痛，并伴有不规则的阴道出血时，应该引起重视，及时就医，因为这很有可能是受精卵着错床引发的宫外孕。

胎教贴心话 准妈妈在此时要格外注意，尽量避免接触X光和其他射线，避免用药，因为此期的小胚胎最容易受到损伤，多数的先天畸形都发生在这一时期。

第23天

种一盆绿色植物，感受生命的美好

在孕期，准妈妈有很多有意义的事情可以做，这些事情不但能够陶冶自己的情操，还能将好的情绪传达给胎宝宝，对胎宝宝产生有利的影响。种植绿色植物就是这样有意义的事情。

种植绿色植物不用特意准备材料，吃了水果，可以用水果种子做盆栽，家里的生菜根、白菜根、发芽的土豆等都可以用小容器装起来，放一些水，慢慢长成一小盆生机盎然的绿植。

种荔枝

1 荔枝核充分洗净，用清水浸泡7天。

2 记得每天要换水。

3 待荔枝核的芽发出后，就可以把它们移到花盆中了，注意发芽的一端朝上。

4 几天后，一盆别致的绿植就长出来了。

生豆苗

1 挑选一把成熟饱满的黄豆，用清水浸泡2~3天。

2 每天换水1~2次。

3 待黄豆芽发出后，把它们放到一个敞口的玻璃瓶中，注意不要再加水浸泡了，而是每天用喷壶将豆芽喷湿。

4 几天后，绿绿的叶子就会伸出瓶口来了。

胎教贴心话

看着种子慢慢发芽，感受生命的美好，对准妈妈来说，是身体和精神的双重营养。说不定，胎宝宝因此爱上了园艺，将来成为了不起的园艺师呢。

第24~25天

艺术胎教：电影《放牛班的春天》

很多准爸爸不知道怎样才能参与到胎教中来，其实陪着准妈妈看一场有意义的、温暖的电影，就是很美好的胎教。准爸爸可以帮助准妈妈选择好电影，然后跟准妈妈一起坐在沙发上静静欣赏。

看过《放牛班的春天》这部电影的准妈妈一定不会排斥再重温一遍这个经典影片，没看过这部电影的准妈妈更不要错过欣赏这个影片，因为它能给你传达爱，让你感受爱，教你学会爱。春天早就在那儿，等候着我们到达，它不是谁能够送给谁的，如果我们迷了路，最需要的将是一位微笑的领路人。

电影简介

导演：Christophe Barratier

编剧：Christophe Barratier/Philippe Lopes-Curval

主演：杰拉尔•朱诺/弗朗西斯•贝尔兰德/尚•巴堤•莫里耶/玛丽•布奈尔/凯德•麦拉德/雅克•贝汉

语言：法语

片长：97分钟

内容提要

音乐家克莱门特到了一间外号叫“塘低”的男子寄宿学校当助理教师，学校里的学生大部分都是难缠的问题儿童。性格沉静的克莱门特尝试用自己的方法改善这种状况，他重新创作音乐作品，组织合唱团，决定用音乐来打开学生们封闭的心灵。

电影中的音乐非常好听，孩子们的声音毫无人工做作的痕迹，天然而纯净，在这个影片中，我们可以看到音乐的力量，它可以改变一个人的生活，即使是最简单的音乐。

胎教贴心话 为追求最佳的观影效果，有的准妈妈希望到影院去看，建议准妈妈在孕早期和孕晚期别这么做，影院声响效果太强，对胎宝宝不利，若实在想去，一定要做好隔音措施，一旦胎动强烈，应及时退出。

第26~27天

准爸爸胎教：陪准妈妈说心里话

准爸爸或许会发现准妈妈现在会像在月经期里那样抑郁、易怒、伤感，这个时候一定要做好心理准备，因为准妈妈有这样的反应不是无理取闹，大多数时候只是身体内激素水平变化引起的自然反应，准爸爸可以努力帮助准妈妈改善这样的情绪。

陪准妈妈说心里话

怀着期待宝宝的心情，在已经过去的日子里，准爸妈一定积攒下了不少感想，那么，准爸爸不妨与准妈妈一起来玩一个有趣而温馨的说话游戏。

在早上起床前或是晚上临睡前，总之挑选一段夫妻共同拥有的时间，时间不需要很长，15分钟就够了，然后你们一人做倾诉者，一人做倾听者，倾诉者说出自己想对宝宝和自己的另一半说的心里话，倾听者可以复述倾诉者的话，但不允许评论和反驳，5分钟后换一次角色，剩下的时间可以交流在单纯地诉说和倾听时的感受。

在这个说话游戏中，你们可以加深对另一半的理解，可以看到对方行为后的理由，在这15分钟里，也许你们能发现，在很多看似不合理的行为背后，其实是隐藏着爱的。

最理解母亲心情的是腹中的胎宝宝，他或许比想象中的更加敏感。如果准妈妈的心情不佳，胎宝宝也会惴惴不安。因此，准爸爸一旦发现准妈妈心情不好，需要经常帮助准妈妈。但如果准妈妈的心情非常糟糕，不愿意听任何话时，准爸爸也不必勉强，可以静静地陪着她，让她冷静一会儿。

胎教贴心话 涂涂写写是特别容易放松的方式，除了陪准妈妈说心里话，准爸爸还可以陪准妈妈一道写胎教日记，日记中可以贴照片，也可以涂鸦，还可以写上你三言两语的感想。这样的行为不但能帮助准妈妈调整情绪，在10个月甚至若干年后，还将是一份满载着爱意的好礼物。

第28天
美丽的送子传说故事

关于孩子是怎么来的，古今中外都有很多美丽的送子传说，虽然现代科学能够详尽地讲述孩子的来由，但是比起科学的一板一眼，美丽的送子传说更为人们所津津乐道。今天，和新入住子宫的胎宝宝了解一下中西送子传说吧，有可能的话，也可以跟准爸爸一起给胎宝宝讲这些传说故事。

东方人的麒麟送子和观音送子

麒麟是中国传说中的神兽，和龙、凤、龟称为“四灵”，象征吉祥和瑞，被认为是仁兽，民间有“麒麟儿”“麟儿”之美称。南北朝时，对聪颖可爱的男孩，人们常呼为“吾家麟儿”。后来形成民间求拜麒麟可以生育得子的民俗。

至于观音送子，原来的故事是观音救回被恶人偷走的小孩子，然后送回家，以讹传讹之下，观音被民间奉为求子膜拜的偶像，被称为“送子观音”。

西方的白鹳送子

白鹳被欧洲人称为送子鸟。相传，送子鸟落到谁家屋顶造巢，谁家就会喜得贵子，幸福美满。在很多文学作品中，都可以看到一只有着长长鸟嘴的白鹳带着装有宝宝的包裹给妈妈送去的场景。而白鹳是真实存在的，科学的说法是古代欧洲人在有人怀孕时，烧火取暖的时间比一般人家长，而白鹳较易于选择这家的烟囱口造巢。也就是说，女主人怀孕招来了白鹳，而不是白鹳来给女主人“送子”。但是千百年来，人们还是把白鹳认为吉祥的送子鸟，成为一种民俗。

胎教贴心话 家庭和睦温馨比一切胎教手段都更值得做出努力，夫妻之间的爱可以给胎教效果锦上添花，因此在孕期，准爸妈更要体谅彼此，给未来宝宝营造一个温馨的家。

PART 2

孕2月 好“孕”如期而至

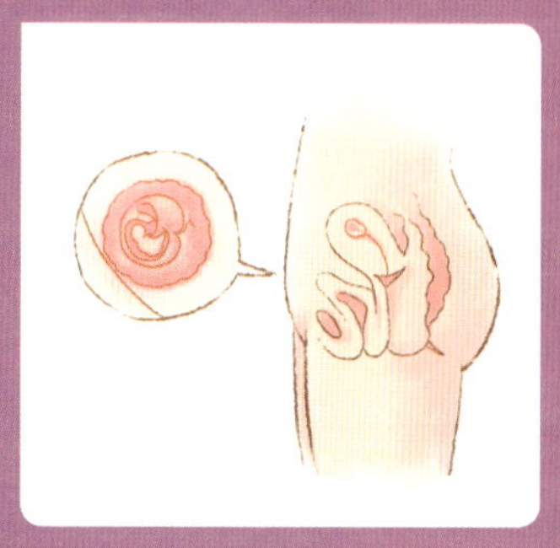

确认孕讯，准妈妈一定很想跟亲朋好友分享这份甜蜜与喜悦吧！沉浸在喜悦中的准妈妈可别忘了胎教哦，营养和情绪仍然是这个月胎教的重心。

5 WEEKS

第29天

本周变化：迅速扩张的发育空间

胚泡在子宫内着床后，就开始向四周扩展，胚胎细胞迅速分裂，扩张发育空间。

胎宝宝像只小海马

现在，小得像颗绿豆的胚胎（8周之前叫胚胎）虽然只有6毫米长，1克重，但却有个约占了身长一半的大脑袋，还有一条小尾巴，酷似一只可爱的小海马。

胚盘分成三层

在细胞分化中逐渐分成三层的胚盘，正逐步发育成各个器官。外胚层会变成神经系统、眼睛的晶状体、皮肤表层、毛发和指甲等；中胚层变成肌肉骨骼、结缔组织、循环系统和泌尿系统；内胚层则变成消化系统、呼吸系统的上皮组织和有关的腺体、肝脏、膀胱等。

到了本周末，胎宝宝会长到11~13毫米。

准妈妈身体内部发生着巨大的改变

这一周，准妈妈的子宫颈黏液会变得更加黏稠，与血液结合形成的黏液栓可以使子宫更封闭，给胎宝宝一个安全的环境。准妈妈的身体开始分泌黄体激素，这种激素能使子宫肌肉变得柔软，方便胚胎着床和防止流产，并且会给身体和下脑丘发出信号，不需要再次排卵了，同时也阻止了月经的再次来潮。当这种激素随着胚胎的发育分泌得越来越多时，准妈妈会感觉不适，容易疲倦、嗜睡，这些都是胎宝宝在发出他到来的信息。

第30天

情绪胎教：保持并创造好心情

这一个月，准妈妈的情绪对胎宝宝的健康发育起着关键的作用，当心情焦躁，感到不愉快或生气的时候，准妈妈不妨稍停片刻，想一想怎样才能创造一个好心情。

你需要为了胎宝宝学会克制

准妈妈的心情不佳，胎宝宝也会惴惴不安，因此，准妈妈需要经常告诫自己：“如果常怀有一种平静、开朗、和蔼的心情，那么受此影响，我的宝宝就会完成良好的身心发育。”这种暗示有助于准妈妈调适情绪。既然已经做好了成为一个母亲的准备，准妈妈便要为了腹中这个小生命学会克制。

学会创造好心情

1 别让心思纠缠在消极或者困难的事情上，如果天气好，去公园散散步吧，在安静的林荫小道上，听着啾啾的鸟鸣声，看着盛开的鲜花，心情会变得格外轻松愉快。

2 听一些放松的音乐，挑选自己喜欢的曲子，回忆之前的美好时光，有助于平复情绪。

3 做自己喜欢的事情，比如给自己买一本书、吃点自己喜欢的吃的、看一个自己喜欢的电视节目或者电影等，会让你更开心。

4 情绪特别不好的时候，不妨向知心朋友或者最亲近的人倾诉，倾诉能冲淡心中的不快。

胎教贴心话 准妈妈要经常以一种安详、和蔼和稳定的情绪，保护这个小生命，直到他来到这个世界。你在孕期的每一分努力，都会在你的宝宝身上产生一个正向的作用力。

第31天

意念胎教：想象帮助塑造更完美的宝宝

意念就是想象力，准妈妈运用自己的想象力，将心中美好的愿望，通过意念构成胎教，转化渗透在胎宝宝的身心感受之中，影响胎宝宝的成长过程，这样的行为叫意念胎教。

意念胎教的神奇之处

1 准妈妈经常想象胎宝宝的模样，未来宝宝的相貌就会和想象中的样子比较像。

2 准妈妈在想象胎宝宝的模样时，情绪达到最佳状态，能促进良性激素的分泌，使胎宝宝面部结构及皮肤发育良好。

因此，准妈妈不妨经常想象胎宝宝的模样：天使般的脸庞、健康的体魄、聪明的大脑……尽可能想象一切美好、健康、积极的因素，还可以多看喜欢的宝宝照，将准妈妈准爸爸的相貌长处进行综合，并清晰地想象或描绘，然后以坚定的信念在心底默默地想象，想象中的“心理图像”会给准妈妈带来更多美好的体验，也能让胎宝宝逐渐接受，从而长得更完美。

意念胎教要注意的两点

1 意念对胎宝宝的干预作用会持续到出生。

准妈妈一定要多想象那些美好的事物。由于胎宝宝意识的存在，准妈妈的言语、感情、行为以及意念内容均能影响胎宝宝，这种干预一直会持续到宝宝出生。因此准妈妈一定要注意自己的意念内容，美好的内容无疑会对胎宝宝产生美的熏陶，但若是内容不佳，则会起到反面作用。

2 要正确对待怀孕后的不适反应。

对待孕期不适，准妈妈要明白这是胎宝宝到来的信号，胎宝宝需要你的温暖和爱，因此准妈妈要变得更为宽容、有耐心。有的准妈妈因此产生怨恨心理，甚至经常产生不好的意念感受，这种不良意念会引起胎宝宝精神上的异常反应，胎宝宝出生后容易出现情感障碍、感觉迟钝、情绪不稳等现象。

胎教贴心话 宁静的环境和心绪更容易让准妈妈和胎宝宝产生传递爱意的精神回路，在宁静的环境中，放松身体，静下心来，这时进行意念胎教效果最好。

第32天

语言胎教：故事《偷月亮》

偷月亮

古时候，有个地方夜晚总是漆黑一片，天空就像笼罩着一块黑布。因为在这里，月亮从来没有升起过，星星也不闪烁。

有一次，有四个年轻人离开了这片国土，来到了另一个国度。在那儿，当傍晚太阳消失在山后时，树梢上总会挂着一个光球，洒下一片柔和的光华，它虽然不如太阳那样光彩明亮，但一切还是清晰可见。那些旅客停下来问一个赶车经过的村夫那是什么光。

“这是月亮，”他回答说，“我们市长花了三块钱买下它，并把它拴在橡树梢头。他每天都得去上油，保持它的清洁，使它能保持明亮。这样他就每周从我们身上收取一块钱。”村夫推着车走了。

他们当中的一个人说：“我们也可以用这盏灯，我们家乡也有棵和这一样大的橡树，我们可以把它挂在上面。夜晚不用在黑暗中摸索，将有多痛快呀！”

第二个说：“我来告诉你该怎么办。我们去弄架马车来，把月亮运走。这里的人会再买一个的。”

第三个人说：“我很会爬树，我来取下它。”第四个买了辆马车。第三个人爬上树，在月亮上钻了个洞，穿上一根绳子，然后把月亮放了下来。这个闪闪发光的圆球于是被放在了马车上，他们用一块布盖在上面，以免别人发现是他们偷的。

他们顺利地把月亮运到了自己的国家，并把它挂在了一棵高高的橡树上。这盏新灯立刻光芒四射，照耀着整个大地，所有的房间都充满了光亮，老老少少都喜笑颜开。矮子走出了石洞，小孩们也穿着小红褂在草地上围着圈子跳起舞来。从此这里的夜晚不再总是漆黑一片了。

第33天

营养胎教：开胃美食

孕早期，准妈妈妊娠反应比较大，往往面对一桌的佳肴却没有胃口，但营养需求却在一天天增加，有没有让自己在孕期既胃口大开，又能吃得有营养的菜呢?

番茄炒豆腐

原料 豆腐半块，番茄1个，新鲜豌豆适量。

调料 盐、番茄酱各适量，白糖少许，水淀粉1小匙。

做法

1 将豆腐洗净切3厘米见方的小块；番茄洗净，入开水中烫一下，去皮，切滚刀块；豌豆洗净备用。

2 取出适量番茄酱放入小碗中，加少许清水稀释。

3 豆腐、豌豆分别入沸水中焯烫片刻，捞出控净水。

4 炒锅倒入少许油，烧热，放入番茄块小炒片刻，再放入豆腐炒熟，然后放入豌豆和番茄酱汁、盐、白糖炒匀，最后用水淀粉勾芡即可出锅。

功效 番茄味酸，含有大量维生素C，对胎宝宝骨、血管、肌肉组织极为重要；豆腐含蛋白质、脂肪、糖类、钙、铁、磷、多种维生素。这道菜既可以增强准妈妈食欲，又可以补充胎宝宝营养。

鲫鱼汤

原料 鲫鱼2条。

调料 姜2片，料酒、盐各适量，葱花少许。

做法

1 将鲫鱼剖洗干净，用料酒和适量盐腌渍20分钟。

2 锅内放油煎热，将鲫鱼放入，煎至两面微黄，倒入2碗清水煮开，放入葱花、姜片，用大火煮3~5分钟，然后改小火煮15~20分钟，至汤变成乳白色即可。

功效 鲫鱼含丰富的蛋白质、糖类、钙、铁、磷等营养成分，鲫鱼汤鲜美开胃，孕早期食欲不好时，可以在饭前喝一碗鲫鱼汤。

第34~35天 手工胎教：自制布艺口罩

做手工过程是对胎宝宝的一种直接胎教，能培养胎宝宝认真观察、耐心细致的品质，还能进一步加深准妈妈与胎宝宝的沟通，激发准妈妈对胎宝宝的爱意。可爱又个性的布艺口罩做法不复杂，是孕期想要挑战手工的准妈妈的上上之选。

需要准备的材料

1.大小规格约15厘米×15厘米的表布、里布、辅棉各2块。

表布：照顾美观，准妈妈可选自己喜欢的花色。

里布：由于与皮肤直接接触，最好是透气性好且容易清洗的棉布。

辅棉：夹在表布与里布之间，可用一面带有黏胶的，这样制作起来很方便。

2.松紧带2条，长度约30厘米，也可以选择其他喜欢的绳、花边等。

制作口罩的纸样

制作口罩难度不大，主要是板型的裁剪，使用前先确认所需要的尺寸，然后用硬纸板裁剪出来，布料可依照硬纸板来裁剪。

制作步骤

①根据纸样裁剪表布、里布、辅棉各2片，辅棉不含缝份的尺寸。

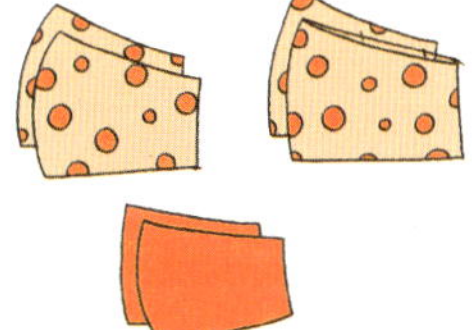

②将辅棉熨烫或粘贴在表布的反面。

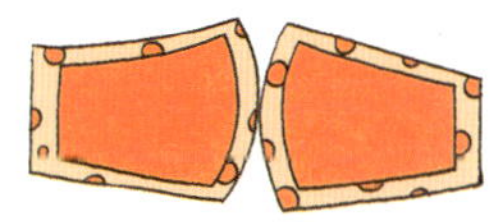

③将表布及里布分别正面相对，正面朝里对齐缝合中线，然后摊平缝合后的表布和里布，正面朝里对齐缝合上下两条边，注意：两端的侧边不要缝合。

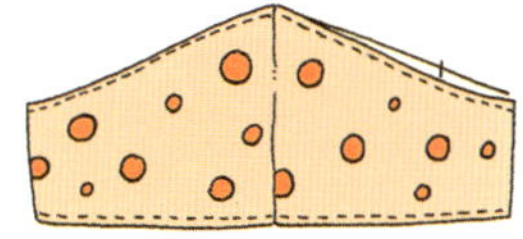

④将口罩翻到正面，用熨斗将上下两边熨平，然后将两侧的边朝里布一边折进0.6厘米左右熨平，之后再向内翻折，翻折的位置刚好落在中间辅棉的边缘上，再将折边熨平。

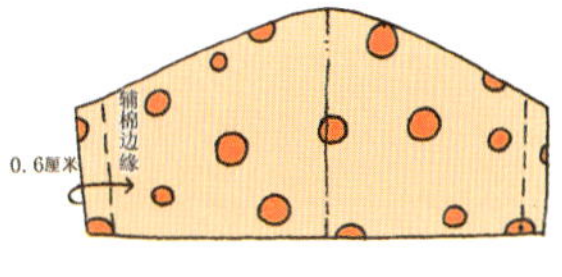

⑤沿着两侧边的折边边缘压线，形成一条通道用来穿松紧带或系带。

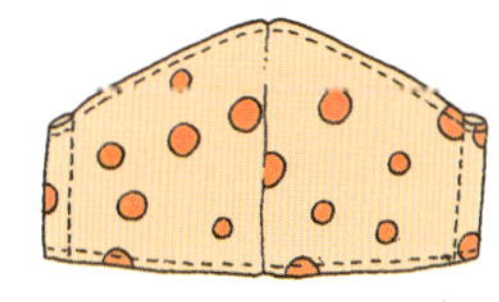

⑥最后装上带子即可，松紧带可缝合接口，绳、花边可做活动系带。

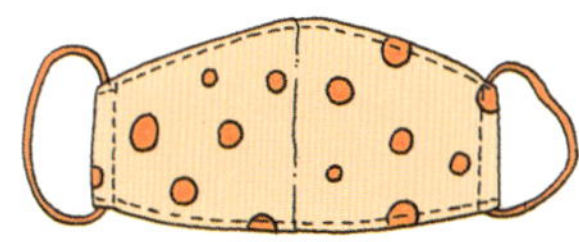

第36天

本周变化：可爱的字母“C”宝宝

这一周，胎宝宝继续迅速生长，身体开始成形，蜷缩成一个“C”字模样。

葡萄般大小的胎宝宝

到现在为止，胎宝宝已有葡萄般大小了，他的身体各部位和器官系统的细胞也正迅猛地分化着。胎宝宝面部器官逐渐成形，眼睛和鼻孔是小黑点，耳朵的地方是两个小浅窝，而胳膊和腿都还只是小突芽，胎宝宝的嘴（舌头和声带刚刚开始成形）的开口下方会有一些小皱褶，这里会发育成脖子和下颌。

小心脏在跳动

小胚胎的心脏这时候已经可以跳到150次/分钟，相当于大人心跳的两倍，不过准妈妈在这时候还听不到胎宝宝的心跳，目前，胚胎还只有一个心室，不过现在已经开始划分心室，并进行有规律的跳动及开始供血。

上周发育的神经管开始连接大脑和脊髓，肝脏、脾脏、肺脏、肾脏也都有了雏形并开始发育，小小的呼吸通道也开始在以后将要发育成肺的地方显现出来，一切显得那么神奇而又理所当然。

胎教贴心话 现在大部分准妈妈或多或少会有孕吐反应，只是孕吐的出现时间和程度会因人而异，如果到现在还没有出现孕吐，也许你会幸运地成为在前3个月不出现孕吐的一员。

第37天

准爸爸胎教：布置温馨卧室

小生命在准妈妈的子宫里一天一天成长，准爸爸也行动起来吧，充分利用时间和创意，为准妈妈打造温馨的卧室。

床

准妈妈适宜睡木板床，铺上较厚的棉絮，避免因床板过硬，缺乏对身体的缓冲力，从而转侧过频，多梦易醒。

为了避免弄脏床垫，可在床垫上方加上软垫或保洁垫，以保持床垫洁净，还可以在床边加一张活动式桌子，让准妈妈坐在床上看书或享受美餐。

枕头

枕头高度以9厘米（平肩）为宜，过高会迫使颈部前屈而压迫颈动脉，进而引起大脑血流量降低而引起脑缺氧。

棉被、床单

理想的被褥是全棉布包裹棉絮，床单也应是棉织品，不宜使用化纤混纺织物做被套及床单。

家具摆放

家具要尽可能地靠墙放，棱角不要突出太多，尽量让空间相对地增大，准妈妈需要一个宽敞的空间进行活动。

色调与装饰

色调要朴素，典雅优美，装饰品主要以简单明亮、令人愉悦的图画、照片为主，如美丽的山水画、风光图，宝宝微笑的照片等，不要出现动物图案。

为了保持视觉上的舒适和清爽，建议以淡色系或中性色系为主，不要选择太花或是太杂的颜色。

温度及湿度

室温夏季以27℃~28℃，冬季以16℃~18℃为宜，室内外温差不要超过5℃，空气湿度应为30%~40%。

胎教贴心话 大靠枕、小脚凳和小毛毯是准妈妈整个孕期都十分有用的小物件，准爸爸不妨在卧室和客厅多放置几个，这样可缓解准妈妈的身体不适感，还可随时保暖。

6 WEEKS

第38天

音乐胎教：名曲《月光》

秦时明月汉时关，同样的月光，洒落在同一片人间，却会留下迥然不同的印记，历代描绘月光的音乐作品很多，著名的有：

1 贝多芬的《月光奏鸣曲》。

2 肖邦的多首夜曲中也蕴含了丰富的月光意象。

3 阿炳的《二泉映月》，阿炳见不到月光，却能用心灵去感受它。

我们这里说到的《月光》，是法国作曲家德彪西（Claude-Achille Debussy，1862—1918）的早期作品，这是德彪西所有作品里流传最广、最令音乐欣赏者们迷恋的钢琴小品，曲子描绘了月光的美丽与神秘。

从曲子中，我们可以欣赏到美丽的月夜景色，仿佛能看到月光闪烁的皎洁，体会幽暗的月光透过轻轻浮动的云，影影绰绰地洒在平静的水面上的情景，就如同置身于晴朗而幽静的深夜氛围之中，典雅而飘逸。

诗人余光中曾经这样形容这首作品：

走出树影，走入太阴
走入一阵湍湍的琴音
谁的指隙泻出寒濑？
谁用十根触须在虐待
精致而早熟的，钢琴的灵魂？
弄琴人在想些什么？

胎教贴心话

在柔美的月夜里，或者在你想要听音乐的任何时候，闭上眼睛，打开这曲《月光》，让每一个音符在你的心里流淌，想象心中的那片月色。这种美好的感受能让你回味无穷，同时也会静静地感染腹中的胎宝宝。

第39天

美育胎教：感受美，传达美

美育胎教是通过准妈妈的眼睛进行的胎教。生活中充满各式各样的美，但要真正取得效果，还需要准妈妈用心去感受，去体会，只有准妈妈真的觉得美了，感到愉悦了，才能真正用心给胎宝宝传递。

美丽的大自然

自然美能陶冶准妈妈的情感，对自身和胎宝宝的心理健康是非常有益的。偶尔与准爸爸在大自然中走走，或者仅仅是在附近的公园散步，你都可以通过欣赏美丽的景色从而产生出美好的情怀，体会自然美。

美妙的音乐

无论是《乘着歌声的翅膀》等西方古典音乐，《叫我如何不想她》等现代音乐，还是《凤凰于飞》等中国传统歌曲，都可以让你处于美的环境中。你在听的过程中，可以随着音乐的起伏时而浮想联翩，时而遨游在广阔的天空，时而仿佛沉浸在30年代的氛围，如醉如痴，遐想悠悠。

璀璨的艺术繁星

优秀的文学作品，优美的图画，是人类流传下来的瑰宝，蕴含着智慧和美感。你可以选择那些立意高、风格雅、个性鲜明的作品阅读，尤其可以多选择一些富有活力和想象力的儿童文学、漂亮的绘本与胎宝宝一起阅读。你还可以看一些著名的美术作品，比如中国画中的山水花鸟画、西方的油画，在欣赏美术作品时，调动自己的理解力和鉴赏力，把生活中美的体验传递给腹中的宝宝。

胎教贴心话 准妈妈可以通过看、听来体会生活中一切的美，将自己的美的感受通过神经传导输送给胎宝宝，因此，如果有条件的话，准妈妈在孕期可以多欣赏一些有品位、有美感的东西。

6 WEEKS

第40天

情绪胎教：帮助调节情绪的绿色植物

如果准妈妈有兴趣的话，可以在孕期休闲时间养一些植物，种植植物不但能陶冶情操，还能调节空气。

养什么，怎么养？

一般来说，准妈妈可以养芦荟、仙人掌等，因为这些植物香气清淡，白天晚上均能释放氧气，对空气调节有一定作用，芦荟更能在一定程度上吸收一些室内有害物质，如甲醛等，益处多多。

准妈妈还可以选择在阳台上养植物，如果有条件，也可以在小区楼下的地里开垦出一片土地，这样，准妈妈就可以养殖些不适合在室内养殖的花草。

在养殖这些花草的时候，时间上不必拘束，可以在准妈妈有时间的时候，或者很想念自己的植物时进行。给它们浇浇水，松松土，看看它们长得怎样了，或者还可以跟它们说说话呢，相信准妈妈能从中感觉到生活无限美好。

植物怎样摆放

1 要主次分明，不要摆放太多，这样才能不影响绿色植物的生长，才能增强其观赏效果。

2 喜光的摆在南窗边，耐阴的摆在阴凉的地方，高大的摆在墙角处不挡视线的地方。对有空调的房间要做到经常开窗换气，以防病虫害的发生。

3 根据室内墙面和家具的颜色来摆放，如果墙面和家具颜色较深，则要摆放浅色植物，以调和房间里的明暗度；如果墙面和家具的颜色较淡雅，摆放绿色观叶植物是最佳选择。特别是在办公室和书房里，摆放绿色植物，既能提高工作效率，还能对人的眼睛起到良好的保健作用。

不宜养的花草

有些花草可能会引起准妈妈和胎宝宝的不良反应，如万年青、五彩球、洋绣球、报春花等，这些花草容易引起接触过敏，会引起痛痒、皮肤黏膜水肿等。此外，还有一些香气浓郁的花草，如茉莉花、水仙、丁香、木兰等，会引起准妈妈嗅觉不灵、食欲缺乏，甚至出现头痛、恶心、呕吐等，因此准妈妈需要格外留意。

第41~42天

致畸敏感期的安全防护

整个胚胎期（孕3~8周），胎宝宝最容易受到内外因素的干扰而发生器官形态结构畸形，所以，准妈妈应该对这段时间格外关注，做好胎宝宝的安全防护。

放轻松，多休息

调适情绪。情绪紧张时，身体分泌的肾上腺皮质激素影响胎宝宝的发育，可能造成唇裂或腭裂等畸形，准妈妈应尽量让自己保持心境平和。

恬静又轻松的睡眠对准妈妈和胎宝宝都很重要，准妈妈每天的睡眠时间应比以前增加1个小时，而中午如果能把双脚垫高些，放松地睡个午觉也很不错。

预防生病

病毒感染对胎宝宝的危害极大，准妈妈应尽量少去人口密集的地方，勤洗手，注意卫生。

注意随时添加衣物，不让腹部着凉，避免感冒。

怀孕后的准妈妈不能随便用药，如果非用药不可时，在医生的指导下进行。

不宜做X射线检查。此时接受X射线检查，很容易造成胚胎畸变，在过安检时，可向相关人员说明，进行手检。

远离居家隐患

洗涤剂、去污剂、厨房清洁剂都含有化学成分，最好少用或不用，用时要戴上口罩和手套，做好防护措施。

远离微波炉、电磁炉。在这个特殊时期让准爸爸代劳吧。

不用复印机、扫描仪，在办公室穿上防辐射服。

第43天

本周变化：一粒“小豆子”

小胚胎正迅速地生长着，到本周末它的体重会增长一倍，大脑、身体及头部将经历重要的发育时期。为了胎宝宝的健康发育，准妈妈要多感受一下生活的快乐和家庭的温暖哦。

初具人的模样

胎宝宝几天时间内已经长成一个12~25毫米长、4克重的“小豆子”了，虽然现在小胚胎还不大好看，但已经初步具备了人的模样。他的微微相连的手指、脚趾清晰可见，牙齿和口腔内部结构正在成形，耳朵也在继续发育，眼睑已经发育，能遮住一部分眼睛了；他的腭部也开始发育，直到第10周发育完整。

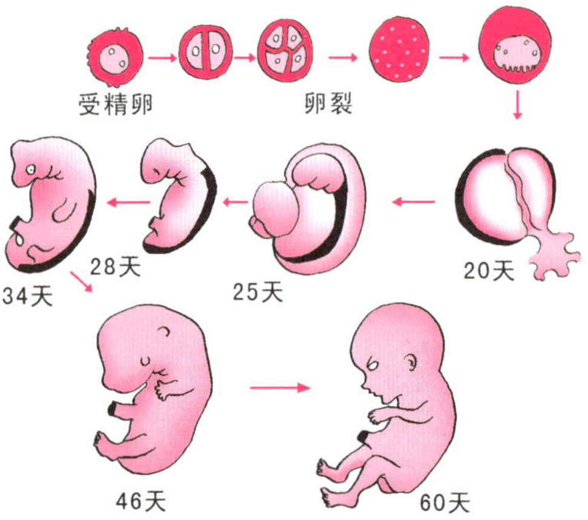

大脑迅速发育

胎宝宝的头有些不成比例的大，头内部的两个大脑半球正在发育，平均每分钟就有10000个神经细胞产生，迅速发育成前脑、后脑和中脑3个部分，现在的神经系统轮廓已接近完成，大脑皮质也已经清晰可见。

心脏开始规律地跳动

胎宝宝的心脏已经划分成左心房和右心室，并开始了有规律的跳动，每分钟大约跳150下，开始有血液在胚胎的体内循环。胚胎的两肺、肠、肝、两肾以及内生殖器官都已经开始发育，但均尚未完全形成。

胎教贴心话 有些准妈妈因为孕吐，总是忧心忡忡担心胎宝宝会缺乏营养，其实这样的担心都是多余的，胎宝宝在孕早期并不需要太多的营养，准妈妈的好心情是最为重要的。

第44天 轻松一刻：童言趣语

在怀孕后，母性使然，很多原本不喜欢孩子的准妈妈都会变得内心柔软，由己及人，身边亲友的孩子也变得更为可爱。是的，孩子总是这样天真，从怀孕开始，准妈妈一定经常想象宝宝到底是怎样一个活泼的孩子。来听听孩子们的童言趣语吧，他们会让你忍俊不禁。

为什么要爬上来

爸爸带着小儿子气喘吁吁地爬到山顶。爸爸说："快看哪，我们脚下的一片平原景色多好！""既然下面的景色好，我们干吗要花3个小时爬到上面来呢，爸爸？"

做梦了

宝宝跑过来兴奋地说："妈妈，我昨天晚上做了一个梦。"

妈妈好奇地问："做了什么梦啊？宝宝跟妈妈说说。"

宝宝一脸天真："我想不起来了，就不要问了吧。"

妈妈："……"

我从哪里来的

宝宝问妈妈："妈妈，我到底是从哪里来的？"

妈妈觉得应该趁此机会教育小孩，就一本正经地以一个小朋友为例子，详细地以宝宝听得懂的语言介绍了生殖的全部过程。

宝宝听完后，一头雾水地说："怎么会这样？我同桌说他是从湖南来的！"

爸爸为什么来我家

爸爸忆苦思甜，给宝宝讲小时候挨饿的事。听完后宝宝两眼含泪，十分同情地说："哦，爸爸，你是因为没饭吃才来我们家的吗？"

胎教贴心话 准妈妈可以和准爸爸讨论一下，以后孩子会长得更像谁，性格更像谁，这些都是孕期里最为暖心的话题。

第45天

音乐胎教：《维也纳森林的故事》

小约翰•施特劳斯一生写过150多首圆舞曲，但是在他的作品里，影响最大、流行最广的莫过于《维也纳森林的故事》了。

乐曲赏析

一曲《维也纳森林的故事》，一切宛如人间天堂——春天的早晨，在美丽的蓝色的多瑙河畔，远处群山起伏，田野一望无际。晨曦的阳光透过大树茂密的叶子洒在挂满露珠的草地上，山边小溪波光粼粼。羊儿在草地上吃草，小鸟在林间婉转啼鸣，牧童吹着短笛，猎人吹响号角，马蹄“嘚嘚”……

这首乐曲由序奏、五个圆舞曲和尾声构成，其结构属于典型的维也纳圆舞曲式。乐曲的开始是一段很长的序奏。两支圆号的旋律描绘了优美动人的风景，双簧管和单簧管吹出抒情流畅的曲调，像是牧人的牧歌和角笛。钟声的响起，使音乐增加了很多光彩。然后，大提琴缓缓奏出第一圆舞曲的主题动机，作为全曲的引子。大提琴浑厚的音调、圆号美丽的牧歌和长笛玲珑的装饰音节，构成了一幅极美妙且色彩斑斓的音画，十分优雅动人。齐特尔琴的加入更增添了浓厚的奥地利民族色彩，这种特色型乐器拨奏出这首圆舞曲中最主要的一段旋律，轻柔而华美。

创作背景

奥地利首都维也纳的郊区有一片美丽的森林，它离城市不远，历来吸引着千千万万的游人。这片森林也是许多居住在维也纳的大作曲家们经常光顾的地方，森林的美景常常激起他们的灵感。小约翰•施特劳斯是地道的维也纳人，《维也纳森林的故事》就是他献给故乡的赞歌。

第46天

情绪胎教：让心情更舒畅的呼吸法

准妈妈快乐多一点，胎宝宝的健康聪明就多一点，但孕期身体激素分泌的变化常常让准妈妈情绪失控，不少准妈妈怀孕后，由于身体上的种种不适或者是对胎宝宝的担心，会出现压抑、烦闷的情况。因此，胎教最大的障碍就是准妈妈有杂乱不安的心情，准妈妈该怎么做，才能让孕期一路好心情呢？

试一试让准妈妈心情更好的呼吸法

选择一个安静的场所，沙发上、床上都可以。要尽量使腰背舒展，全身放松，微闭双目，手可以放在身体两侧，只要没有不适感，也可以放在腹部。尽量不去想其他事情，要把注意力集中在吸气和呼气上。准备好以后，开始练习。

1 用鼻子慢慢地吸气，以5秒钟为标准，在心里一边数1、2、3、4、5……一边吸气。肺活量大的准妈妈，吸气和呼气的时间可以适当延长。

2 吸饱气后，缓慢、平静地将气呼出来，以嘴或鼻子都可以。呼气的时间是吸气时间的两倍。

就这样，反复呼吸1~3分钟，准妈妈就会感到心情平静，头脑清醒。准妈妈在每天早上起床时，中午休息前，晚上临睡时，可以各进行一次这样的呼吸，这样，在妊娠期间动辄焦躁的精神状态可以得到很好的改善。

第47天
语言胎教：故事《三只小猫》

三只小猫

胖奶奶有三只小猫，这三只小猫天天跟胖奶奶生活在一起，吃饭、睡觉、看电视，形影不离。

有一天，胖奶奶要去市场买东西，就对三只小猫说："乖宝宝，好好看家呀，我出去买点东西，回来喂你们吃。"说完，胖奶奶就走了，只留下三只小猫在家里。

不一会儿，一个小偷来到了门口，三只小猫谁都没发觉。只见那个小偷先用耳朵听了听，又用手敲敲门。"嗯，屋里没动静，家里肯定没人。"这时，三只小猫听见了敲门声，是谁在敲门呢？

"是胖奶奶回来了吧。"

"不是。胖奶奶刚走嘛。"

"那会是谁呢？"

这时候，小偷拿着锤子开始砸门锁了。

"哎呀，不好，是小偷。"一只猫说。

"这可怎么办？"三只小猫着急了。

"胖奶奶怎么还不回来，急死了。"

正在这时，一只小猫灵机一动，想到了一个好主意，于是三只小猫立即行动起来。

一只小猫穿上胖奶奶的拖鞋，"呱嗒呱嗒"地在屋里走来走去。

一只小猫拿起桌上的小勺子和碗，"叮叮当当"地敲了起来。

一只小猫把电视的遥控器按开，电视里面正巧有一群人在"嘻嘻哈哈"地大声说笑。

就这样"呱嗒呱嗒""叮叮当当""嘻嘻哈哈"一阵的折腾。小偷听见了："怎么，屋里有人，电视开着，有人在吃饭，并且还有人在屋里走来走去？不好，我赶紧跑吧。"想到这里小偷怕极了，飞也似的跑掉了。三只小猫见小偷跑了，"喵喵"叫着，好高兴呀。

一会儿，胖奶奶回来了，给小猫们带了好多好吃的东西。但是看到屋里乱七八糟，就说："你们这三只调皮的小猫，我只走一会儿，你们就把屋里弄得这么乱。"

没办法，三只小猫争着抢着要告诉胖奶奶刚才发生的事，可是胖奶奶听不懂它们的话，只是说："大家别争别抢，人人有份啊。这是你的，这份是你的，这份是你这个小滑头的。"并且呵呵笑着看着它们。

第48~49天

准爸爸胎教：帮助准妈妈减压

整个孕期，准爸爸是准妈妈最值得依靠和信赖的人，在孕早期这段相对难熬的时光，准爸爸要行动起来，为准妈妈实行减压计划，给予倍加关怀和爱护、鼓励和支持。

多体谅准妈妈

许多准妈妈在怀孕后，由于身体和心理上的变化，常常脾气无端很坏，准爸爸此时的表现非常重要，应该比平时更多耐心、包容、温柔、体贴，帮助准妈妈放松心情，缓解情绪。

陪伴准妈妈散步

运动对准妈妈很重要，可帮助准妈妈保持愉悦的心情。准爸爸每天清晨或傍晚陪伴准妈妈出去散步，在小区里或附近的公园里慢走，也可以适当地做孕妇体操，对准妈妈缓解压力是很有好处的。

帮助准妈妈按摩

准爸爸在临睡前（或每天固定时间）给准妈妈轻轻按摩腰腿，缓解孕期酸痛和水肿，使准妈妈放松精神、舒适地进入睡眠。

陪伴准妈妈听讲座

准爸爸陪同准妈妈到孕妇学校或相关孕妇课堂听取全面的孕期知识的讲座，以便了解和掌握相关知识，对妊娠、生产、养育等问题做到心中有数，并互相交流、沟通，就会减少准妈妈因不了解而产生的恐惧和忧虑。

胎教贴心话 工作时间过长会加大压力，准妈妈在怀孕后，要找个恰当的时机向老板告知孕讯，尽量避免加班或者上夜班，条件允许的话，感到疲劳时应稍微休息，到室外、阳台呼吸一下新鲜空气，或换一下姿势。

第50天

本周变化：精致的迷你宝宝

生命总是充满了各种让人意想不到的奇妙力量，虽然胎宝宝还只有14~20毫米大，但他的面部特征已经显现，已经是一个精致的超级迷你宝宝了。

形成最初的神经线路

胎宝宝发育非常迅速，每天身长（从头顶到臀部）就可以增加1毫米，这个速度将持续到第20周左右，这几天里，胎宝宝的身长将达到14~20毫米。别看他小，胎宝宝的大脑和心脏已经发育得非常复杂，脑干已经可以辨认，大脑中的神经元也开始扩展并相互连接，构成最初的神经线路。身体内脏的大部分器官也在持续的发育中，呼吸管从喉部延伸到正在发育的肺部的分支，内耳也正在形成，注意不要太大声，以免吓着他哦。

面部特征已比较明显

胎宝宝的眼睑发育完全，几乎可以盖住眼睛。两眼位于头部两侧，而不是正前方，因此两眼间的距离还很大。能辨认出鼻尖，两个鼻孔已形成，两侧颌骨联合起来形成了口腔，已经有了舌头，牙和腭也开始发育，面部特征已经很明显。宝宝的手指和脚趾长得更长，胳膊也变长了，手可以在手腕的地方弯曲活动，随着躯干的伸展，胎宝宝的头部更加直立，已经越来越像一个小人了。

胎教贴心话 妊娠反应也许会越来越严重，如果喜欢柠檬的清香，准妈妈可以随身准备一块手帕，撒上几滴柠檬汁，想要呕吐的时候闻一闻，能有很好的缓解作用。

第51天

简笔画：圆滚滚的小鸡

简笔画会让你集中精神，转移注意力，缓解妊娠反应。今天画个简单、形态各异的小鸡崽吧，将来你也可以跟宝宝一起画，看谁画得又快又好！

画小鸡

小鸡头，小鸡尾，
小鸡眼睛小鸡嘴，
小鸡长着两条腿！
鸡头画小圆，鸡身画大圆，
翅膀画半圆，
眼睛随着头部转，
小脚画两边，
圆滚滚的小鸡就出现。

胎教贴心话

边画边把儿歌说给胎宝宝听，你也可以在小鸡旁边加上米粒、小虫子、小草装饰，或者给小鸡涂上各种各样的颜色，只要你喜欢就好。

第52天

音乐胎教：名曲《欢乐颂》

这首众所周知的《欢乐颂》，其实是《贝多芬第九交响曲》的终曲乐章。作品是贝多芬于1819~1824年间创作的，也是他全部音乐创作生涯的最高峰和总结。

乐曲赏析

这首乐曲的主旋律进场是由大提琴和低音提琴演奏的，浑厚、低沉的声音在寂静中响起，给人一种深沉、平静的感觉；旋律演奏了一次之后，中提琴进场重复旋律，旋律行进到中音部，主题曲稍亮的音色给旋律带来一种明快的感觉，低音部则退到后面和木管一起伴奏；中提琴演奏完旋律之后也退到伴奏，接着小提琴加入了，小提琴如歌般的声音欢唱着，让旋律真的活起来了；小提琴声部简单重复了旋律后，旋律行进到乐队齐奏，这时铜管、木管吹奏主旋律，其他各声部伴奏，场面宏大，由前面的平静、深沉的快乐进入了万众欢腾的场面，欢乐颂的主旋律贯穿始终。这便是这部伟大的曲子所要歌颂的主题——欢乐，一个简单却又优美的旋律将它表现得淋漓尽致。

因为这部作品，贝多芬成了神一样的人物，《欢乐颂》成了人类历史长河中永远不灭的自由、和平之明灯。

贝多芬用他特有的纯洁的音符，谱出了一曲响彻心扉、感人至深的乐曲。只要细细品味，似曾相识的旋律就会奏起，心灵深处的圣洁就会升腾起来。

欢乐永远是生活里明亮的阳光，它的光芒照亮周围的一切，给周围的气氛增添了温暖和奇妙的幻景。怀着母性的温柔对待生命中的人和事吧，用笑容面对生活，相信腹中的胎宝宝也能体会到母亲的爱。

胎教贴心话 在这个阶段，准妈妈的精神情绪正处于低潮期，所以应该听一些欢快、柔和的乐曲，这样可以平复焦躁不安的情绪。

第53天
准妈妈爱美会正面影响胎宝宝

怀孕以后，虽然娇美的体形起了很大的变化，但是，准妈妈不可因此而失去了爱美的冲动。准妈妈每天把自己打扮得漂漂亮亮，不但让自己心情更好，也是一种良好的胎教行为。

穿衣

准妈妈可以参考一些时尚妈妈杂志，为自己选择几款美丽的孕妇装，合理地搭配起来，灵巧的装扮出俏丽的准妈妈。

化妆

孕期化妆应以“安全第一”为原则，化妆应以淡雅为宜，用化妆品应以无香料、低酒精、无刺激性霜剂或奶液为最佳。怀孕初期由于脸色不好，化妆时可略加重色彩，所用化妆品除粉底外，脸颊可涂上淡淡的胭脂，使脸色看起来红润些。如果外出也可以搽一些防晒霜，当然也可以画眉、画眼线。

保持整洁

仪容美的关键在于整洁，准妈妈只要注意卫生，保持整洁，形象一定会大为改观的。

皮肤护理

怀孕初期皮肤会变得粗糙、敏感，这是因为皮脂腺分泌失调所致。保持面部清洁非常重要，要经常洗脸，保持面部清洁，最好每天都洗。沐浴时，水不要太热，太热易使人疲劳；水也不要太凉，太凉会引起子宫收缩。同时，要注意洗的时间不要过长。洗的时间太长，会引起头晕，更易着凉感冒，还会使纤维组织变软。洗时动作要轻缓。

此外，要充分休息，摄取适当的营养，到了怀孕中期，一切都会好转。

胎教贴心话

孕期爱美的准妈妈常常会因为即将到来的妊娠纹、妊娠斑忧心忡忡，孕期可以适当多吃一些富含维生素C的淡斑食物，同时不要太过忧虑，大部分准妈妈在生完宝宝后，妊娠斑和妊娠纹就会慢慢变淡甚至消失。

第54天

音乐胎教：《康定情歌》

《康定情歌》是中国的传统民歌，曲调欢快，朗朗上口，准妈妈和准爸爸不妨来上一段，欢乐的曲调不但能感染自己，还可以感染腹中的胎宝宝哦。

康定情歌

跑马溜溜的山上，
一朵溜溜的云哟，
端端溜溜地照在，
康定溜溜的城哟。
月亮弯弯，
康定溜溜的城哟。

李家溜溜的大姐，
人才溜溜的好哟，
张家溜溜的大哥，
看上溜溜的她哟。
月亮弯弯，
看上溜溜的她哟。

一来溜溜地看上，
人才溜溜的好哟。
二来溜溜地看上，
会当溜溜的家哟。
月亮弯弯，
会当溜溜的家哟。

世间溜溜的女子，
任我溜溜地爱哟，
世间溜溜的男子，
任你溜溜地求哟。
月亮弯弯，
任你溜溜地求哟。

胎教贴心话 这首民歌大部分70后、80后都会唱，它是一代人的美好回忆，唱这首歌让你想起了年少时候的什么故事呢？准妈妈可以跟准爸爸一起分享一下那些藏在记忆里的美好细节哦。

第55~56天

艺术胎教：看电影《千与千寻》

电影基本信息

中文名：千与千寻

其他译名：千与千寻的神隐、神隐少女、千与千寻之神隐少女

制片地区：日本

导演：宫崎骏

类型：动画/冒险/家庭/奇幻

片长：125分钟

语言：日语

电影简介

千寻在和爸爸妈妈去郊外新家的路上，爸爸将车意外开到了一个古老的城楼前，城楼下面有长长的隧道。好奇的父母带着她走了进去，结果隧道的那边是另外一个世界，父亲却误以为这是以前经济泡沫未破时盖的仿古游乐城。父亲循着诱人的饭香来到了空无一人的小镇上，屋子里摆满了可口的食物，父亲和母亲迫不及待地大快朵颐。但是当千寻再看父母时，他们已经变成了猪。这时渐黑的小镇上亮起了灯火，而且一下子多了许多样子古怪、半透明的人……

经典台词

1.曾经发生的事不可能忘记，只是暂时想不起来而已。

2.“我们还会在那里相逢吗？”“一定会的。”“一定噢！”“一定。你去吧，记得别回头噢。”

3.别害怕，我跟你是同一边的。

4.“对不起，我刚才呼吸了。”“不，千寻已经很努力了。”

5.名字一旦被夺走，就再也找不到回家的路了。

6.我到现在都想不起自己的名字。可是真是不可思议，我居然还记得你的名字。

7.你不懂吗？这就是爱。

8.放心吧，你一定可以做得到的。

胎教贴心话

宫崎骏的每一部作品都带着诚意直击人的内心最深处，如果准妈妈还没有看过宫崎骏的电影，一定不要错过。《悬崖上的金鱼姬》《龙猫》等优秀的作品都是特别适合准妈妈欣赏的影片。

PART 3

孕3月

变成一个小小人

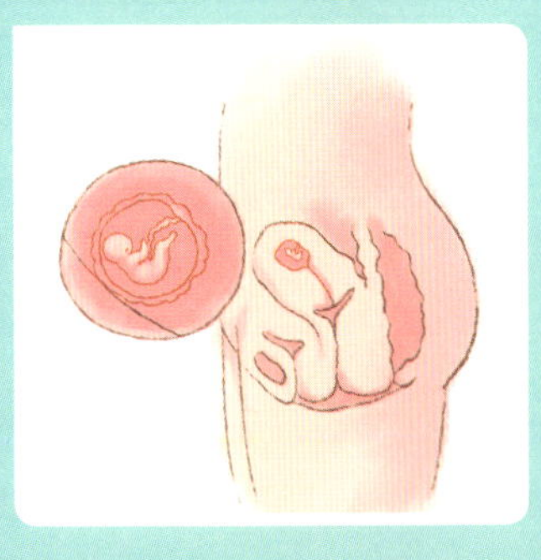

这个月准妈妈受妊娠反应影响，会常常感觉难受，而与此同时，胎宝宝也在快速成长着，尤其是大脑发育这时正处于高峰期，为了腹中的胎宝宝，准妈妈一定要尽量地吃好、睡好，并通过一系列有爱的胎教方式保持轻松愉快的心情！

第57天

本周变化：初具人形

进入孕9周，腹中的胎宝宝正式成为真正意义上的小宝宝了，而之前他其实应叫作胚胎或胚芽，现在胎宝宝的生长速度仍然很快，一起来看看他这周的进步吧。

褪去小尾巴

胎宝宝身长22~30毫米（头到臀），身体的基本结构已经形成，胚胎期的“尾巴”现在已经彻底消失。四肢渐渐清晰，可以看见小肩膀了，手臂更加长了，臂弯处肘部已经形成，手指和脚趾基本发育完毕，手部在手腕处有弯曲，两脚开始摆脱蹼状的外表，可以看到脚踝，五官也发育得比较完善，已经“人模人样”了。

味蕾正在发育

胎宝宝的所有器官、肌肉、神经都已经开始工作，所有牙齿的幼芽都各就各位。味蕾正在发育。不久的将来，他就能品尝到羊水的味道了。胎宝宝的皮肤是半透明的，可以从外部看到皮下血管和内脏。汗腺开始发育，有少量的绒毛长出。

胎教贴心话 这个月，妊娠反应可能还在继续，而且疲惫感强烈，大部分准妈妈坚持完这个月，就能迎来相对轻松舒适的孕4月了。

第58天

故事胎教：《灰姑娘》

灰姑娘

从前，有一位长得很漂亮的女孩，她有一位恶毒的继母与两位心地不好的姐姐。父亲去世后，她便经常受到继母与两位姐姐的欺负，被逼着去做粗重的工作，经常弄得全身满是灰尘，因此被戏称为“灰姑娘”。

有一天，城里的王子举行舞会，邀请全城的女孩出席，但继母与两位姐姐却不让灰姑娘出席，还要她做很多工作，使她失望、伤心。这时，有一位仙女出现了，帮助她摇身一变成为高贵的千金小姐，并将老鼠变成马夫，南瓜变成马车，又变了一套漂亮的衣服和一双水晶（玻璃）鞋给灰姑娘穿上。

灰姑娘很开心，赶快前往皇宫参加舞会。仙女在她出发前提醒她，不可逗留至午夜12点，12点以后魔法会自动解除，灰姑娘答应了。她出席了舞会，王子一看到她便被她迷住了，立即邀她共舞。欢乐的时光过得很快，眼看就要到午夜12点了，灰姑娘不得已马上离开，在仓皇间留下了一只水晶鞋。

王子很伤心，于是派大臣至全国探访，找出能穿上这只水晶鞋的女孩，尽管有后母及姐姐的阻挠，大臣仍成功地找到了灰姑娘。王子很开心，便向灰姑娘求婚，灰姑娘也答应了，两人从此过着幸福快乐的生活。

——改编自《格林童话》

《灰姑娘》的故事经久不衰，至今仍在世界范围内影响着流行文化。人们常用“灰姑娘”这个词去形容那些外表不出众但是内心善良、性格可爱的女子。

胎教贴心话

《灰姑娘》的故事受到了人们广泛的喜爱，几乎世界上的每一个国家都有一种版本，这至少说明了一点：相貌平平的女孩受到眷顾而过上幸福生活的故事，是符合人们期待的。这个故事适合大声朗读或情绪饱满地表演。

第59天

音乐胎教：圆舞曲《蓝色多瑙河》

圆舞曲《蓝色多瑙河》，音乐主题优美动听，节奏明快而富于弹性，体现出华丽、高雅的格调，是奥地利著名作曲家、指挥家、小提琴家施特劳斯的代表作。

有关曲子的美丽创作故事

据传，当时在多瑙河畔的施特劳斯被眼前美景所打动，不由得音乐灵感大发，手头却无纸可用，便将曲谱写在了衬衫上。后来，此衬衫被洗衣妇拿去了，施特劳斯夫人发现衬衫不见了，到处寻找，终于在它被洗衣妇即将扔入水中清洗前，找到了这件谱有世界名曲《蓝色多瑙河》的“曲谱”。

乐曲赏析

此曲按照典型的维也纳圆舞曲的结构写成，以典型的三拍子圆舞曲贯穿节奏，由序奏、五个小圆舞曲和尾声组成。徐缓的序曲如一袭薄幕，轻轻拉开，多瑙河的水波在晨光中轻柔地荡漾。接下来的五个小圆舞曲，表现出人们在多瑙河畔、在令人陶醉的大自然中欢快地舞蹈。节奏明快，充满鲜活的欢乐气氛。乐曲结束后，这种欢快的气氛仍然意犹未尽，令人浮想联翩：在春风的吹拂下，在美丽欢快的多瑙河的感染下，人们那么自在随意地欢乐着，多么动人啊！

胎教贴心话 情绪低沉时，准妈妈不妨适当休息，放空头脑，什么也不想，边休息，边听听这首欢快的《蓝色多瑙河》，它明快的曲风能让你不知不觉中情绪变好。

第60天

音乐胎教：听琵琶曲《平湖秋月》

白居易形容琵琶："大弦嘈嘈如急雨，小弦切切如私语。嘈嘈切切错杂弹，大珠小珠落玉盘。"这首经典的琵琶曲秉承了传统乐曲一贯的情景交融的写意手法，有安神定气的作用。

《平湖秋月》赏析

这首琵琶曲篇幅不长，旋律轻柔优美，自由伸展，一气呵成。它以清新明快、悠扬华美的旋律来描绘平湖秋月的胜景。在乐曲声中，你仿佛看到皎洁秋月映照下的西湖，一潭平静的湖水，映照着一轮皎洁的秋月，碧空万里，波光闪烁，青山、绿树、亭台、楼阁，在月光下仿佛披上了一层轻纱，好像是一个蓬莱仙境。乐曲起承转合、环环相扣，由静而动，又由动而静，借景抒情，寓情于景，情景交融。在听曲的过程中，仿佛将一幅画卷摊开在准妈妈和胎宝宝的面前，充分体现了中国传统的美学意境。

西湖胜景——平湖秋月

平湖秋月，是西湖十景之一，在西湖白堤的西边。秋天月夜下的西湖，恍若一幅素雅的水墨江南画卷。在其中眺望秋月，可以在恬静中感受西湖的浩渺，洗涤烦躁的心境。《平湖秋月》的乐曲相传就是吕文成在游览"平湖秋月"后所创作。此时的准妈妈无法远距离旅游，就在琵琶声中感受平湖秋月的胜景吧。

第61天

准爸爸胎教：帮准妈妈做开胃小点

维生素C可增强人体的抵抗力，将体内一些脂溶性有害物质排出体外。而橙子就富含维生素C。此外，橙子还具有生津止渴、开胃下气、促进消化、增强食欲的作用。孕早期有呕吐反应的准妈妈适当地吃一些橙子，还能缓解呕吐症状。

准爸爸可以学做两个美味的橙子点心帮助准妈妈开胃。

橙汁蜂蜜饮

原料 橙子2个，蜂蜜适量。

做法

1 将橙子剖开，对切成四瓣，去皮。

2 将橙肉放入榨汁机中榨成汁。

3 调入蜂蜜，搅拌均匀即可。

功效 蜂蜜富含人体直接吸收的单糖，还含有维生素、铁、钙、铜、锰、钾、磷等多种营养元素，具有滋养、润燥、解毒、润肠通便的功效，是老、少、妇非常适宜的滋补品。橙子加蜂蜜一个增强食欲，一个润燥解烦，是准妈妈不错的选择。

橙汁木耳红枣粥

原料 粳米100克，黑木耳50克，大枣100克，白糖、橙汁各适量。

做法

1 粳米淘洗干净，浸泡30分钟；大枣洗净。

2 黑木耳放入温水中泡发，择去蒂，除去杂质，撕成瓣状。

3 将所有原材料放入锅内，加适量清水用大火烧开，转小火炖至黑木耳软烂、粳米成粥后，按个人口味加适量白糖和橙汁即可。

功效 粳米有健脾胃、补中气、养阴生津等作用，对于体虚者非常适合。黑木耳润肺、补气血，而大枣也具有益气补血的功效。加上美味的橙汁，此粥味道鲜香，营养丰富，非常适合准妈妈食用。

胎教贴心话 不要过量吃橙子，一天吃一两个为宜。此外，饭前或空腹时不宜食用，否则橙子所含的有机酸会刺激胃黏膜，对胃不利。

第62~63天

本周变化：大脑迅速发育

胎宝宝已经长成一个扁豆荚大小了！他已经完成了发育中最关键的部分，来看看这一周他又带给你怎样的成长惊喜吧。

扁豆荚大小的胎宝宝

现在的胎宝宝身长（头到臀的长度）有3~4.2厘米，重约10克，头部仍然占到全身的1/2左右，看上去像个扁豆荚。胎宝宝的四肢和身体更具规模，四肢越来越清晰，关节形成，手臂更长，在肘部变得更弯曲，手指和脚趾也长了一点，而且对手指、脚趾有保护作用的指甲和趾甲开始生长，而且开始吞咽羊水和踢腿了。

牙蕾已经开始形成

胎宝宝的面部基本发育完全，眼睛、鼻子、嘴等都已各归其位，现在他的眼皮还黏合在一起，眼皮睁开可能需要等到第24周之后，他的20个微小的牙蕾已经开始形成。

大脑正在迅速发育

进入本周前，胎宝宝的大脑就已经形成，现在，他的大脑发育非常迅速，从这个月起，胎宝宝的脑细胞会进入迅速增殖的阶段，主要是脑细胞体积增大和神经纤维增长，脑重量会因此不断增加。现在，胎宝宝的神经系统也开始有反应了，脊椎神经也开始从脊髓中伸展出来，胎宝宝反应将越来越灵敏。

胎教贴心话 为了胎宝宝的安全，现在准妈妈还不适合做剧烈的运动，散步和简单的手部、脚部活动动作是孕早期最好的运动选择。

第64天

艺术胎教：电影《初试啼声》

电影基本信息

名字：初试啼声（The first cry）

导演：Gilles de Maistre

编剧：Marie-Claire Javoy / Gilles de Maistre

类型：纪录片

语言：法语

电影简介

《初试啼声》直译为“第一声啼哭”。人自母体中产出，第一声啼哭的到来，便是向全世界宣告：我来啦!

一个新生命的诞生，充满了奇迹。人们迎接一个小生命的第一次啼声也是各有不同。因此，导演Gilles de Maistre独具慧眼，采用了纪录片的形式，带我们走近不同国家、不同生活状态下的女人们，看一看她们是怎样生孩子的。

除了我们惯常的在医院生产之外，在非洲的部落里，一位妈妈可能在野外抓着木棍生产。还有在家生的、在海里生的、在游泳池生的，也有在浴缸里生的。

这些生产方式好多闻所未闻，也许听起来有些惊心，但事实上，拍摄者们怀着对生命和孕育生命的母亲的敬畏之心，把每个新生命的到来都表现得充满神圣感。相信准妈妈在观看时会有自己内心一份独特的体验。

《初试啼声》这部片子告诉我们，无论是处于发达社会，还是处于相对现代文明而言，较为原始的社会状态，我们都应该对生命产生尊重和爱。

胎教贴心话

看到本片的准妈妈不要过于担心自己的生产，现在医疗条件发达，在专业医生的指导和帮助下，宝宝降生时可以让准妈妈少吃不少苦头。

第65天
手工胎教：做树叶书签

准妈妈在散步的时候，只要慢慢走，经常停下来留心观察，就会发现很多平常你可能都没注意到的奇特植物。捡起几片树叶去做植物标本书签是不错的选择哦，这样，你不但可以教胎宝宝认识各种各样的植物，还能让自己的时间变得更有趣味。

制作方法

用餐巾纸把树叶的水分吸干后夹在字典或书中就可以了。如果树叶比较潮湿，可以在叶片上下垫上吸水纸后，再夹入字典或书中，也可存放在通风干燥处，避免虫蛀、霉变。

胎教贴心话 将干燥的树叶标本拼成各种各样的图案后，塑封好就是一张漂亮的书签，每一张书签都是独一无二的，将来翻看这些树叶，就能翻开孕期那段美好的回忆了。

第66天

语言胎教：趣味手指童谣

还记得小时候的手指童谣吗？手指童谣可不只是念儿歌玩游戏打发时间那么点意义哦，孕期经常做一做手指活动有利于促进胎宝宝的健康发育。与准爸爸一起念着童谣做手指游戏吧。

1

一个手指点点点 （伸出一个手指轻点肚皮，也可以轻点老公的头部）

两个手指敲敲敲 （伸出两只手指在肚皮上或老公身上轻敲）

三个手指捏捏捏 （伸出三只手指在老公身上轻捏）

四个手指挠挠挠 （伸出四只手指在肚皮上轻挠）

五个手指拍拍拍 （两个手对拍）

五个兄弟爬上山 （从肚皮底下或老公身上做爬山状爬上来）

叽里咕噜滚下来 （双手翻滚着滑下去）

2

小手摊开，咱们来包饺子吧（伸出左手手掌）

擀擀皮（右手在左手上做擀皮状）

和和馅（右手手指立起在左手手掌上做和馅的动作，就像手指在抓挠）

包个小饺子（说一个字，用右手食指依次点着左手的手指）

香喷喷的饺子给谁吃（用右手把左手指包起来，盖住，问肚子里的宝宝）

饺子送给宝宝吃（把手放到肚皮前）

饺子送给爸爸吃（把手放在老公面前）

胎教贴心话 除了玩手指童谣的游戏，准妈妈还可以在准爸爸闲暇的时候叫他陪你一起玩翻绳游戏，也能锻炼手指的灵活度。

第67天

艺术胎教：简笔画

简笔画并不要求绘画功底，每一个准妈妈都能轻易地上手，画简笔画可以让人集中精神，是非常好的胎教方式。只要愿意动手，就能画出形态各异的东西来。

准妈妈还可以配合以下儿歌来进行，边画边把儿歌说给胎宝宝听。

画小鸭

小鸭头，小鸭尾，
小鸭眼睛小鸭嘴，
小鸭长着两条腿！
鸭头画小圆，鸭身画大圆，
翅膀画半圆，
眼睛随着头部转，
小脚画两边，
圆滚滚的小鸭就出现，
快来快来给小鸭涂颜色。

除了画小鸭，准妈妈还可以换成小刺猬、小兔子等，最后涂上各种颜色。

胎教贴心话 喜欢画画但又不擅长的准妈妈还可以买一些填色画的书，用彩色铅笔或者水彩笔按自己喜爱的颜色帮线稿上色，将来宝宝出生后也可以和宝宝一起玩。

第68天

音乐胎教：名曲《田园》

《田园》是著名音乐大师贝多芬所作，是他少数的各乐章均有标题的作品之一，也是贝多芬9首交响乐作品中标题性最为明确的一部。这部作品1808年在维也纳首演，由贝多芬亲自指挥，在首演节目单上，他写道："乡村生活的回忆，写情多于写景。"

创作背景

创作这部作品时，贝多芬的双耳已经完全失聪，《田园》的灵感来自于大自然，整部作品表达了对大自然的依恋之情，细腻动人，朴实无华，宁静而安逸，是一部体现回忆的作品。

乐曲赏析

这首乐曲让人感受到人与自然既和谐又统一的佳境，自然的千姿百态与音乐的宏伟互为映衬，就像一幅眼睛看不见的图画，美妙而令人身心舒展。

回想自己曾经观赏田园的景象，这种感觉或许用文字难以描述，当准妈妈漫步于小区花园或是林荫小道时，不妨听一听这曲《田园》，满耳的大自然的声音和满眼的大自然的颜色会让准妈妈从心灵深处呼吸到那纯净清新的空气，从而忘记烦恼，给心灵一次轻松的旅行。

10 WEEKS

第69~70天

本周变化：如同一条优雅的小鱼

胎宝宝身体长大的速度还在增加，对营养的摄取会比以前更多，虽然这个时候大部分准妈妈还在孕吐，但为了胎宝宝的营养健康，不可因为孕吐不吃东西哦。

忙着踢腿和伸展的胎宝宝

胎宝宝在这一周身长（头到臀）约有4.5厘米，体重达到7~10克，胎宝宝的增长速度增快，现在相当于你的手掌一半，头部还是占据着身体的一半大小，在还没有睁开的小眼睛里，虹膜正在开始发育。随着他身体的成长发育，胎宝宝的动作会变得更多、更有力，高兴的时候，他会踢腿和伸展四肢了，只是现在的这些动作还很轻微，你还感觉不到。

在羊水中练习原始行走

你子宫中的羊水量越来越充足，胎宝宝现在在羊水中就如同一条优雅的小鱼，“吧嗒吧嗒”地活动手脚，还会有两脚交替向前走的动作，这就是原始行走，是为出生后做准备。

骨骼开始变硬

胎宝宝的肢体在不断加长，脊神经开始生长，你现在可以清晰地看到胎宝宝脊柱的轮廓。同时骨骼细胞发育加快，骨骼也开始变硬，在今后的6个月中，胎宝宝的主要任务就是让自己长得又结实又健康，为将来出生后能够独立生存做准备。

胎教贴心话 有条件的准妈妈在去医院体检时，最好叫准爸爸或者其他家人陪伴，这样能少一些疲劳和不适。

第71天

语言胎教：蜡烛的热度

有一年冬天，天气寒冷。阿凡提与几位朋友打赌说，他能在这冰天雪地里，在野外过上一夜而不被冻死。

“阿凡提，如果你真能这样，我们将输给你两枚金币。”朋友们说道。

“一言为定！”阿凡提说。

当晚，阿凡提带上一本书和蜡烛，到野外度过了一个对他来说最寒冷的夜晚。

天亮后，阿凡提哈着气、搓着手跑回村里向朋友们索要打赌钱。朋友们惊诧地问他：“阿凡提，难道你没有用任何取暖的东西吗？”

“没有哇！”阿凡提耸耸肩膀说。

“连一支蜡烛也没点吗？”朋友们又问。

“我是点了一支蜡烛，可我是用它来照明看书的！”阿凡提说。

“蜡烛不仅可以照明，它也有热度，你肯定用它取暖了，这样不能算你赢。”朋友们耍赖道。

阿凡提没有争辩，默默地走了。过了一个月，阿凡提请这几位朋友到家吃饭。可朋友们坐在客厅里等了数小时，肚子饿得“咕噜噜”直叫，阿凡提还是不端饭来招待。朋友们等得不耐烦了，出去想看个究竟。他们拥进厨房，发现阿凡提架了一口大锅，锅底下点着一支蜡烛正烧着，锅里一点儿热气都不冒。“阿凡提，用蜡烛能做熟饭吗？”朋友们取笑他说。

“你们说蜡烛有热度，我从一大早就用蜡烛的热度烧饭，可到现在都做不熟，我也感到非常奇怪。”阿凡提回答道。

胎教贴心话 烛光可以渲染浪漫的气氛，准妈妈在身体方便的情况下，可以准备一顿简单少油的晚餐，等准爸爸下班时给他一个惊喜，一家“三”口共进一顿烛光晚餐。

第72天

轻松一刻：读笑话

读一则短短的笑话，并不用花多少时间，但是却能很快获得一份好心情。

存钱

一个人在ATM柜台机存钱，排队时，排在后面的那个人在后面问他：“存钱是吗？”“嗯!”“我正好要取钱，反正你要存，不如把钱给我，咱俩就不用排队了。”那个人想想觉得有理，于是把钱给他了。

坐车

1.记得公交卡刚出来的时候，一个老太太向司机亮了一下卡片，就径直走向座位。司机在前面嚷嚷说：“请读卡！”老太太便对着IC卡，认真读：“北京市公交IC卡……”司机愣了一下说：“到那机器上读。”老太太便走到司机指的地方，用尽全力念道：“北京市公交IC卡……”

2.一位乘客上公交车之后，拿出公交卡咣当投进投币孔里了。

买东西

1.看中了个热宝宝，老板要35块，小红还价说30元就要了，老板不依非要35元，讲了几个来回不肯让步，小红想想算了，给了张50元，结果老板很麻利地找了小红35元。

2.记得有一次去买一种叫伊丽莎白的水果，张口就说：“老板，莎士比亚多少钱？”老板当场就呆了。

3.一个人去米粉店吃饭，进去就说：“老板，来二两葱不要米线。”接着又补充道：“不要放葱啊。”老板都快哭了：“你到底是要吃米线还是要吃葱？”

4.一次，看到一个人买菜，买了2.6元的菜，他翻出了身上所有的零钱，还缺一毛钱，只听见他对老板说：“我的毛，都给你了，所以没有毛了。”小贩哑然，半天，回答：“你的毛我不要了。”

胎教贴心话 怀孕后，准妈妈常常会发现自己的脑子有时候转不过来了，甚至因此而闹笑话。不用觉得尴尬，这是怀孕的正常现象，你还可以拿出来讲给老公和胎宝宝听，博取自己和大家的欢笑呢。

第73天

意念胎教：贴一张可爱宝宝照

能够拥有一个健健康康、漂漂亮亮的宝宝，是所有爸爸妈妈的心愿。为了更好地实现这个心愿，很多家里有孕妇的家庭，都会从画报、挂历、图片中找出一张自己最喜欢的幼儿画像，挂在卧室里墙头醒目处或者床头，这是有讲究的。

多看漂亮宝宝照，将来宝宝也漂亮

准妈妈经常看漂亮宝宝照，然后在脑海里将自己设计的婴儿形象确定下来，经常联想，反复使这一形象具体清晰，久而久之胎宝宝就会按照准妈妈的意愿生长发育，接近或达到准妈妈理想的相貌。

这听着好像有点不可思议，不过这确实是行之有效的，准妈妈在看漂亮宝宝的照片时，会觉得赏心悦目，心情愉悦。这种好心情，会通过准妈妈的神经传导给胎宝宝，不但会给胎宝宝安全感，还有利于改善胎盘供血量，促进胎宝宝健康发育。

这就是有些孩子比父母长得漂亮的缘由之一。

准妈妈也可以将你和老公小时候的照片拿出来，综合一下来想象宝宝样子。其实有很多宝宝出生后，都会被认为跟爸爸或妈妈小时候长得一模一样呢。

胎教贴心话 准妈妈还要经常想象一些美好的事物，如名画、风景、优美音乐和文学作品、影视中美好的镜头，通过想象使自己常处于一种愉快的心境中。

第74天

语言胎教：神医华佗

华佗从小爱好读书，富有钻研精神，对医学饶有兴趣。在母亲的教育下，小华佗立志不图官位，愿为良医，以救民济世为本。

后来，母亲得了一种奇怪的病，忽冷忽热，周身疼痛，皮肉肿胀。华佗请来很有名气的大夫治病，也不见成效。母亲病故前对华佗说："孩子，记住你的父母都是被这种古怪的病折磨死的。我希望你早日学成医术，好让百姓少受疾病之苦！"

母亲的去世激发了华佗发愤学医、普济众生的决心。他来到城里，要拜父亲的生前好友蔡医生为师学医。蔡医生开始不想收华佗为徒，可是一想，华佗父亲生前是自己的老朋友，朋友一死，转眼不认人，也太不讲情义了。

所以，他想考考华佗，如果他是一块做医生的料，就收；不是，就不收。

蔡医生主意已定，他见几位徒弟正在院子里采桑叶，而最高处枝条上的桑叶够不着，便向华佗说："你能设法把最高的桑叶采下来吗？"华佗说："能。"他叫人取了根绳子，拴上块小石子，只一抛，绳子抛过枝条，树枝被压下来，桑叶就采到了。

蔡医生又看见两只山羊在斗架，眼都斗红了，谁也拉不开，就说："华佗，你能把这两只山羊拉开吗？"华佗又说："能。"只见他拔来两把鲜草，放在羊的旁边，斗架的羊早就斗饿了，一见鲜草，忙着抢草吃，自然散开不斗了。

蔡医生见华佗如此聪明，就收他为徒。后来华佗跟随师父刻苦钻研，注重实践，成为被人拥戴的一代名医。

第75天

艺术胎教：王羲之《兰亭集序》

《兰亭集序》有“行书第一”之称，其书法笔力雄健而又飘逸流畅，是大书法家醉酒之后的作品，全稿共计324字，凡是重复的字都各不相同，其中21个“之”字，各具风韵，皆无雷同。据说王羲之酒醒之后，过几天又把原文重写了好多本，但终究没有在兰亭集会时所写的好。

兰亭集序

永和九年，岁在癸丑，暮春之初，会于会稽山阴之兰亭，修禊事也。群贤毕至，少长咸集。此地有崇山峻岭，茂林修竹，又有清流激湍，映带左右。引以为流觞曲水，列坐其次。虽无丝竹管弦之盛，一觞一咏，亦足以畅叙幽情。

是日也，天朗气清，惠风和畅。仰观宇宙之大，俯察品类之盛，所以游目骋怀，足以极视听之娱，信可乐也。

夫人之相与，俯仰一世。或取诸怀抱，悟言一室之内；或因寄所托，放浪形骸之外。虽趣舍万殊，静躁不同，当其欣于所遇，暂得于己，快然自足，不知老之将至。及其所之既倦，情随事迁，感慨系之矣。向之所欣，俯仰之间，已为陈迹，犹不能不以之兴怀。况修短随化，终期于尽。古人云：“死生亦大矣！”岂不痛哉！

每览昔人兴感之由，若合一契，未尝不临文嗟悼，不能喻之于怀。固知一死生为虚诞，齐彭殇为妄作。后之视今，亦犹今之视昔，悲夫！故列叙时人，录其所述。虽世殊事异，所以兴怀，其致一也。后之览者，亦将有感于斯文。

胎教贴心话 喜欢书法的准妈妈也可以在孕期练习毛笔字，写字本身是一种修身养性，对胎宝宝极有好处。

第76~77天

本周变化：身体雏形构造完成

恭喜你，进入了孕早期的最后一周！进入这一周，大部分的准妈妈早孕反应减轻，孕吐已经缓解，疲劳嗜睡也已逐渐过去，准妈妈可能会觉得精力更加充沛，不妨每天和胎宝宝说说话，一起听听音乐、看看书，开心平稳地度过这一周。

致畸概率降低

这一周，胎宝宝身长（头到臀）6.5~8厘米，体重比上周稍有增加。到本周末，胎宝宝从牙胚到指甲已发育俱全，身体的雏形已经构造完成，基本的器官发育也都已成形，此后受到外界有害刺激而致畸的概率大大降低，你再也不用那么担心了。

有了更多的反射动作

胎宝宝的神经细胞增殖迅猛，而且神经突触（大脑中的神经连接）正在形成。你的宝宝现在可能已经有了更多的反射动作，如果你和老公用手轻轻碰触腹部，胎宝宝就会有手指和脚趾张开、嘴巴开合、四肢舞动等反应，但你还感觉不到这种细微的变化，可是应该相信，胎宝宝能对你们的爱抚做出反应了。

胎宝宝能排尿了

这一周，胎宝宝所有的内脏器官都已形成并开始工作，肝脏开始制造胆汁，肾脏开始制造尿液等，肾脏制造的尿液开始进入膀胱，进而排泄到羊水里，羊水的成分将因此而改变。

胎教贴心话 孕3月后，准妈妈的体重会以每周400克的速度增加，如果准妈妈比较瘦，那以后应注意增重哦，可以达到500克；若是比较丰满，那么300克的速度会更好。

第78天

手工胎教：折纸狐狸

折纸是一门很有趣味的艺术，材料信手拈来，随时随地都可以进行，今天，准妈妈可以折一只可爱的小狐狸。

折纸狐狸

步骤：

①沿虚线对折后展开；

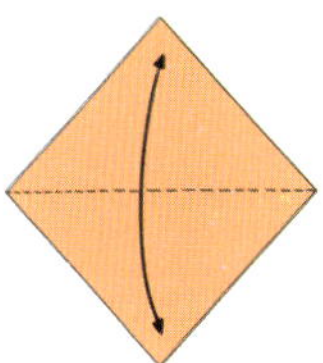

②换角对折；

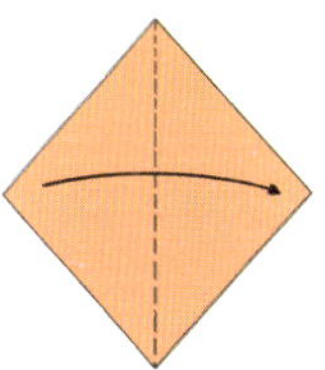

③沿虚线折起来；

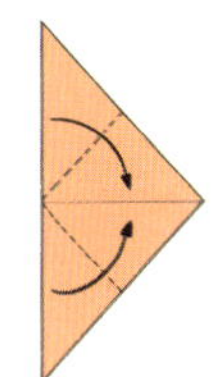

④向后翻；

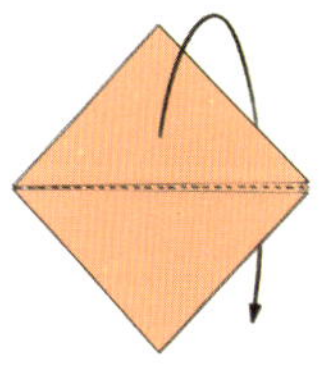

⑤沿虚线向外折，形成狐狸的半边耳朵和半边脸；

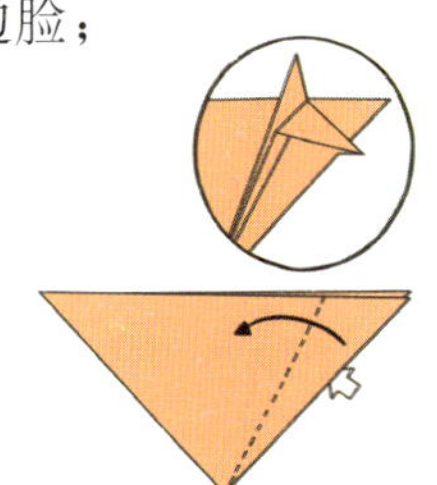

⑥折好另外半边，摆正；

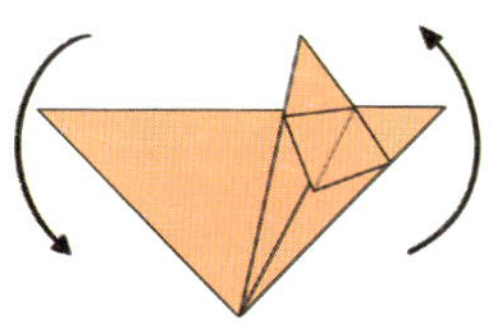

⑦折出狐狸的尾巴，让小狐狸立起来；

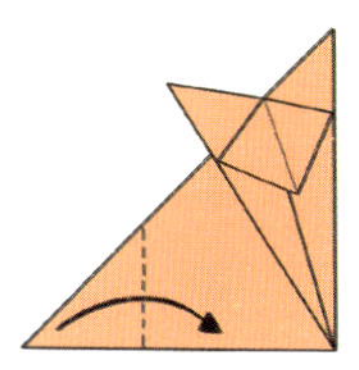

⑧画上微笑的眼睛和嘴，微笑的小狐狸就折成了。

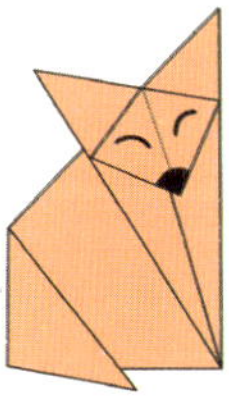

12 WEEKS

第79天
故事胎教：《狐狸和小花猫》

狐狸和小花猫

一只小花猫在森林里遇到一只狐狸，心想：“他又聪明，经验又丰富，挺受人尊重的。”于是它很友好地和狐狸打招呼：“嘿，尊敬的狐狸先生，您好吗？这些日子挺艰难的，您过得怎么样？”狐狸傲慢地将小花猫从头到脚地打量了一番，半天拿不定主意是不是该和它说话。最后他说：“哦，你这个倒霉的长着胡子、满身花纹的傻瓜，饥肠辘辘地追赶老鼠的家伙，你会啥？有什么资格问我过得怎么样？你都学了些什么本事？”“我只有一种本领。”小花猫谦虚地说。“什么本领？”狐狸问。“有人追我的时候，我会爬到树上去藏起来保护自己。”“就这本事？”狐狸不屑地说，“我掌握了上百种本领，而且还有满口袋计谋。我真觉得你可怜，跟着我吧，我教你怎么从追捕中逃生。”

就在这时，猎人带着4条狗走近了。小花猫敏捷地蹿到一棵树上，在树顶上蹲伏下来，茂密的树叶把它遮挡得严严实实。“快打开你的计谋口袋，狐狸先生，快打开呀！”小花猫冲着狐狸喊道。可是猎狗已经将狐狸

扑倒咬住了。“哎呀，狐狸先生，”小花猫喊道，“你的千百种本领就这么给扔掉了！假如你能像我一样爬树就不至于丢了性命了！”

——选编自《格林童话》

胎教引语

故事中小动物们的想法往往和小孩子很相似，给孩子讲故事是他们喜爱的活动。

胎教意境

骄傲的狐狸瞧不上小花猫的上树本事，一心觉得自己的计谋才是本事，可是，本事大的狐狸却被猎人抓住了，小花猫仅仅只会上树，却很容易就逃脱了猎人的追捕。

这个故事里的讽刺意味很明显，尊重别人的长处，也合理利用自己的优点，这样的人才会受人喜爱，关键时刻才能更好地发挥作用。

12 WEEKS

第80天

营养胎教：特别想吃的食物可适量吃一些

很多准妈妈怀孕后，会发现身边有很多过来人告诉你，这个不能吃，那个不能吃。特别在妊娠反应严重的孕早期，这让准妈妈倍感苦恼。

爱吃可能是身体需要

在怀孕期间爱吃某种食物，可能是一种能真实反映出身体需求的自然智慧：很多研究孕妇偏爱某些食物的营养学家认为，这些被偏爱的常见食物的确在怀孕期间提供了孕妇所需的重要营养。

看一下常见的两种被准妈妈偏爱的食物：咸菜和炸薯条。这些食物含盐量高，这正是机体所需要的，而且它们能使准妈妈感到口渴，这样就会多喝水。或许机体知道它需要大量额外的液体来灌满像游泳池样的羊膜腔。

有些准妈妈会开始吃些在怀孕之前从来不喜欢的食物，这可能也是因为变化的身体需要吸收和怀孕前不同的营养。

而且，在整个怀孕期间，准妈妈爱吃的食物种类也会发生变化，这也可能是为了配合身体营养需求的变化。就像晨吐一样，爱吃某些食物，也是在怀孕早期特别明显。

所以，一般来说，除非这些食物实在是太不健康，准妈妈都可以把想吃的食物当作是身体的需要，适量吃一些解解馋。

不要过量

不管是什么食物，哪怕是对身体极为有益的新鲜蔬菜水果，都不可过量食用。

胎教贴心话 如果准妈妈发现爱吃某种食物的欲望已超出自己的控制，最好把它们列出来，吃了多少？吃的次数有多少？再问问医生或营养师，看看自己最想吃的东西是否对胎宝宝不利，如果专业人员提出劝告，准妈妈就得有所节制。

第81天

准爸爸胎教：给胎宝宝取个好听的小名

准爸爸最好能每天参与胎教，和胎宝宝对话，这样做胎教效果更好，因此，给宝宝取一个有爱的小名很有必要。

取个小名的好处

首先，当自己叫着他的名字开始讲故事时，参与感更强。

其次，在胎儿期时如能多呼唤胎宝宝的名字，每次交流前都用小名轻声而充满爱意地跟他打个招呼，那么胎宝宝出生后，再次听到同样的呼唤会感到熟悉和亲切，在新环境中不会感到紧张和不安，从而帮助他从心理上尽快适应，这对促进宝宝日后语言和智力的发展很有意义，同时也丰富了宝宝的精神世界。

另外，名字除了方便分辨和称呼外，还寄托了父母对孩子的希冀和爱意，让宝宝更显得独一无二，也是父母给宝宝的一份礼物。

如何给胎宝宝取名字

给胎宝宝起的昵称应响亮一些，可以用叠音，这样叫起来顺口，容易听，也容易记住，不用像起大名那样郑重其事，比如皮皮、球球、丁丁、咚咚、嘟嘟等；还可以用拟物的名词，比如小黄豆、小土豆、小布丁、小油菜等，俏皮又可爱，而且男孩女孩可以通用。

如果打算给宝宝起个英文名，可以与中文名相互呼应，发音接近，如果还能有美好的含义就更好了，比如Grace（优雅）、Sunny（阳光）等。

第82天

语言胎教：一天到晚游泳的海豚

“即日起，游泳大师海豚来本公园的游泳馆为大家做24小时不间断表演，欢迎大家随时前来观看。”广告一贴出来，公园里就轰动了。海豚到公园里来，这是多么不容易的事呀！不过，大家都很怀疑，海豚真的能24小时不间断地做游泳表演吗？

“瞧，海豚的表演多精彩啊！它会顶球、跳圈、跳高，还会做很多好看的动作。”小兔被它的表演迷住了。它带着吃的、用的住到了公园宾馆里，只要一有机会就看海豚的表演。小兔奇怪极了，海豚总是在池里一刻不停地游来游去，根本就不停下来。小兔忍不住说：“喂，游泳大师，您还是休息一下吧，这样要累坏身体的呀！”

“谢谢你，我一点儿也不累！”海豚说，“我睡觉的时候大脑的一个半球处于睡眠状态，另一个半球处于工作状态。这样隔十几分钟再调换一次。看起来我一直在游泳，其实我并没有耽误睡觉呢。”“噢，是这样，您一天到晚地游泳，真了不起呀，是个名副其实的游泳大师呢！”小兔佩服地说。

胎教贴心话

海豚是智商最高的动物之一，它们看上去很憨厚，其实性格活泼爱嬉闹，与人类是很好的朋友。

海豚是很喜欢娱乐活动的动物，喜欢玩海藻，也喜欢与其他的海豚打闹，有时，它们甚至会主动去骚扰其他的生物，比如戏弄海鸟和海龟等。

很多海豚十分喜爱冲浪，有时利用船只经过掀起的波浪从一个浪尖跳跃到另一个浪尖，还会和游泳者一起玩耍。

人们通过观察在水族馆里的海豚，发现它们会自己制造和控制水中的气泡，以及发明一些其他复杂的娱乐方式。

12 WEEKS

第83~84天

情绪胎教：心理体操

准妈妈在孕期难免会出现情绪紧张的情况，这时候不妨做一下舒缓压力、放松心情的“心理体操”：

第1节：深呼吸

坐在椅子上，双脚平放，闭上眼睛，用鼻子慢慢吸气，手指向外扩张；然后张嘴呼气，一点一点呼出体外，至身体放松。

第2节：重复快乐的词句

反复诵读一些乐观的词或句子，可以使呼吸变慢，思维集中到声音上，使你和胎宝宝安静、快乐起来，比如“宝贝，我爱你”。

第3节：接受音乐的洗礼

每天花20分钟静静地接受音乐的洗礼吧，这样会使你和胎宝宝的情绪达到最佳，还能促进胎宝宝的身心发育。

第4节：与幽默亲密接触

喜剧、幽默风趣的散文和随笔、滑稽搞笑的图片，每天欣赏一下这些，可以让你的笑容焕发光彩，变消极为积极，进而转变成力量。

第5节：记心情日记

每天都写上一段日记，记录一下你当天的心情，这将是一份长久的纪念，整整280天，你和一个新生命一起走过，这是值得骄傲的，你记录下的每一天都是一份充满意义的礼物。

胎教贴心话

准爸爸可以加入哟。比如可以为准妈妈的“心理体操”做各项准备工作，还可以通过幽默的方式来开发准妈妈的美丽笑容，这样“体操”效果会更好。

PART 4

孕4月

你的心跳如此动人

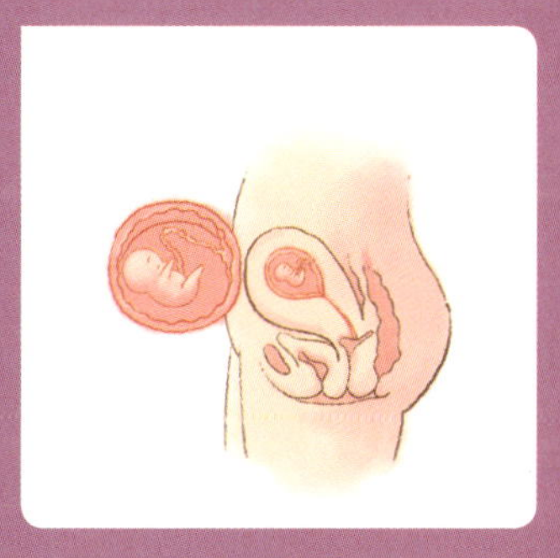

终于度过了难受的孕早期，进入了舒适的孕中期，终于听到胎宝宝动人的心跳，为人父母的爱意满溢，坚持胎教，好好享受这孕期难得的幸福时段吧！

13 WEEKS

第85天

本周变化：身体全面快速发育

从这周开始，准妈妈正式进入孕中期。胎宝宝的大部分关键器官发育都已经完成，进入全面快速发育的时期，准妈妈应注意均衡饮食，保证充足的蛋白质、多种维生素、钙、铁等营养素的供给，促进胎宝宝的健康成长。

胎宝宝身体在全面快速发育

胎宝宝现在身长（头到臀）7~7.6厘米，差不多相当于一只大虾的大小，重量大约28克，正在全面迅速地发育。他的骨骼发育明显，神经元迅速地增多，神经突触形成，条件反射能力加强，手指开始能与手掌握紧，脚趾与脚底也可以弯曲了，肾和泌尿道都开始工作，其他器官功能也在进一步发育并完善。

长成漂亮娃娃脸

胎宝宝的脸部器官已经全部就位，脸部更加清晰，五官明显，眼睛之间的距离不再那么远，还在缩小，已向脸部中央靠近了，眼睑仍然紧紧地闭合，耳朵也已经到达最终的位置，小嘴更好地吞咽羊水，脖子已经发育得足以支撑头部，变得更加漂亮了。

胎盘和脐带发育完成

这一周，陪伴胎宝宝整个孕期的胎盘和脐带也发育完成，开始正常工作，为胎宝宝发育源源不断地提供所需要的营养和氧气，运输代谢的废物，促进胎宝宝迅速而稳健地继续发育。

胎教贴心话 这个时期大部分准妈妈的妊娠反应都消退了，是身心轻松、胃口大好的一个月，准妈妈除了要多吃含铁食物，预防妊娠期贫血外，还要注意不要吃得太多，以免体重超标。

第86天
音乐胎教：古曲《春江花月夜》

如果准妈妈喜欢传统音乐，不妨听一听这曲《春江花月夜》。《春江花月夜》原是一首著名的琵琶独奏曲，原名叫《夕阳箫鼓》。

乐曲赏析

我国古人的情怀讲究“天人合一”，江水、月亮、花木，都是古人表达情怀的假借物。一曲《春江花月夜》在琵琶、古筝等民族乐器的演绎下，为我们营造了一个典雅、轻快、细腻、流畅的听觉佳宴。淡雅离俗，婉转清幽，如食美味，清润而不厚腻，怡人而不致沉溺。愈听愈回味无穷，愈品愈美妙难言。

如果仔细倾听，你会听到江水的沉吟、涨满江岸汩汩向前的流动声，你还能望见头上有一轮圆月在水雾的遮笼下跳着轻悠的舞蹈……这些都是古筝演奏者用托、擘、抹、挑、滚、拂、拨、摇等技法演绎出来的。

春夜，江水缓缓而流，水雾浩渺，月色与水光交织，时隐时现，云影花树随江水缓缓前移，暗香浮动，由近及远。人世兴替，江水滔滔，月影如旧。“江畔何人初见月，江月何年初照人？”

这首曲子能带你走进一个宁静的氛围中，在大自然的怀抱中，在江水的流淌中，在月华的隐现中，平复内心的焦躁，使心境变得宽广、沉静、美丽。

胎教贴心话 准妈妈如果喜欢这首曲子，可以听各种乐器演奏的，如琵琶、古筝等。演奏乐器不同，曲子又别有一番风味。

13 WEEKS

第87天

挑选几件合适的孕妇装

到孕4月，随着腹部的隆起，爱美的准妈妈会开始添购孕妇装了。一些时尚的孕妇装，会让你的孕期变得更美丽，特别是职场准妈妈，穿得得体尤为重要。

怎么挑选上衣和裙子

1 买几件能随着身体增大而变化的衣服。有褶饰、后系带、侧面系扣或打褶以及和服式等有细节设计的上衣或裙子，以让你在身形增大和体形改变的时候，随时调整。

2 款式选择高腰的。一件高腰的上衣或连衣裙，可以用来区分胸部和腹部的线条，显得时尚又精神。

3 质地柔软、透气性强、易吸汗、性能好的衣料是首选，这样的面料包括棉、麻、真丝等，其中以全棉最为常见。

4 挑款式也要挑颜色。健康、明朗、柔和的粉色系、浅蓝色系等明亮的颜色，可以衬托肤色，让准妈妈光彩照人，还具有消除疲劳、抑制烦躁、控制情绪的作用。

选两件经典、可调整腰部的裤子

准妈妈可以选择搭配两条深色斜纹微喇孕妇牛仔裤。这是搭配上衣的百搭裤子，而且耐穿，可以伴随整个孕期。一些专为孕妇设计的打底裤，具有可调整的腰部和紧缩的腿部，不但方便你搭配，也会让准妈妈穿着更舒服。

胎教贴心话 孕期的衣服穿着的期限短，有的准妈妈觉得浪费，这时，不妨整理一下衣橱，将宽松的毛衣、T恤、宽大的男式服装等充分利用起来，用些心思来搭配，也是非常不错的做法哦。

第88天

轻松一刻：幽默小故事

幽默是营造好情绪的有效方法，准爸爸准妈妈可以多储备一点幽默小故事，这既能丰富自己的幽默细胞，也是非常好的语言胎教素材，一举多得。

笑眯眯

有一次，语文老师让大家用“笑眯眯”一词造句，小明站起来说：“我笑眯眯地吃了一只小羊。”老师遂笑，问道：“那你为何不笑眯眯地吃一只狮子呢？”“因为小羊老实，我吃它，它不会反抗；嗯，还有，狮子太大，我不敢吃；再说它是野生保护动物，所以，我不能笑眯眯地吃！”

寄给谁的信

有一天，爸爸让小明去寄一封信，小明已经拿着信跑了，爸爸才想起信封上没写地址和收信人的名字。

小明回来后，爸爸问他：“你把信丢进邮筒了吗？”“当然！”

“你没看见信封上没有写地址和收信人名字吗？”“我当然看见信封上什么也没写。”

“那你为什么不拿回来呢？”“我还以为你不写地址和收信人,是为了不想让我知道你把信寄给谁呢!”

胎教贴心话 笑是很好的情绪调节剂，但是准妈妈孕期最好不要放声大笑哦，因为大笑会牵动全身肌肉，这可能使腹部猛然抽搐，刺激子宫发生收缩。

第89天

语言胎教：小不点红杉树

一棵红杉树的种子对妈妈说：“妈妈，我已经成熟了，让风伯伯带我到远方去扎根吧。”

“不，孩子，你离开妈妈的照顾，离开周围叔叔伯伯们的保护，是长不好的，还是留在我身边吧。”但是这颗种子的兄弟姐妹都随风伯伯到远处的开阔地扎根落土了。

春天到了，这颗种子从泥土里钻出来，看看妈妈高大的身躯，再看看周围叔叔伯伯们巨大的枝干，油然而生一种安全感。大风刮来，呼呼作响，有叔叔伯伯们的包围，小红杉树安然无恙；暴雨如注，有妈妈做伞，小红杉树如在温室。小红杉树心想：“幸亏我没随风伯伯到远处去落土，不然我该怎样抵挡风雨啊！”

可是，当小红杉树要吸吮土壤中的养分的时候，营养已被叔叔伯伯们吸走；他要迎接阳光雨露，却被妈妈的高大身躯遮住。这样，一年又一年过去了，小红杉树还是那么小，他成了长不大的小不点啦。当他听风伯伯说，那些在远方扎根的兄弟姐妹都长成了参天大树的时候，深有感触地说：“整天躺在妈妈的怀里是长不大的啊！”

胎教贴心话 故事里的小红杉树成了一棵长不大的小树，这是多么遗憾的事情啊！在孩子还幼小的时候，爸爸妈妈的怀抱能令他有安全感，但是当他渐渐长大，爸爸妈妈就应该给他空间，让他能够自由飞翔。

13 WEEKS

第90~91天

营养胎教：每天吃一些坚果

在食物的分类中，坚果都被归为脂肪类食物。

坚果类食物对大脑发育有益

对于大脑的发育来说，需要的第一营养成分是脂类（不饱和脂肪酸）。另外，坚果类食物中还含有15%~20%的优质蛋白质和十几种重要的氨基酸，这些氨基酸都是构成脑神经细胞的主要成分，同时，坚果还含有对大脑神经细胞有益的维生素。因此，无论是对准妈妈，还是对胎宝宝，坚果都是补脑、益智的佳品。

适合准妈妈的坚果

核桃、花生、葵瓜子、松子、榛子、开心果、腰果、板栗等坚果都适合准妈妈食用，准妈妈可以准备一些，每天吃一点。一般建议每天吃大约50克即可，因为坚果中的脂肪较多，准妈妈本身肠胃就弱，吃了容易消化不良，甚至出现“脂肪泻”，适得其反。

不爱吃坚果怎么办

有些准妈妈会讨厌坚果的味道，这时候，准爸爸可以想一些办法，例如把坚果研成末，拌在凉菜里或做成各式各样的点心，让准妈妈爱吃。

胎教贴心话 准妈妈要少吃炒制和盐焗坚果，否则容易上火，尤其到孕中晚期，过多的钠盐摄入还会导致水肿和妊娠高血压疾病。

第92天

本周变化：长出独一无二的指纹

这一周的胎宝宝还非常微小，但他身体的所有基本构造都已经形成了。

指纹印开始出现

胎宝宝头到臀的长度为8.5~9.2厘米，体重30~43克，小小的能放在你的手上。胎宝宝的身体的生长速度超过头部，头重脚轻的状况将得到很大改善，而且他的颈部更加伸展、更加有力，有时候还能把头抬起来。胎宝宝的手指发育更完善，除了圆润的小指甲外，他的指纹印开始出现，并将成为他以后独一无二的身份象征。

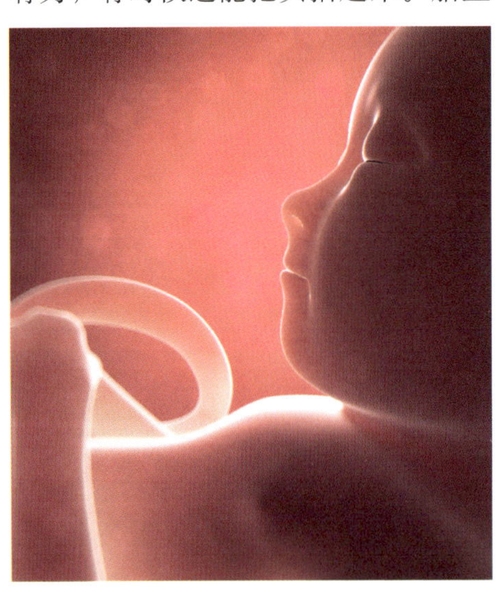

进行面部表情练习

由于大脑神经系统对外来刺激的作用越来越发达，在这周内，胎宝宝可以做许多动作，如双手握紧、吸吮自己的大拇指等，还出现眯着眼睛斜视、皱眉头、做鬼脸等面部表情，这些动作促进了胎宝宝面部肌肉发育，还可以帮助他更好地发育大脑。

正在长出很多毛发

胎宝宝正在长出很多毛发，不只是头发和眉毛，他的整个身体现在都覆盖着非常细小的绒毛，即胎毛，看上去有点毛茸茸的感觉。不要担心，胎毛通常会在出生前消失，不过头发的密度和颜色在宝宝出生后还会发生改变。

胎教贴心话 这个时期准妈妈常常会担心胎宝宝的健康，也会经常胡思乱想，有一些担心是很正常的，准妈妈可以将注意力转移到享受美味、享受生活、坚持运动上。

第93天

手工胎教：简易收纳盒

生活中的创意无所不在，在空闲时间，将家里的纸箱子收集起来，制作几个精美的收纳盒吧。准妈妈在孕期做的一切都会影响腹中的胎宝宝，说不定他以后也是个DIY高手哦。

鞋盒变工具收纳盒

材料：大小相当的鞋盒子，碎花布，各种蕾丝花边，双面胶（准妈妈可以用面糊自制胶水，安全又实用），订书机，铅笔，尺子。

制作步骤：

1 测量鞋盒子的高度和宽度，制作隔板；

2 将亮色小碎花布裁成适当大小（将纸盒子全包围即可）；

3 粘好花布，用蕾丝装饰一下就完成了。

胎教贴心话 喜欢做手工的准妈妈可以将废弃不要的衣服、装饰物等收集起来，作为你DIY的材料。也可以用同样的方法给宝宝做个以后用的尿布盒，在制作时，准妈妈可以向胎宝宝描述你的制作过程，这样同时也进行了对话胎教，也会更富趣味。

第94天

好书《夏洛的网》

《夏洛的网》是E.B.怀特（1899—1985）于1939年写的一部童话小说，这部小说自问世以来，一直深受欢迎，读者可谓风靡全球。这是一本适合成人也适合孩子的好书，如果准妈妈在此之前还没有看过，一定不要错过这样一本温情满满的书。

威尔伯的朋友夏洛

在朱克曼家的谷仓里，有一头名叫威尔伯的猪。

这是一头命运充满了曲折的小猪，本来作为一头落脚猪，他面临着被宰掉的命运，但是主人的女儿弗恩救下了他，把他养到两个月大，这之后，主人一家把他送到了朱克曼家。他被养在谷仓里，谷仓里的每个动物都有着自己的命运路线。而威尔伯未来的命运就是成为熏肉火腿。身为猪，威尔伯只能悲痛而绝望地接受命运的安排。

在新主人家的谷仓里，他和一只名叫夏洛的蜘蛛成了朋友。他的好朋友夏洛却坚信她能救小猪。小小的她吐出一根根丝在猪栏上织出了被人类视为奇迹的文字，这让威尔伯在集市上赢得了特别奖和一个安享天年的未来。可是小猪得救了，夏洛的生命却走到了尽头。

互相成就对方的情感

没有威尔伯，夏洛的网就不会那么独一无二；没有夏洛，威尔伯永远也不会闪光。友谊是希望的光芒，它让你有勇气生存下来，也让你的生命因此而闪光。这样的友情怎能不让人怀念？

其实，生活中，准爸爸与准妈妈不也有夏洛和威尔伯的影子吗？一个需要帮助，另一个便无私提供帮助。这不是和谐的家庭生活所必需的吗？为你们可爱的宝宝奉献对彼此的爱吧！

了不起的作者：E. B. 怀特

作者E. B. 怀特生于纽约蒙特弗农，毕业于康奈尔大学。散文家、幽默作家、诗人和讽刺作家。可爱的《精灵鼠小弟》也出自他的笔下。

胎教贴心话 准妈妈在有时间的时候，可以和准爸爸一起分角色朗诵一下这个感人的故事片段。随着小猪威尔伯的成长与经历去体味生命、友情、爱心的可贵，相信你们的胎宝宝也会和你们一起受到感动的。

第95天

语言胎教：认识可爱的小兔子

可爱的小动物也能给人带来好心情，比如小猫咪、小兔子、小鸟之类。准妈妈可以在孕期给胎宝宝讲述他所没见过的这个世界上的种种可爱的小动物，今天来认识一下可爱的小兔子吧。

小兔子的魅力点

告诉胎宝宝小兔子最吸引你的地方是哪里？是它那软软的毛，还是它那翕动不止的上唇，抑或是它那长长的耳朵和温和的脾气？

虽说"兔子尾巴——长不了"，但是可不要小瞧它哟，兔子可是个"跑步健将"呢，它跑起来可比人快多啦！

小兔子对啥有"重口味"

小兔子最爱吃的食物就是胡萝卜和青菜了，它的个性独立，有点像猫咪，但有时会很黏人，怕孤单，所以如果你和胎宝宝以后养小兔子的话，要记得每天抽出时间和它玩一会儿，不然它可是会生气的哦。

对胡萝卜特别执着的小兔子总是制造出一个又一个让人捧腹的笑话，现在就来看看这只执着又可爱的小兔子吧。

说说小兔子的快乐情绪

1 跳跃：好像跳舞一样，这表示它非常高兴，非常享受。

2 舔手：如果小兔子舔你的手，那说明它在跟你说谢谢呢。

胎教贴心话

每一种小动物，都有有趣、开心、能使人平复不良情绪的一面，而且往往人们还给它们创造了许多可爱的故事。如果在让胎宝宝认识这些小动物时，你感觉到愉悦，不妨继续认识一下其他的小动物。

第96天

情绪胎教：发现美好，营造美好

美好的事物可以激发人产生喜爱之情，因此，准妈妈不妨多创造和欣赏美好的事物，以唤来美丽的心境，让自己和胎宝宝能有接连不断的赏心乐事，身心获得健康的发展。

美从自身做起

准妈妈虽然会因怀孕而有那么一段时间显得臃肿，但这并不意味着准妈妈就没法美起来了。

在怀孕期间，准妈妈也可以打扮得很漂亮，虽然暂时告别了美丽的身段，但会生活的准妈妈会通过简单的美容、穿衣、护肤等来进行弥补，加上孕期特有的魅力，这些都是准妈妈在孕期的美丽秘诀，准妈妈的美会使胎宝宝在潜移默化中受到熏陶。

学会欣赏，美无处不在

一个静物，在常人眼中，没有半点美的感觉，可是艺术家眼中会是美的，它激发起他的创作热情。所以有句话说得好，世界上不是缺少美，而是缺少发现美的眼睛。

其实，美无处不在呀，自己做的小甜点，是美的；老公给你准备的一碗蛋花汤，是美的；去公园散步，不仅花花草草是美的，那树上躲藏着的小蜗牛也是美的，原来小蜗牛还能在树干上睡觉呢！这样有趣的发现，能不让你惊喜吗？

美无处不在，准妈妈要学会停下脚步，带着一双欣赏的眼睛，发现美、捕捉美的影响。

胎教贴心话 准妈妈的美丽心境可以为胎宝宝创造一个非常好的胎内成长氛围，情绪不好的时候，准妈妈可以暂时放下工作，放下生活琐事，去跟大自然亲密接触。

第97~98天

手工胎教：折纸青蛙

折纸是一个手脑并用的过程，并且充满想象力和创造力，准妈妈折纸对促进胎宝宝大脑发育有着很重要的作用。说起折纸，准妈妈心里肯定满满的都是儿时的美好回忆，还记得小时候折的纸青蛙吗？折好的纸青蛙，轻轻按住屁股，然后放开，就会跳出去。

准妈妈可以按照下面的方法和准爸爸多折几只，然后进行一场比赛，看哪只青蛙跳得更远。

步骤：

①不带颜色的一面朝上，向左对齐折；

②向下对边折；

③第1、2层向上对边折；

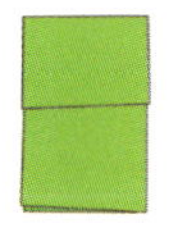

④展开后，将上半部对角折，压出折痕；

⑤按照折痕双三角形折，下半部向上对折；

⑥左右对折，压出折痕；

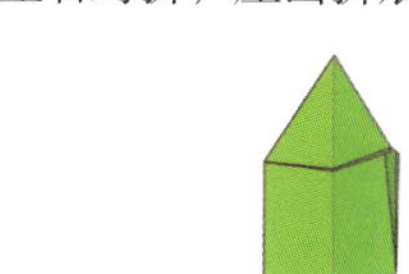

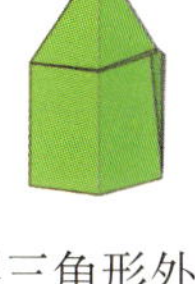

⑦除上部上层三角形外，下层均向中心线折；

⑧将三角形两侧向上折，形成前肢；下半部向上对折；

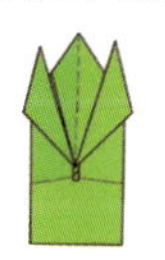

⑨将两角向下折，压出折痕；

⑩将下半部打开后按照折痕向两侧压折；

⑪将两侧角向下折；

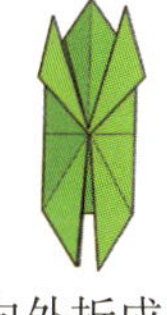

⑫将两角向外折成后肢；

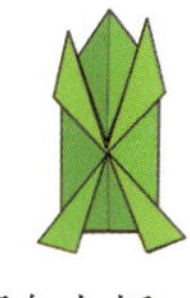

⑬将下部向上折；

⑭取中心线，再向下折；

⑮背面朝上，画上眼睛，一只小青蛙就折成啦。

15 WEEKS

第99天

本周变化：细节发育更完善

胎宝宝在准妈妈的体内愉快地成长，准妈妈在这一周可以多到大自然中去走走，与胎宝宝一起欣赏更多的美好风光。

身长和体重快速增长

胎宝宝现在身长（从头到臀部）大概有10厘米长，重60~70克，并将继续快速增长，在接下来的几周中，他的身长和体重将增长1倍甚至更多，你需要继续注意营养均衡，促进胎宝宝快速成长。

关节全部发育完成

现在，胎宝宝的腿比胳膊长，整个身体变得更加协调，并且可以活动所有的关节和四肢，他的手也更加灵活，能不时将小手放进嘴里吮吸，踢踢小腿，因为他的关节全部发育完成而且可以自由运用了。

胎宝宝能感光了

胎宝宝的眼睑仍然闭合，但可以感觉到光，现在的他很可能已经会试着躲避光源了，这是一个很大的进步。此外，胎宝宝的头发在继续生长，汗腺正在形成，味蕾开始逐渐发育完成，细节处变得更加完善。

胎教贴心话 随着胎宝宝的生长，准妈妈体内的血容量逐渐增加，除了多吃含铁食物，可能还需要遵照医生嘱咐补充铁剂。

第100天 音乐胎教：名曲《爱之梦》

《爱之梦》由钢琴皇帝李斯特创作，全曲一共有3首，这3首曲子中，最为出色的是第3首根据《尽情地爱》改编的《爱之梦》，一般提起李斯特的《爱之梦》，指的就是这首乐曲。

名曲赏析

李斯特的钢琴曲既不是那种赏心悦目的沙龙音乐，也不是追求表面效果的炫技曲，是真正具有艺术价值的钢琴音乐，丰满的和声，优美如歌的旋律，这是一首甜美的乐曲，充满了爱的柔情和愉悦，表达了对纯真爱情执着的追求，使这首钢琴小品成为一支令人难忘的“情歌”。

音乐一开始，旋律深情而婉转，很容易深深地打动人们的心。

随着情绪的增长，难以抑制的爱的热情终于爆发出来，原来含情脉脉的内心独白，发展成大胆而炽热的爱情倾诉，散发着火一般的热情，旋律移到高音区。

音乐渐渐达到高潮，最后又回到开始时的那种抒情境界，重复爱的主题，在梦一般美丽的感觉中，恋恋不舍地结束全曲。

小知识

《爱之梦》的歌词由德国诗人弗莱里格拉特所写，原名为《尽情地爱》，大意是：

爱吧！

能爱多久，愿意爱多久就爱多久吧！

你守在墓前哀悼的时刻快要来到了。

你的心总是保持炽烈，保持眷恋，只要还有一颗心对你回报温暖。

只要有人对你披露真诚，你就尽你所能让他时时快乐……

胎教贴心话 不是每一位准妈妈都喜欢听世界名曲，刚开始你也许不是很接受这样的曲调，不用着急拒绝，继续听，你会慢慢爱上，因为那些经历了时间考验的音乐大师，他们的作品都更能令人身心得到放松，艺术价值也更高。

第101天

艺术胎教：电影《好孕临门》

电影基本信息

中文名：好孕临门，又名“一夜大肚”

英文名：Knocked Up

影片类型：喜剧/浪漫/爱情

时长：129分钟

电影简介

艾莉森和本，这两个本是毫无关系毫无登对之处的男女，却在一次酒醉之后意外地被命运之绳牵在一起，艾莉森为自己描绘的美好未来因为这“一夜风流”而变成了水中泡影，而本也似乎完全没有做好自己需要承担责任的准备，可是几个星期之后，本却接到了艾莉森的电话：她怀上了他的孩子。

这部电影表现了男女之间思考逻辑不同的地方，为什么有时候善解人意的丈夫却看上去那样讨人厌，又为什么一直美丽可人的妻子突然变得不可理喻，可能你在看别人的时候会对这样的问题有所感悟。

始料不及的怀孕带来改变

孩子的力量是强大的，在孩子面前，就算是从来没有想过要拥有一个小孩的人如艾莉森和本，也选择了改变自己，在接下来的9个月里，他们决定给彼此一个机会，尝试着互相了解，在孩子的影响下，艾莉森和本最终过上了另一种幸福生活。

任何时候，宝宝都是主导心灵快速成长的催化剂，这就是爱的力量，对宝宝的爱，对伴侣的爱，它让我们都学会包容，并愿意为此改变。

胎教贴心话 电影中的准爸妈是因为醉酒怀孕，如果你的宝宝也是同样情况下受孕，不要太过忧心忡忡，已经过了最不稳定的孕早期，如果通过检查，胎宝宝一切正常，便没有问题，以后的日子按时产检即可。

第102天 不要对不良胎梦耿耿于怀

在孕期，不少准妈妈都会做一些关于胎宝宝的梦，尤其是在怀孕初期不知情的情况下，做了一些对孕育不利的事情的准妈妈，面对不良梦境，准妈妈该怎么办呢？

梦并不是预兆

胎梦和一般的梦一样，也是准妈妈自然而然做出来的梦，只是正处于怀孕之时，准妈妈的注意力大多容易集中在胎宝宝身上，所以对梦境格外敏感，也记得更清楚，再加上孕期身体和心理上的变化，做梦可能较常人要频繁。

胎梦其实是一片心理释放之地，胎梦中之事，大多反映了一些准妈妈需要考虑或关注的事情，比如：梦见自己不能喂宝宝，很可能反映了准妈妈担心自己不知道怎样照顾刚出生的孩子。

学会交流，放松心情

准妈妈不妨把梦讲给家人或好朋友，将自己的担忧说出来，还可以根据梦中的意象，结合平时的生活，检视自己的所思所想，主动而客观地去与自己的梦沟通。

1 将孕期所做胎梦用文字记录下来。

2 同时记下梦里的感觉或情绪。

3 凭自己的感受展开自由联想与象征隐喻。

4 回想并写下做梦之前可能的相关生活细节。

5 将梦、感觉、梦境隐喻、自由联想的结果与生活脉络相对应。

充实自己的生活

如果工作不算忙碌，准妈妈最好坚持工作，不少准妈妈怀孕后就辞退了工作，十分闲暇，其实，过于闲暇正是胡思乱想的催化剂，而忙碌恰恰剥夺了头脑“跑偏”的机会。

如果辞职在家专门养胎，准妈妈要学会充实自己，培养兴趣爱好，使生活充满色彩。一本好书、一支优美的田园交响曲、一个讲给宝宝听的故事、一段记录下的逸闻趣事，都可以作为填充大脑的内容。

胎教贴心话 没有上班的准妈妈也可以在孕期报1~2个兴趣班，比如画画、乐器等，这些都能帮你转移注意力。

第103天

语言胎教：小蜗牛的问题

小蜗牛问妈妈："为什么我们从生下来，就要背负这个又硬又重的壳呢？"

妈妈说："因为我们的身体没有骨骼的支撑，只能爬，又爬不快，所以要这个壳来保护！"

小蜗牛："毛虫姐姐没有骨头，也爬不快，为什么她却不用背这个又硬又重的壳呢？"

妈妈："因为毛虫姐姐能变成蝴蝶，天空会保护她啊！"

小蜗牛："可是蚯蚓弟弟也没有骨头爬不快，也不会变成蝴蝶，他为什么不用背这个又硬又重的壳呢？"

妈妈："因为蚯蚓弟弟会钻土，大地会保护他啊！"

小蜗牛哭了起来："我们好可怜，天空不保护，大地也不保护！"

蜗牛妈妈安慰他："所以我们有壳啊！我们不靠天，也不靠地，我们靠自己。"

胎教贴心话 蜗牛妈妈说得对极了，小蜗牛虽然不能像毛虫姐姐那样变成会飞的蝴蝶，也不能像蚯蚓弟弟那样钻土，却有一个会保护自己的壳，自己靠自己，这样就不用害怕风吹雨淋了。我们人类也是一样的，只有先做好自己的事情，才有能力去开拓丰富多彩的生活。

第104~105天

准妈妈做手工：袜子娃娃

袜子娃娃是用袜子为面料，以PP棉或者珍珠棉作为填充物，用纽扣或者小珠子做眼睛和鼻子，手工制作的人偶或者动物形状的玩偶，也属于DIY范畴。

胎教引语

袜子娃娃非常可爱，且每个人都可以做出独一无二的娃娃，作为DIY礼品也很有意义，不妨发挥想象力为自己的宝宝做一个，同时也可以起到胎教的作用。

胎教意境

步骤：

①用水溶笔画出小精灵或其他可爱动物的样子，将脚后跟部位做脸部，然后剪出效果图。

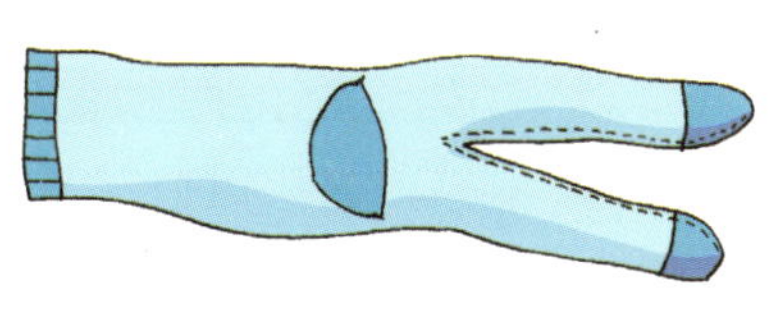

②翻过袜子来，将两只耳朵缝合，然后翻回正面。

③两只耳朵分别塞两团棉花，揉搓至均匀饱满，用同样的方法将脸部塞一团，身体部位同样塞一团，然后缝合底部。

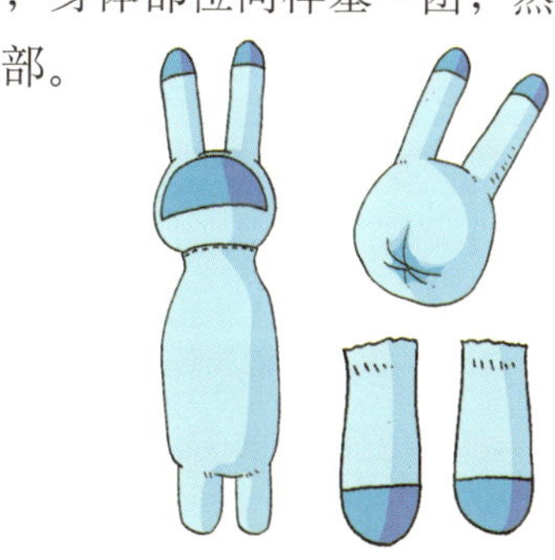

④用珠针将纽扣定位，缝上，再画出嘴巴的线条，用线缝出来，完工。

16 WEEKS

第106天

本周变化：鸭梨一样的小人儿

胎宝宝各部分发育逐渐完善，他将进入迅速生长阶段。此时，通过B超可以肉眼辨别胎宝宝的性别了，尽管如此，医院是不会告知胎宝宝性别的，准妈妈还得保留这份神秘感哦。

胎宝宝看起来像一个梨子

现在，胎宝宝身长（头到臀）约12~15厘米，体重120~150克，相当于一个鸭梨那么大。在以后的3周里，胎宝宝进入迅速发育阶段，体重会增加一倍，身长增长好几厘米。胎宝宝的头部比从前更加直立，双眼也已经从头的两边移到了前方，耳朵也已经到达最终的位置。尽管他还闭着眼睛，但他的眼球已经能够慢慢移动，手指甲完整地形成了，甚至已经开始长脚趾甲了。胎宝宝已经接近完美。

循环系统规律工作

胎宝宝的血管网遍布全身，小心脏已经规律跳动，神经系统开始工作，肌肉可以对大脑的刺激做出反应，使他的动作更加协调。胎宝宝的循环系统几乎都进入了正常的工作状态，开始发挥作用了，他将继续吞咽羊水练习呼吸。胎宝宝现在可以通过B超告诉你他是男孩还是女孩了，不过，你还是将这份惊喜保留到他出生吧。

开始出现胎动

很快，你还将经历孕期的一个最美妙的时刻——感觉到胎宝宝的胎动，那将是一种神奇的感受，让你更加体会到胎宝宝的存在。但大多数人要等到第18周或之后才会有所感觉，别太着急，在接下来的孕周里，胎宝宝的胎动会变得更加有力，你也能更频繁地感知到。

胎教贴心话 医生可能在这个月给准妈妈进行唐氏综合征筛查，去的时候别忘了带上记载检查结果的健康手册。

第107天

音乐胎教：口笛曲《云雀》

这首用口笛演奏的《云雀》，音调会让准妈妈感觉仿佛与胎宝宝置身于大自然中，听着云雀啾啾，准妈妈的情绪也会随之变得好起来。

在音乐中想象云雀的叫声。人类本是大自然的杰作，我们常常说，大自然是我们的母亲，亲近大自然不仅是自我的回归，也可让胎宝宝一起领略到大自然浑然天成的魅力，有时候，听一曲胎教音乐同样可以让心灵回归自然，《云雀》正是这样的音乐。

云雀这种看起来其貌不扬的小动物拥有顶级的歌喉，它的鸣声较复杂，音律多变，飞翔时盘旋上升，且飞且鸣，你在音乐声中可以完全想象出云雀一飞冲天的样子。

胎教贴心话 喜欢音乐但是不精通的准妈妈可以演奏一些简单的乐谱，很多经典儿歌的曲谱简单，曲调欢快，准妈妈可以用笛子、电子琴等演奏。你要相信，音乐带给你的愉悦会感染到胎宝宝。

16 WEEKS

第108天

语言胎教：跟胎宝宝随时对话

准妈妈与胎宝宝之间，有着非常微妙的关系，不仅血脉相连，而且心意相通，胎宝宝在情感上依赖母亲，虽然他听不懂妈妈说话的内容，但能够感觉声音和语调的变化，进而获得类似谈话的体验，促进语言乃至智力的发展。

谈谈日常生活

语言是为了方便生活，在日常生活中，当父母做任何事情时，都可以讲述出来，比如：早上起来想起宝宝就问“宝贝早上好，昨晚睡得舒服吗”，洗澡时说“这是水流声，妈妈在洗澡”等。

多表达自己的赞美与期盼

准妈妈的心会随着胎宝宝的变化而更加柔软、充满期待，当准妈妈感觉到不一样时，别忘了赞美胎宝宝“宝贝真是体贴妈妈，一晚上乖乖睡觉，真是妈妈的好宝贝”，当准妈妈对胎宝宝心生期待时，说出来的胎教效果也会很好，比如“宝贝长得高高的像爸爸，皮肤白像妈妈，聪明能干像爸爸，大眼睛像妈妈”等。

胎教贴心话 胎宝宝一般喜欢妈妈用“陶醉”一般轻轻摇晃的动作来表达对自己的关爱，同时喜欢爸爸低沉浑厚的声音，所以准爸爸比准妈妈更需要多与胎宝宝谈话。

第109天

语言胎教：三个和尚

从前山上有座小庙，庙里有个小和尚。他每天挑水、念经、敲木鱼，给观音菩萨案桌上的净水瓶添水，夜里不让老鼠来偷东西，生活过得安稳自在。

不久，来了个高和尚。他一到庙里，就把半缸水喝光了。小和尚叫他去挑水，高和尚心想一个人去挑水太吃亏了，便要小和尚和他一起去抬水。两个人只能抬一只水桶，而且水桶必须放在扁担的中央，两人才心安理得。这样总算还有水喝。

后来，又来了个胖和尚。他也想喝水，但缸里没水。小和尚和高和尚叫他自己去挑，胖和尚挑来一担水，立刻独自喝光了。从此谁也不挑水，三个和尚就没水喝。

大家各念各的经，各敲各的木鱼，观音菩萨面前的净水瓶也没人添水，花草枯萎了。夜里老鼠出来偷东西，谁也不管。结果老鼠猖獗，打翻烛台，燃起大火。三个和尚这才一起奋力救火，大火扑灭了，他们也觉醒了。从此三个和尚齐心协力，水自然就更多了。

胎教贴心话 虽然说准妈妈有孕在身，需要大家“优待”一下，可是准妈妈自己可不能“居功自傲”，适当帮助大家做一点事情，这样会获得更多尊重与爱护的。

第110天
情绪胎教：经常微笑

准妈妈愉悦的情绪可促使大脑皮层兴奋，使血压、脉搏、呼吸、消化液的分泌均处于平稳、协调状态，有利于身心健康，同时还有利于改善胎盘供血量，促进胎宝宝健康发育。虽然腹中的胎宝宝看不见你的表情，但他能感受到你的喜悦之情。

情绪胎教法宝

把你的快乐的心情传递给腹中的胎宝宝，他也会觉得很快乐，当他接受了这种愉悦的情绪后，会在心理、生理方面促进他的发育，将来他会更聪慧更健康，因此，微笑是准妈妈给予胎宝宝最好的胎教之一。

当心情不好时，“强迫”自己笑一笑，也会使心情渐渐变得开朗起来。

用晨起微笑换来一天的好心情

每天清晨醒来，先跟胎宝宝打个招呼，告诉他，新的一天开始了，他又长大了一天，然后对着镜子，给自己一个微笑，这一瞬间，沉睡的细胞苏醒了，你的周身都充满了朝气与活力，这是一个美丽的微笑，告诉你美好的一天即将开始，同时也将这种美好的情绪传达给胎宝宝。

趣味小知识

这个世界上有一种动物是活到老笑到老的，它就是笑脸鱿鱼。

科学家在美国洛杉矶和卡特利娜岛之间的太平洋深海进行拖网捕鱼时，意外捕获了一只娇小可爱的鱿鱼，它看上去就像一头身体胖胖的卡通小猪。更令人叫绝的是，小鱿鱼长着一副笑眯眯的脸庞和闪闪发光的眼睛，可爱极了。

科学家认为这是皮肤色素不同寻常的排列所造成的，这种特殊的排列让小鱿鱼从出生到死亡都是笑着的哦。

胎教贴心话 准爸爸的微笑不仅可以使自己保持良好的心态，也能融洽夫妻感情，使家庭幸福美满。而这些正是优生的重要因素。

第111~112天
绘本《借物小人阿莉埃蒂》

基本情况

名称：借物小人阿莉埃蒂
原著：玛丽•诺顿（英国）
改编：宫崎骏

故事简介

故事里，身高只有一支铅笔那样长的少女阿莉埃蒂，与她的小人家族，在日常生活中必须跟老鼠作战，还必须要躲过杀虫剂和捕蟑屋等各种不同的危险，他们要通过种种努力，才能获得生存或者更好的生活。

小人们必须“借用”许多人类的日用品来生活，又不能被人类发现他们的存在。一天，一个在乡间老宅中休养的小男孩翔发现了阿莉埃蒂，他们成了朋友，好心的翔为小人族提供帮助，但被管家发现了，管家想尽办法对付小人族，不得已，小人族必须逃离现在的家，移居到野外展开新生活。

翔帮助了阿莉埃蒂，赢得了信任，也找到了自己的慰藉，阿莉埃蒂对这位人类大哥哥无限感激，最终，小人族一家勇敢地走上了去往新家园的路。

胎教贴心话 从这个故事中，准妈妈可能获得许多感悟，除了勇敢与沟通，还有父亲的鼓励、母亲的呵护，还有恬静的感觉。与这个绘本同名的电影也很值得一看，画面非常优美，这些孕期看的好书、好电影都会在悄无声息中给胎宝宝好的影响。

PART 5

孕5月

胎动的美妙滋味

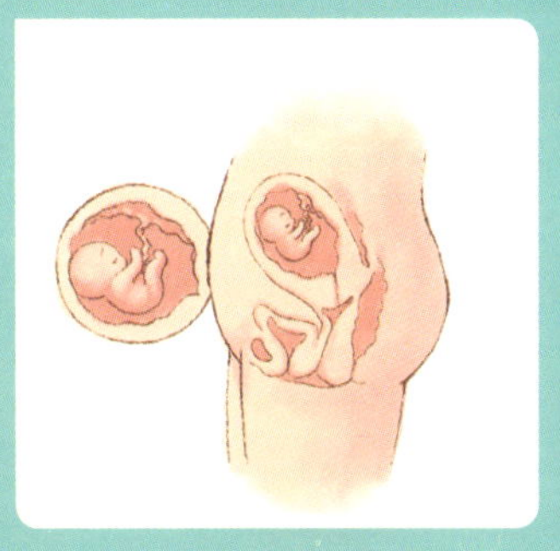

一般准妈妈会在孕18~20周第一次感觉到胎动，对准妈妈来说，胎动将是一种令人兴奋的体验，会让你亲身感受到生命正在自己的腹中孕育。随着胎宝宝的快速发育，胎教方式也变得更为多样起来。

17 WEEKS

第113天

本周变化：胎动可以感受到

胎动最初的感觉可能像蝴蝶振翅、冒泡，甚至像爆米花爆开一样，非常神奇。随着胎宝宝的成长，胎动会逐渐明显起来，准妈妈会更加频繁地感知到。

软骨开始硬化为骨骼

胎宝宝在本周身长约13厘米，体重为140~170克，他还在继续快速增长。现在，胎宝宝像橡胶一样的软骨开始硬化为骨骼了。宝宝新生时共有300块骨头（骨骼和软骨的总数）。随着宝宝的成长，一些骨头会变硬，并融合到一起，长到成人时，只剩下206块。同时，胎宝宝的脂肪开始形成，保护骨骼的卵磷脂也形成并覆盖在骨骼上。

胎动出现并变得频繁

现在，大部分准妈妈会感觉到胎动的出现，你可以记录下第一次胎动的时间，下次去医院体检时告诉医生。随着胎宝宝的发育，他的动作更加协调，手脚和身体活动更频繁，他会经常抓着自己的脐带玩耍，还会拳打脚踢，你会明显感受到胎动。

心脏发育即将完成

到现在为止，胎宝宝的心脏发育几乎完成，搏动有力，每分钟约145次。其他的脏器也在不停地锻炼和完善中，循环系统和尿道完全进入正常的工作状态，肺也开始工作，听觉开始发育，慢慢地，胎宝宝可以听到你身体内部和外面世界的声音了，多和胎宝宝说说话，让他尽快熟悉你的声音吧。

胎教贴心话 这个时候还不需要通过数胎动来监测胎宝宝在宫内的健康状况，但是胎动时有机会可以让准爸爸将大手放在你的腹部感知一下，这会让准爸爸感觉到来自胎宝宝的一份感动。

第114天

营养胎教：全面补钙

这个月准妈妈对钙的需求量很大，由于胎宝宝身体迅速生长，尤其是牙齿开始钙化，恒牙牙胚开始发育，同时骨骼生长迅速，这个月需要全面补钙。

胎宝宝对钙的需求量增大

胎宝宝从这个月开始，体内每天需要沉积约110毫克的钙，这些钙完全来源于母体，如果缺钙，宝宝就会从准妈妈的身体尤其是骨骼里面“夺取”钙质，准妈妈常会感到腰酸、腿痛、手脚发麻、腿抽筋。为了防止缺钙，准妈妈需要多吃含钙丰富的食物，如果有必要，要遵照医生嘱咐补充钙剂。

含钙丰富的食物

牛奶是钙最好的食物来源，奶制品、海产品、大豆及豆制品、深绿色的叶菜等也含较多的钙质。

如果准妈妈每天保证喝250毫升牛奶、配方奶或酸奶，多吃乳酪、酸奶、豆制品、海带、虾皮、鱼类等，摄钙量可以达到800毫克。

提高食物中钙吸收率的小窍门

1 菠菜、苋菜、茭白等，含草酸比较高，食用之前用开水焯一下，使草酸溶于水中，以免其与钙结合形成草酸钙，影响钙的吸收。

2 喝骨头汤时不妨放点醋，在酸性环境下，骨头中的钙离子容易游离出来，有助钙的吸收。

晒太阳也可促进钙吸收

单纯食补是不够的，还应多晒太阳，特别是冬春季时，能促进人体维生素D合成，帮助钙的吸收和利用，能让胎宝宝的骨骼和牙齿发育得更结实。如果在晒太阳时做一些适度的运动，如散步，效果将会更好。

胎教贴心话 如果腿脚抽筋比较严重，或微量元素检查钙缺乏较多，可以考虑从钙剂中补充，但需要在医生的指导下进行。

第115天

手工胎教：折纸樱花

孕期做手工除了对胎宝宝特别有好处，其实也深受很多准妈妈的喜爱，一张彩色的纸片在手里翻飞，很快就能做成各种生动可爱的小物件，看着成品，那样的幸福感满溢身心。

今天可以学习折纸樱花，准备几张粉色的纸张，片刻工夫就能让一朵朵樱花在手中绽放哦。

步骤：

①12厘米宽粉红色正方形纸张一张，沿虚线向上对折；

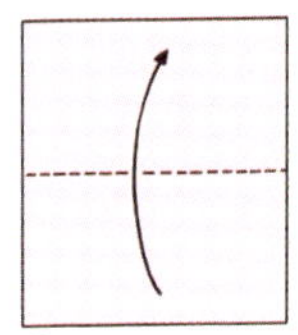

②沿着虚线折出印痕；

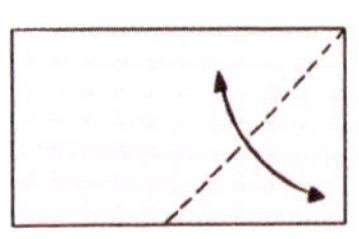

③换角再折一次；

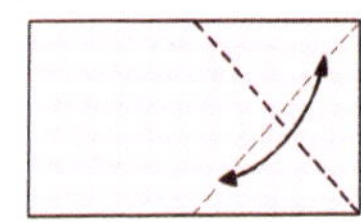

④将左下角的角向折痕中心对齐翻折；

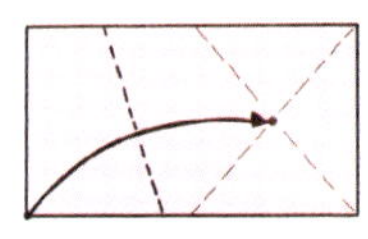

⑤将对齐中心的角向左对齐翻折；

⑥沿箭头对齐翻折；

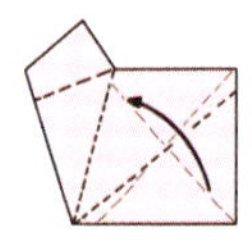

⑦沿箭头向里对齐，翻折；

⑧沿虚线剪开；

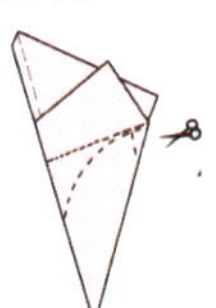

⑨错开；

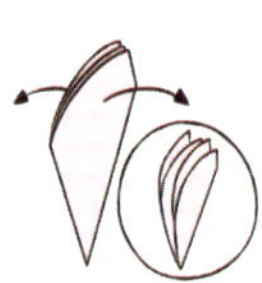

⑩打开沿箭头翻折；

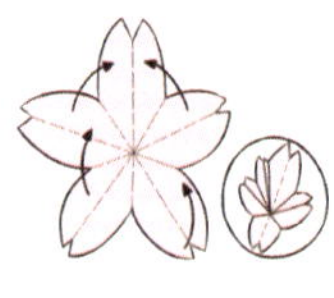

⑪向里折；

⑫向外折；

⑬打开；

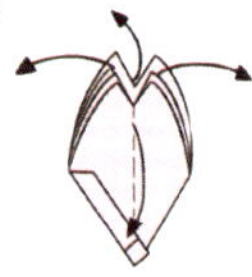

⑭翻过来；

⑮将花蒂部分折紧，压实；

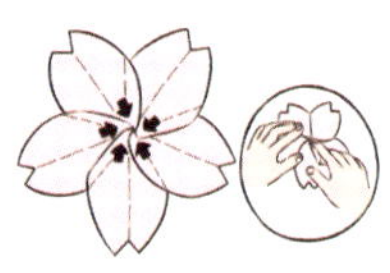

⑯翻过来；

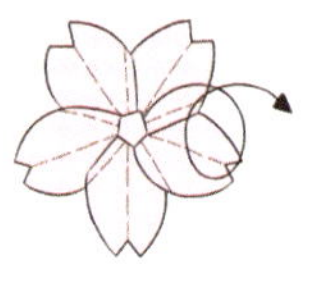

⑰一朵漂亮的樱花折成。

第116天

艺术胎教：欣赏定窑孩儿枕

民间瑰宝赏析

这款宋代著名的白釉孩儿枕，作品线条柔和流畅，细部的刻画极为生动传神，是中国古代瓷器中的珍品。匠师独具匠心，将瓷枕塑造成一个天真、活泼、可爱的男孩儿形象。孩子眉清目秀，眼睛圆而有神，神情悠闲得意，伏卧于榻上，孩子的背就是枕面，让人怀疑古人怎么忍心躺在他的背上！

古代的枕头

不同于现代人用松软的棉花、羽绒枕头，在古代，人们使用玉枕、瓷枕。这是因为玉、瓷可以爽身怡神，甚至有“明目益睛，至老可读细书”的作用。在宋代，瓷枕盛行，民间巧匠们制造了各式各样造型丰富的瓷枕。品种有白釉、白釉划花、白釉剔花、珍珠地划花、白釉黑花、黑釉、青釉、青白釉、黄釉、绿釉、三彩等，造型有长方形、八方形、银锭形、腰圆形、如意形、虎形、狮形、孩儿形等。

胎教贴心话 怀孕后，准妈妈的保暖和安全变得很重要，不妨多准备几个松软的靠垫，既温暖又舒适，还可以用来垫脚垫腿，它们绝对能够成为你在孕期最称职的伙伴。

17 WEEKS

第117天

语言胎教：诗歌《他会是什么模样》

胎宝宝正在温暖的子宫里以准妈妈看不见的速度不停地生长，你是不是特别好奇腹中的这个小人儿会是什么样呢？朗诵加布里埃拉•密斯特拉尔的《母亲的诗》中的诗句吧，看看语言文字怎样描绘一个可爱的小天使。

他会是什么模样

我久久地凝视玫瑰的花瓣，欢愉地抚摸它们：我希望他的小脸蛋像花瓣一般娇艳。我在盘缠交错的黑莓丛中玩耍，因为我希望他的头发也长得这么乌黑卷曲。不过，假如他的皮肤像陶工喜欢的黏土那般黑红，假如他的头发像我的生活那般平直，我也不在乎。

我远眺山谷，雾气笼罩那里的时候，我把雾想象成女孩的侧影，一个十分可爱的女孩，因为也可能是女孩。

但是最要紧的是，我希望他看人的眼神跟那个人一样甜美，声音跟那个人对我说话一样微微颤抖，因为我希望在他身上寄托我对那个吻我的人的爱情。

构想并画出胎宝宝的样子

准妈妈如果经常想象胎宝宝的样子，不妨画下来，或者找一张你觉得和他长得最像的宝宝照片，把你想对他说的话和你的美好愿望写下来，将来这将是你和宝宝共同的美好回忆。

胎教贴心话 照四维彩超时，可以很清晰地看到胎宝宝照片，有的医院会把照片打印出来送给准妈妈，这可是胎宝宝生命中的第一张照片哦，如果没有照片，准妈妈做检查的时候可以问医生能不能打印。

第118~119天

准爸爸胎教：陪准妈妈散步

散步是孕期最适合的运动。准妈妈坚持散步，不但能提高免疫力，还可以舒缓情绪，在散步中，还能让胎宝宝感受到大自然的美，是孕期最好的运动胎教。不过，散步看似简单，其实却是一门深刻的学问哦。准爸爸如果有时间，最好能陪着准妈妈一起散步。

让散步变得更舒适

散步对于舒缓心情也很有作用。早上起床后或饭后，如果天气不错，不妨到有树林或者草地的地方去散散步，呼吸一下新鲜的空气。

避开路旁、市场等充满尘土和噪声的场所。好的环境会让你更舒适，那些花草茂盛、绿树成荫的安静场所，像公园、林荫道等都是你散步的好地方。

留意路线，避开车多、人多和台阶、坡度陡的地方，记得穿便于行动的衣服，不要过于紧身，最好穿软底的运动鞋，让你走得更舒适。

散步的时间应以准妈妈的感觉来调整，不要让自己太累，也不要走得太急，可以慢慢地走，以免对身体震动太大或造成疲劳。

给胎宝宝讲一讲你们的见闻

散步时，准爸爸可以跟胎宝宝讲一讲你看到的是什么，它们是什么样子。比如花儿会有五彩斑斓的颜色，树上的鸟叫什么名字，旁边的小姐姐长得多么可爱，等等。特别是在孕中期，通过准爸爸妈妈的描述，胎宝宝可以更好地体会到世界的美好，准爸爸和准妈妈也更有机会和胎宝宝取得良性互动。

胎教贴心话

空气质量不好的时候，最好不要出门，特别是在大城市，常常有持续的雾霾天气，在恶劣天气出门散步对胎宝宝无益。

18 WEEKS

第120天

本周变化：频繁胎动

准妈妈越来越明显地感受到胎动了，当他踢腿或活动时，你轻柔的抚摩可以使他安静下来，这是你和胎宝宝间的游戏，也是爱的交流，对促进胎宝宝的智力发育有积极的意义。

胎动越来越频繁

胎宝宝的身长（从头到臀）为13~15厘米，重160~198克。他的身体比例更趋协调，下肢比上肢长，下肢各部分也都成比例。身体发育更加完善，胎宝宝也越来越爱动，所以胎动会越来越频繁，通过B超你可以看到胎宝宝吮吸、踢腿、抓脐带的动作。

大脑继续发育

胎宝宝的大脑继续发育，大脑的两个半球不断扩张，逐渐接近仍在发育的小脑，小脑两个半球也正在形成，正是胎教的好时机。胎宝宝的骨骼继续生长和变硬，股骨长度和头径都已经能够测量，通常，测量头径可以用来进一步核实预产期。

可以看出男孩女孩了

如果你腹中的胎宝宝是个女孩，她的子宫和输卵管已经形成，并且已各就各位。如果是男孩，可以通过B超看到他的生殖器了，但他可能会遮起来不让你看哦，耐心地等待吧，宝宝出生的时候会带给你惊喜的。

胎教贴心话 准妈妈需要继续多吃些含铁、钙丰富的食物，并适量运动，在避免体重增长过快的同时，使胎宝宝健康成长。

第121天

语言胎教：两只毛毛熊

有两只毛毛熊，它俩一个黑，一个白，于是一个就叫小白，一个就叫小黑。它俩还都会捉鱼。为了比它们谁更勤劳，它们还把自己捉的鱼挂在了屋檐下，意思是说：看看吧！看谁捉得多！

狡猾的狐狸猜到了它俩的心思，就悄悄地找到小白，说："这样吧，我来帮你一把，每天我都把小黑的鱼偷吃掉两条，这样一数鱼，保证你比它多！"小白听了快活得直蹦："好！就这样！我一定为你保密！"

果然，第二天比赛时，小白胜了。可是，第三天比赛时，小白的鱼却比小黑的鱼少了一条。原来，狡猾的狐狸也找了小黑，对它说："这样吧！我也来帮你一把，我每天都把小白的鱼偷吃掉两条，这样一比，保证你多！"小黑也高兴得直蹦："好！就这样！就这样！我一定为你保密！"

就这样，狡猾的狐狸一会儿帮帮这个，一会儿帮帮那个，天天把肚子撑得圆滚滚的。而两只毛毛熊却一直蒙在鼓里。后来，当它们终于明白了这一切，要找狐狸算账时，狡猾的狐狸早就溜得无影无踪了。

胎教贴心话 两只毛毛熊的故事告诉我们：可不能干损人利己的事情，为了贪慕虚荣而损害别人的利益就更不可取了。如果小黑和小白明白这个道理，相信它们会互相体谅，互相帮助，成为很好的朋友，不会再被狐狸利用了。

第122天

音乐胎教：儿歌《雅克兄弟》

说起儿歌《雅克兄弟》，准妈妈可能不太熟悉，但说起《两只老虎》这首儿歌，对70后、80后准妈妈来说，再亲切不过，其实《两只老虎》这首儿歌的曲子就来自法国儿歌《雅克兄弟》，歌词大意在问贪睡的修士，是否听到催促起床做早课的钟声。此外，还有其他版本的填词。准妈妈也可以发挥你的聪明才智，与胎宝宝一起填一首属于你们的儿歌。

雅克兄弟（法国）

雅克兄弟，
雅克兄弟，
你在睡觉吗？
你在睡觉吗？
早晨的铃在响！
早晨的铃在响！
叮，叮，当。
叮，叮，当。

打开蚊帐，
打开蚊帐，
有只蚊，
有只蚊，
快点拿把扇来，
快点拿把扇来，
扇走它，
扇走它。

第123天

语言胎教：王冕学画

古时候有一个人叫王冕，因为家里穷，只念了三年书，就去给人家放牛。他一边放牛，一边找些书来读。

王冕不仅喜欢读书，还喜欢画画。有一年初夏，在一个雨过天晴的傍晚，王冕到湖边去放牛。这时候，太阳透过白云，照得满湖通红。湖边的山上，青一块，绿一块，十分好看。树叶经雨水洗过，绿得更加可爱。湖里的荷花也开得格外鲜艳，荷叶上的水珠像珍珠似的滚来滚去，真是美丽极了。王冕心里想："要是能把这幅景象画下来，该多好啊！对，我先学着画荷花吧！"

他向学生要了几支破笔，把树叶捣烂，挤出汁水当作绿色的颜料，把红色的石头研成粉末，和水调匀，当作红色的颜料，然后他就坐在湖边上画起荷花来。

起初，王冕画的荷花荷叶，都像长了翅膀要飞似的，一点儿也不像。可他并不灰心，画一张不像，就再画一张。他一边画，一边对着荷花仔细地琢磨。这样画来画去，琢磨来琢磨去，他画的荷花简直跟湖里长出来的一样，好看极了。

画荷花成功了，他接着学习画山水、画牛马、画人物，到后来，不论画什么东西，他都画得很好。

胎教贴心话 绘画是一门艺术，需要时间去积累经验，绘画的技巧可以练习，故事中王冕的画艺就是通过不断的练习得到提升的。有绘画兴趣的准妈妈，可以将它作为重要的胎教活动，并且一直进行下去，宝宝出世后仍然可以作为宝宝的游戏素材。

第124天

音乐胎教：名曲《海顿小夜曲》

临睡前，经常听一听音乐，可以帮助胎宝宝建立良好的昼夜规律，这首小夜曲情绪色彩明朗，很适合作为睡前音乐。

海顿爸爸的音乐

弗朗茨•约瑟夫•海顿是维也纳古典乐派的杰出代表，是与莫扎特和贝多芬同时期的作曲家。他身材粗笨矮小，相貌也不大好看，但他却十分善良、纯朴、幽默和平易近人，大家都叫他“海顿爸爸”。

海顿的音乐风格热情、典雅，充满了欢乐、幸福、和平的气氛，就像优美的田园诗一样，歌颂大自然，歌颂生活，他的乐曲中充满了愉快而别致的情趣。

小夜曲——月光下的音符

小夜曲欢快流畅，亲切动听，充满了欢快的情绪。他轻快的漫步节奏和婉婉动听的旋律，具有一种典雅质朴的情调，表现了无忧无虑的意境。在展开过程中的旋律进行，时而出现极其自然的大跳音程，仿佛月光洒在窗前，让你的心情更安静祥和，为睡眠做好准备。

胎教贴心话 不管准妈妈的兴趣爱好怎样，在睡前都不宜听喧闹的摇滚乐，安静的音乐有助于睡眠质量。

18 WEEKS

第125~126天

准爸爸胎教：准备音乐胎教需要的道具

给胎宝宝做音乐胎教总的来说有两种形式：一种是准妈妈听，胎宝宝感受；另一种是胎宝宝自己听。在孕6月以前，音乐胎教更多是给准妈妈听，第6个月时，胎宝宝的听力几乎和成人接近，他的身体能感受到音乐节奏的旋律，体会到美感，因此孕6月是对胎宝宝进行直接音乐胎教的良好时机。准爸爸不妨提前准备一些可能需要的小道具。

胎宝宝听音乐可能需要的道具

可以准备一些可刻录的CD，将想要的音乐刻在上面，以备需要，如果可以的话最好能备一个音质好的CD机。

最好选择无磁胎教传声器

市面上关于音乐胎教的产品很多，在购买时不可随意，应选择那些经过卫生部鉴定、能保护胎宝宝耳膜的产品。以前人们多使用耳机来给胎宝宝听音乐，往往含有较多的杂音，频率和强度也都不稳定，现在有专门用于音乐胎教的传声器，可使得这些问题得到一定程度的缓解，但一定要注意选择，最好是无磁胎教传声器，音乐频率范围在500~1500Hz，以免伤害胎宝宝的听力。

胎教传声器的正确使用方法

1 将胎教传声器外接在CD机上。

2 然后调节音量，方法是：将一只手的手心紧贴住耳朵，然后胎教传声器的胎宝宝端扣在手背上，调整音量到和电话音量差不多，大约为50分贝。

3 把传声器的胎宝宝端扣宫底下2~3横指处（与胎宝宝头部附近），戴上传声器的耳麦就可以和胎宝宝一起听音乐了。

胎教贴心话 如果准爸爸爱好唱歌，不妨经常唱给胎宝宝听，这种音乐胎教不用特别准备道具，而且胎教效果特别好。

第127天

本周变化：感官发育的关键时期

这一周，胎宝宝可以听到周围的声音了！他很喜欢准妈妈和准爸爸的说话声呢，多和胎宝宝说说话吧，他会安静地聆听的。

感官发育的关键时期

本周胎宝宝重200~240克，从头顶到臀长13~15厘米，他的胳膊和腿已经与身体的其他部分成比例了，看起来很协调。现在是胎宝宝感官发育的关键时期：胎宝宝的大脑开始划分出嗅觉、味觉、听觉、视觉和触觉的专门区域，此时神经元的数量减少，神经元之间的连通开始增加。

听力发育，更偏爱你的声音

胎宝宝听力发育，他首先听到主要有你的血液流过血管的声音、胃部消化的杂音、你心脏跳动的声音，以及你说话的声音。研究显示，胎宝宝在学习分辨你与其他人的声音，并且很快会显示出对你的声音的偏爱。即当你说话时他的心跳会减慢，说明胎宝宝放松下来了。你和准爸爸多和他说说话，增加一家人的亲密感。

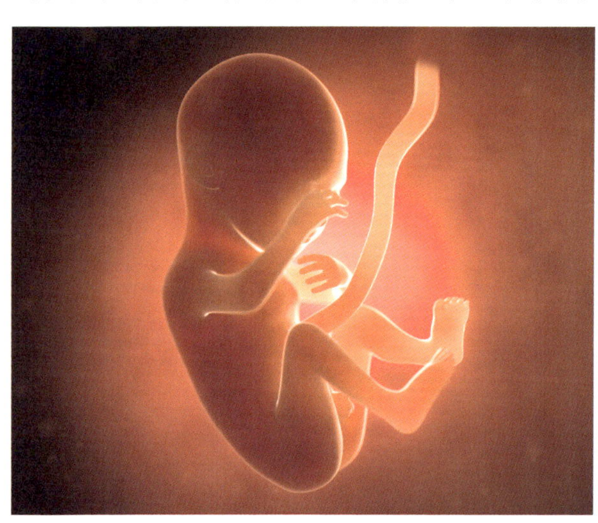

开始分泌胎脂

胎宝宝体内的各个系统都在有条不紊地运作，肾脏继续产生尿液，腺体开始分泌出一种黏稠的白色油脂状物质，这就是胎脂。胎脂具有防水作用，可以更好地保护胎宝宝的皮肤。

胎教贴心话 子宫的迅速增大会不断拉伸支撑子宫的韧带——圆韧带，这会让准妈妈身体的一侧或两侧偶尔会出现短暂的刺痛感觉，这是正常现象，但如果痛得厉害，就需要去咨询医生了。

第128天

音乐胎教：《摇篮曲》

《摇篮曲》原是一首通俗歌曲，作于1868年，作曲家是勃拉姆斯。

名曲赏析

勃拉姆斯的《摇篮曲》节奏舒缓，旋律轻柔甜美，曲调恬静而悠扬，就如同一首抒情诗，是母亲抚慰小儿入睡的歌曲，伴奏的节奏则带摇篮的动荡感。

当听着这首乐曲时，带来的将是宁静与闲适，仿佛是母亲在轻拍着宝宝入睡，深切地表现了母亲温柔慈爱的内心情感，让你和胎宝宝在与旋律一同摇摆的过程中，享受着梦境般的美好。

后人曾将这首歌曲改编为轻音乐，在世界上广为流传，就像一首民谣那样深入人心。

《摇篮曲》的故事

相传是勃拉姆斯为祝贺法柏夫人第二个儿子的出生而作的，法柏夫人是维也纳著名的歌唱家，1859年勃拉姆斯在汉堡时，曾被她优美的歌声所感动从而建立了深厚的友谊，后来就利用她喜欢的圆舞曲的曲调作为伴奏，作成了这首平易可亲、感情真挚的《摇篮曲》送给她。勃拉姆斯很喜欢他的《摇篮曲》，10年之后，当他创作《D大调第二交响曲》时，《摇篮曲》的主题动机竟自然地出现在这部交响曲的第一乐章里。

第129天

语言胎教：小树叶的旅途

秋天到了，秋姑娘唱着丰收的歌谣送来了一阵阵凉凉的风。红叶娃娃、绿叶娃娃在树枝上摆过来摆过去。有一天，秋姑娘打开双臂，使劲伸了一个大大的懒腰，红叶娃娃一个一个跳下树枝，落在秋姑娘的怀里。树上的绿叶娃娃着急地喊："别跳，别跳，危险！"红叶娃娃们的心里也在害怕地想："是呀，我这么小，落下去干什么呢？"

红叶娃娃们刚来到地上，就赶上了一场秋雨。有的红叶娃娃吓得哭起来。这时，几只小蚂蚁爬到红叶娃娃的前面说："小树叶，谢谢你给我们挡住了风雨。"红叶娃娃高兴地说："不用谢。小蚂蚁，能为你们做点事情，我们很高兴。"突然，一只小鸟飞过来说："可爱的小树叶，我们家的房子漏雨了，你能帮我们修一修吗？"红叶娃娃说："我们很愿意。"

雨停了，红叶娃娃们跟着秋姑娘来到小河边，几只小瓢虫看见了，大声地喊："小树叶、小树叶，我们要过河，你给我们当小船吧！"红叶娃娃送它们过了河，小瓢虫们说："谢谢你们，我们一起去旅行吧！"红叶娃娃们说："不，我们要留在这里，和同伴们变成一条红色的被子，盖在树妈妈的身上。"

红叶娃娃们自豪地说："是的，我们也该告别树妈妈了，来年，还会有满树的绿叶娃娃在春风里跳舞。"

胎教贴心话 黄叶飘零的秋天别有一番韵味，在天气晴好的日子里，建议准妈妈出去看一看大自然的美丽景色，跟胎宝宝说一说你眼中的秋天。

第130天

轻松一刻：读笑话

小白兔的笑话

一天，小白兔跑到药店里，问老板："老板老板，你这里有胡萝卜吗？"

老板说："没有。"

小白兔就走了。

第二天，小白兔又跑到药店里，问老板："老板老板，你这里有胡萝卜吗？"

老板说："我都跟你说过了，没有！"

小白兔就走了。

第三天，小白兔又跑到药店里，问老板："老板老板，你这里有胡萝卜吗？"

老板急了："我跟你说过多少次了，没有！你再烦人，我就拿老虎钳子把你的牙都拔下来！

小白兔害怕了，跑掉了。

第四天，小白兔又跑到药店里，问老板："老板老板，你这里有老虎钳子吗？"

老板说："没有。"

小白兔问："那，你有胡萝卜吗？"

上帝长什么样

一个4岁的女孩对老师说："我要画一幅上帝的画像。"

老师说："可谁也不知道上帝长什么模样。"

"等我画好后，他们就会知道的。"小女孩回答说。

针锋相对

为了锻炼小明的生活自理能力，爸爸经常让小明干一些简单的家务活。一日，爸爸让小明削土豆皮，小明急了："我要到法院告你，你这是非法使用童工！"爸爸回应道："我也到法院告你，告你无理虐待老人！"

胎教贴心话 孕期准妈妈可以多看一些笑话书、小幽默。情绪不好的时候，学会把事情看开一些，幽默化解，换一个好心情，相信胎宝宝也更喜欢一个幽默的妈妈。

第131天

语言胎教：《小熊过桥》

小熊过桥

有一只小熊对妈妈说："妈妈，我好些日子没看见姥姥了，我想去看看姥姥。"

妈妈说："好啊，你去的时候，把咱们那束鲜花给姥姥带去，把那一包点心也给姥姥带去！"

小熊抱起点心盒子，拿起那束鲜花，说："妈妈，我走了！"

妈妈说："好，早去早回来，替我问姥姥好！"小熊说："哎，妈妈再见！"说着就走了。小熊走着走着，来到一条小河边上。河上有一座桥。这桥是用竹子搭的，小熊走到上面就不敢动了，因为走起来左一摇右一晃的，河水还在下边哗哗地响哩！

小熊正害怕，天上飞过来一只乌鸦。这乌鸦不但不帮助小熊，还吓唬他。乌鸦高声喊道："呱——呱——呱——坏啦，坏啦！你们瞧啊，小熊要掉下河啦，小熊要掉下河啦！"

小熊本来就害怕，被乌鸦这一吓唬，就更不敢动了。他低头一看河水，河水也在笑话他："哗哗哗哗，小熊小熊，你怎么这么不勇敢哪，小竹桥都不敢过！这么胆小，太没出息啦，太没出息啦！"

小熊一想：乌鸦吓唬我，河水笑话我，这，这可怎么办呢？小熊着急得哭着叫："妈妈，妈妈，快来呀！"可是，妈妈离这儿远哪，听不见呀。

熊妈妈听不见，可是水里的小鱼儿听见了，他们"扑噜，扑噜"从水里钻出头来，对小熊说："小熊，小熊，你别害怕，把眼睛往前瞧，别往水下看，你挺起胸，直起腰，迈开步，一二，一二，就过去啦！"

小熊听小鱼儿的话，抬起头，眼睛向前看，挺起胸，直起腰，迈开大步，一二，一二！嘿，真过去了。

过去以后，眼泪还没干，小熊就高兴地笑了。小熊回过头来，冲着小鱼儿直点头："小鱼儿，小鱼儿，谢谢你们了，再见了！"

小鱼儿一看小熊平平安安地过去了，都挺高兴，"咕儿，咕儿"，全都钻到水里去了。

胎教贴心话 虽然准妈妈说的话胎宝宝还听不懂，但准妈妈在讲话过程中那种情绪可以感染到他，所以，多给胎宝宝读一些这样美好的故事吧，故事中小动物勇敢、快乐等这样的情绪会让人身心愉悦。

第132~133天

综艺节目：《爸爸去哪儿》

湖南卫视综艺节目《爸爸去哪儿》播出后，吸引了无数粉丝，如果准妈妈没有看过这个节目，不妨在孕期看一看，如果准妈妈看过这个节目，翻到今天这一页，一定很想重新看一看。

节目简介

《爸爸去哪儿》是中国湖南卫视播出的亲子户外真人秀节目，节目主角是五对明星父子。“世界上最好的成长不会发生在你的怀抱，而是放手；世界上最好的旅程不是目的地有多好，而是你的陪伴很巧妙；世界上最好的早教课不是发生在课堂，而是一起走出去；你用尽全力想给孩子最好的，其实也是最简单的。”这是这档综艺节目的宣传语。

这是一个可供消遣的节目，但这更是一集集优质的“教育学习视频”，在情感细节上，这个节目到了一个更高的层面，那就是该怎样做一个合格的爸爸？

在中式文化中，其实人们比较倾向于养育孩子与父亲无关这样的观念，父亲没有时间陪伴孩子是很正常的一件事情。就算是节目中最受好评的爸爸林志颖都曾经跟记者表示“错过了孩子的第一声喊爸爸、第一次会爬”。所以这个节目，更多地呈现的是节目制作人的一种美好愿景，那就是让父亲更好地融入孩子的成长教育中来。

胎教贴心话 不要让准爸爸缺席孩子的教育，从胎教开始，就要让准爸爸参与进来，父亲参与胎教和早教，可以培养孩子更多的美好品质、良好素质。

第134天

本周变化：骨骼发育开始加快

孕程即将走完一半啦——恭喜你！胎宝宝已经越长越漂亮，活动也越来越频繁了，以后，准妈妈的子宫底每周会升高1厘米，而且几乎每天都能清楚地感到胎动。

骨骼发育开始加快

胎宝宝从头到臀部的长度为16~25厘米，体重250~300克。胎宝宝皮肤开始增厚，发育成为四层，牙齿正在发育，骨骼发育开始加快，他的四肢、脊柱已经进入骨化阶段。胎宝宝很活跃，他在子宫中变换各种姿势，你可能因为胎动太频繁而无法入睡，因此尽量不要在临睡前激起胎宝宝的兴奋感。

建立大脑信息网络

从胎宝宝的脑部开始，神经组织正被一层脂质髓脂质保护层覆盖，这是胎宝宝走向成熟的重要一步，因为这样可使大脑发出和接收信息有方便的通道，建立大脑信息网，记忆与思维功能也在增强。神经和肌肉之间的联系也已经建立，当肌肉受到刺激收缩和松弛时，胎宝宝的肢体就可以围绕关节运动。

形成一定的睡眠规律

胎宝宝能像新生儿一样时睡时醒了。如果你感觉某段时间胎动减少了，那很有可能是胎宝宝睡着了。睡眠规律将更利于你把握胎教的时间。现在，免疫抗体能通过你的血液传送到胎宝宝身体里，帮助胎宝宝在出生后的最初一段时间里抵抗疾病。

胎教贴心话 准妈妈的肚子越来越大了，如果天气暖和，不妨跟准爸爸商量，筹备拍一套孕期纪念照片，留下孕期独特的回忆。

第135天

语言胎教：百鸟朝凤

很久很久以前，凤凰只是一只很不起眼的小鸟，羽毛也很平常，丝毫不像传说中的那般光彩夺目。但它有一个优点：它很勤劳，不像别的鸟那样吃饱了就知道玩，而是从早到晚忙个不停，将别的鸟扔掉的果实都一颗一颗捡起来，收藏在洞里。

这有什么意思呀？这不是财迷精、大傻瓜吗？大家可别小看了这种贮藏食物的行为，到了一定的时候，它可发挥大用处了！

果然，有一年，森林大旱。鸟儿们觅不到食物，都饿得头昏眼花，快支撑不下去了。这时，凤凰急忙打开山洞，把自己多年积存下来的干果和草籽拿出来分给大家，和大家共渡难关。

旱灾过后，为了感谢凤凰的救命之恩，鸟儿们都从自己身上选了一根最漂亮的羽毛拔下来，制成了一件光彩耀眼的百鸟衣献给凤凰，并一致推举它为鸟王。

以后，每逢凤凰生日之时，四面八方的鸟儿都会飞来向凤凰表示祝贺，这就是百鸟朝凤。

胎教贴心话 百鸟朝凤的故事比喻君主圣明则天下自然归顺，现在常比喻德高望重的人自然会众望所归。关于凤凰的文化艺术品非常之多，而且异常精美，比如刺绣、雕塑、诗画、瓷器等，准爸爸妈妈如果有兴趣，可以系统地搜集一些资料，整理成图册，日后也可以作为宝宝的读物。

第136天

手工胎教：折纸东南西北

还记得吗？东南西北这个折纸也是一个好玩的游戏。折一个东南西北，与准爸爸一起重温儿时的回忆吧。

步骤：

准备一张正方形的纸。

①对角折好，压痕；

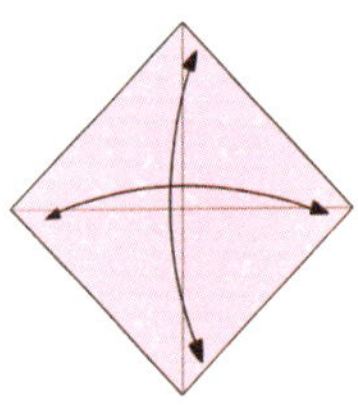

② 打开后，另外一边也同样对折，压痕；

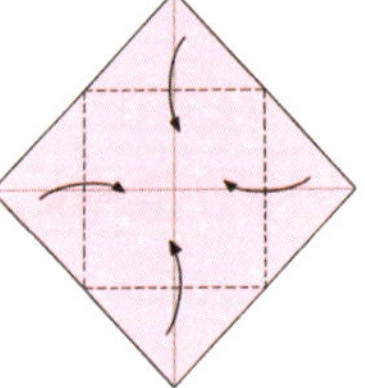

③把四个角分别对准中心折好；

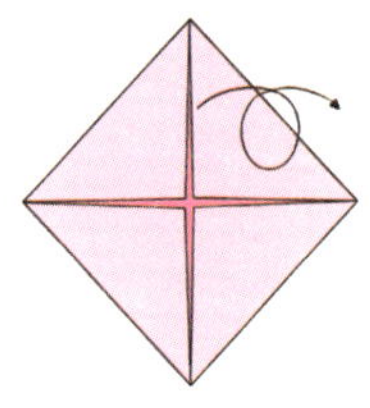

④把折好的正方形翻过来；

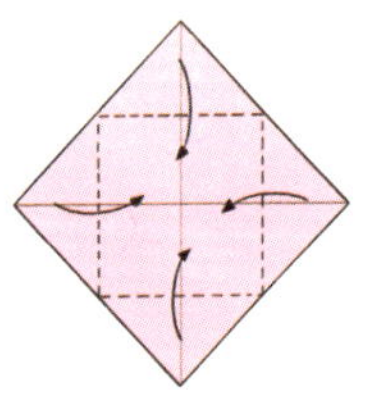

⑤重复上一步的做法，再把各角向中心折好；

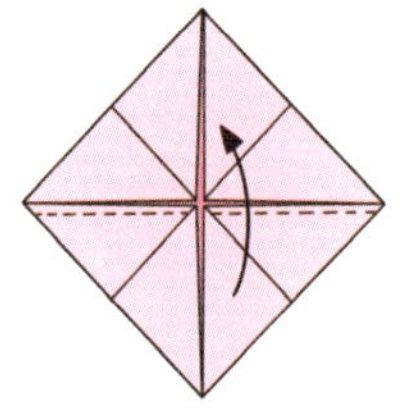

⑥现在把东南西北对折，打开上面的小正方形；

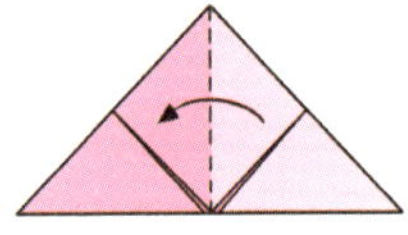

⑦全部打开后，就可以把字写在上面和里面了。

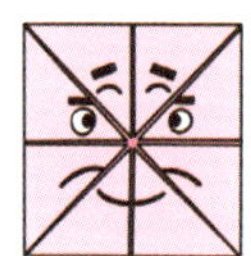

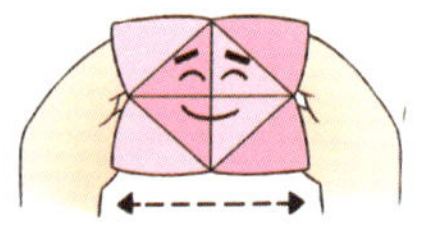

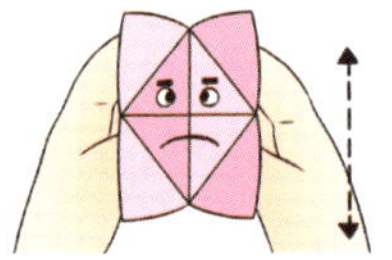

第137天

艺术胎教：电影《地球上的星星》

电影基本信息

片名：地球上的星星

导演：阿米尔•汗

编剧：Amole Gupte

主演：阿米尔•汗/Darsheel Safary/塔奈•切赫达/Sachet Engineer

语言：英语

片长：165分钟

电影简介

《地球上的星星》是一部洋溢着童真、包容、善良与阳光的电影，小男孩的世界充满了别人并不以为然的惊奇：色彩、鱼儿、小狗和风筝，这些对于成人世界却并不那么重要，他们对家庭作业、分数和整洁更感兴趣。在学校，小男孩似乎什么也做不对，一个年轻男老师用时间、耐心和关怀帮助着小男孩，帮他找回了自己的快乐。

电影赏析

人长大了，就会用大人的思维去看待周围的一切，会要求孩子好好学习，功课要取得好成绩，不能贪玩，将来才能考上好大学，找份好工作。可是，小孩子却并不是这样思考问题的，试试站在孩子的角度去想问题，结果会很不一样。

胎教贴心话

成人看儿童的书或动画片往往会生出幼稚的想法，大多不感兴趣，可事实是孩子却看得津津有味。大人与孩子想要得到有效的沟通，得将自己放到孩子的角度才行，无论是现在，还是在不久的将来，准爸爸和准妈妈都要试着让自己更低一点，从孩子的角度去与胎宝宝交流。

第138天

好书《昆虫记》

如果准妈妈在孕期还想要读书，建议看一看《昆虫记》这本好书。

作品简介

《昆虫记》是法国杰出昆虫学家法布尔的传世佳作，这不仅是一部研究昆虫的科学巨著，同时也是一部讴歌生命的宏伟诗篇，在自然科学史与文学史上都有它的地位，被誉为“昆虫的史诗”，法布尔被雨果誉为“昆虫世界的荷马”。这本书除了真实地记录了昆虫的生活以外，还透过昆虫世界折射出社会、人生。

《昆虫记》所表述的是昆虫为生存而斗争所表现的惊人的灵性。法布尔把毕生从事昆虫研究的成果和经历大部分用散文的形式记录下来，详细观察了昆虫的生活和为生活以及繁衍种族所进行的斗争，以人性照应虫性，虫性、人性交融，使昆虫世界成为人类获得知识、趣味、美感和思想的文学形态。

作品的影响力

法布尔的《昆虫记》誉满全球，在法国自然科学史与文学史上都有它的地位，被誉为“昆虫的史诗”，将区区小虫的话题书写成多层次意味、全方位价值的鸿篇巨制，这样的作品在世界文学史上诚属空前绝后。没有哪位昆虫学家具备如此高明的文学表达才能，没有哪位作家具备如此博大精深的昆虫学造诣。

在晚年法布尔出版了《昆虫记》最后几卷，使他不但在法国赢得众多读者，即使在欧洲及亚洲各国，在全世界《昆虫记》作者的名字也已为广大读者所熟悉。文学界尊称他为“昆虫世界的维吉尔”，而且鲁迅把《昆虫记》奉为“讲昆虫生活”的楷模。

胎教贴心话 孕期准妈妈还可以阅读一些美好温暖的故事，因为不方便出行，可以少去图书馆或者书店，托朋友给你借阅或者在网上购书比较好。

第139~140天

准爸爸胎教：准备闪光卡片

闪光卡片就是用彩色笔写上字母、文字、数字的纸片，可以帮助准妈妈强化意念和集中注意力，并让准妈妈获得明确的视觉感，从而获得比较好的胎教效果。

怎样制作闪光卡片

1 准备一些打印纸，一些彩色笔，可选择那些线条稍微粗一些的，另外还要准备一支钢笔或黑色签字笔。

2 在卡片上写下想要教胎宝宝的内容，可以是数字以及用这些数字进行加法、减法、乘法、除法算式等，也可以是字母或者文字图画。

3 制作卡片的时候，要注意颜色搭配，最好主题用比较显眼的色彩，周围的色调可以是安静的自然色。

将胎教内容视觉化、形象化

拿起准备好的卡片，集中注意力凝视其形状和颜色，这还不够，比如"1"这个数字，即使视觉化了，对于胎宝宝来说，也是一个极为枯燥的形象。为了学习起来有兴趣，准妈妈可以给胎宝宝描绘由"1"联想起来的事物，如："竖起来的铅笔""一根电线杆""食指"等。准妈妈一面正确发音，一面要用手指临摹字形，并将注意力集中在字的色彩上以加深印象。

胎教贴心话 准妈妈只有保持平静的心情和集中注意力才能使自己的感觉和思考的内容与胎宝宝吻合。为了使胎宝宝与准妈妈感觉合拍，准妈妈要先进行一下深呼吸，让心绪宁静，再给胎宝宝一个信号，如告诉胎宝宝现在开始教他数字了，让我们一起来学习吧。

PART 6

孕6月
子宫里的“窃听者”

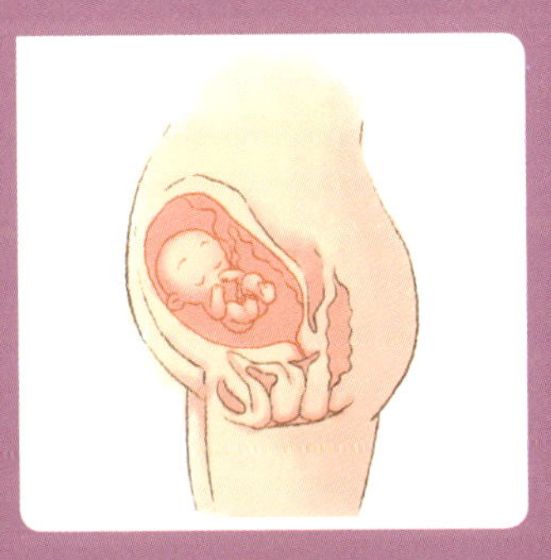

胎宝宝的听力在本月发育迅速，感觉器官等也都在不断完善，音乐胎教、对话胎教等直接胎教方式正当时，准妈妈最好跟准爸爸一起坚持胎教哦。

第141天

本周变化：大脑出现海马沟

本周胎宝宝的听力进一步发育，小人儿虽然藏身子宫，但对外界的声音更加敏感和好奇。因此这个时候，准爸妈更要经常跟胎宝宝保持良性互动。

细节发育完美呈现

胎宝宝已经21周了，身长18~26厘米，体重为300~350克。接下来的日子里，他的体重要开始大幅度增加了。胎宝宝身体的基本构造进入最后完成阶段，他的眉毛和眼睑都已经发育完全，手指甲已经覆盖住手指了，小手变得更漂亮了。

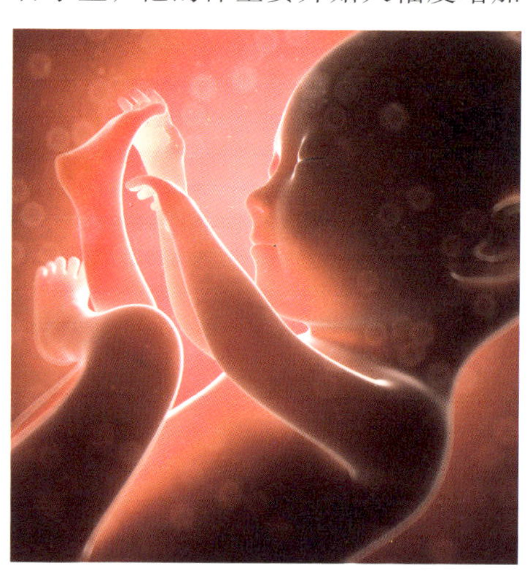

听力达到一定的水平

胎宝宝的脑部发育仍然很快速，大脑褶皱出现，小脑后叶发育，出现海马沟。在这个阶段，他可以把声音的信息传递到大脑，更能听懂你的话了，这是因为胎宝宝的中耳骨（人体最小的3块骨头）开始硬化，使声音能够传导的结果。你可以通过说话、唱歌或试试大声朗读和胎宝宝进行交流，促进胎宝宝大脑发育。

非常爱动的胎宝宝

胎宝宝现在非常爱动。研究显示，这一发育阶段的胎宝宝在1个小时内大概会活动50次，即使在睡觉的时候也是如此。

胎教贴心话 也许胎动会影响你的睡眠质量，但值得欣慰的是，胎宝宝的这些活动都有助于刺激他身体和智力的发展，在胎动时，不妨停下手里的事情，用手抚摸一下肚子，跟胎宝宝柔声说几句话。

第142天

音乐胎教：评剧《花为媒》

戏曲是中国的一种国粹，准妈妈在孕期欣赏一些中国的传统戏曲，可以陶冶情操。今天给准妈妈推荐地方戏——评剧。评剧是我国北方地区的一种地方戏，在华北、东北以至云贵高原都广为流行，《花为媒》是评剧经典剧目，风格幽默，唱词优美。在品味其经典唱段“报花名”时，仿佛繁花似锦的场景就在眼前，特别适合在孕期欣赏。

花为媒

花开四季皆因景，俱是天生地造成，

春季里风吹万物生，花红叶绿草青青，

桃花艳李花浓杏花茂盛，扑人面的杨花飞满城。

夏季里端阳五月天，火红的石榴白玉簪，

爱它一阵黄呀黄昏雨呀，出水的荷花亭亭玉立在晚风前。

都是那个并蒂莲哪！

秋季里天高气转凉，登高赏菊过重阳，

枫叶流丹就在那秋山上，丹桂飘飘分外香！

朵朵都是黄呀！

冬季里雪纷纷，梅花雪里显精神，

水仙在案头添啊添风韵，迎春花开一片金！

转眼是新春！

我一言说不尽春夏秋冬花似锦。

胎教贴心话

做音乐胎教时，声音的大小没有规定，准妈妈是自己最好的调音师，因为只有你听来感觉舒畅，对胎宝宝来说才是最合适的。

第143天

语言胎教：诗歌《燕诗示刘叟》

正所谓养儿方知父母恩，准妈妈想必感触特别深刻，在自己孕育孩子之后，才能更深刻地理解当年父母对自己的种种无私疼爱，这是一种情感上的新认知，它会让准爸妈对自己的父母有全新的理解，而孕育经历能让准妈妈和自己的父母心灵更加贴近。

燕诗示刘叟

白居易

梁上有双燕，翩翩雄与雌。
衔泥两椽间，一巢生四儿。
四儿日夜长，索食声孜孜。
青虫不易捕，黄口无饱期。
觜爪虽欲敝，心力不知疲。
须臾十来往，犹恐巢中饥。
辛勤三十日，母瘦雏渐肥。
喃喃教言语，一一刷毛衣。
一旦羽翼成，引上庭树枝。
举翅不回顾，随风四散飞。
雌雄空中鸣，声尽呼不归。
却入空巢里，啁啾终夜悲。
燕燕尔勿悲，尔当返自思。
思尔为雏日，高飞背母时。
当时父母念，今日尔应知。

这首诗是白居易写给一位姓刘的老头的，老头疼爱的孩子也离开了他，这让刘老头感觉很悲哀。但刘老头在年轻时却也是这样离开父母的。

在这首诗中，白居易描述了燕子爸妈不辞劳苦，细心地喂养大了四只小燕子，而小燕子却在羽翼丰满之后不顾燕子爸妈的呼叫，飞离了巢穴，头也不回地远去，留下父母整夜悲鸣。

胎教贴心话

孕期比任何时候都需要家庭和睦，而孕期却又因为种种事情容易引起家庭矛盾，尤其是婆媳之间。准妈妈如果跟婆婆有一些没有化解开的心结，不妨高姿态一些，站在长辈的角度考虑一下，不是原则问题的，大度退让一步，你今天所做的一切，腹中的胎宝宝都会学样哦。

第144天
手工胎教：布书

布书有近100年的历史了，最近20余年在发达国家非常普及，并受到婴幼儿教育专家的广泛推崇，被公认为“小宝宝最好的软性益智读物”。

很多手巧的准妈妈都在孕期做了独一无二的布书，一本布书，就是一个装着美好孕期回忆的载体，更是一件属于你和宝宝的无价艺术品。

准妈妈现在就可以着手制作一本布书，做做手工，动动手动动脑，不但能让自己身心愉悦，还可使胎宝宝不断接受刺激，促进大脑神经和细胞的发育。

准备材料

各种色彩的棉布、贴画、剪刀、胶水、针线（最好包括各种彩色的线）、签字笔、纸（普通A4纸即可，不要太小）、铅笔。

制作步骤

1 确定一个题材。讲一个故事，展示一些漂亮可爱的图片，写下一段想对宝宝说的话，这些都不错。

2 将几块棉布剪裁成书本的大小，缝制成书本。

3 在纸上用铅笔勾勒出布书的草图，如小树、小花、小草、小动物等。

4 将棉布按照纸样裁剪成草图，再把剪好的棉布图案放在棉布书上，对齐压平后沿着四周与棉布缝在一起。如果觉得缝制太麻烦，也可以将素材用胶水粘贴上去。

胎教贴心话 布书最好用棉布缝制，不要用化纤布料，那样会产生静电、沾染灰尘，将来宝宝玩的时候，有可能导致宝宝尘埃过敏。

第145天

语言胎教：专心致志

从前，有个下棋名手叫秋，由于他棋艺高超，所以别人就叫他弈秋。

有一次，弈秋收了两个学生，同时为他们两个上课。他一心想让这两个学生尽快掌握要诀，把自己的棋艺完全领悟，就非常仔细地给他们讲解。

一个学生听讲非常认真，一心一意地注意弈秋的讲解和分析，对别的事全都不加理会。

而另一个学生呢，看上去他也坐在那里，实际上却是心不在焉。他一会儿看看窗外的田野和树林，一会儿又听听天上的雁鸣，当他发现有好几只天鹅飞过时，便起了射天鹅吃的念头。直到弈秋全讲完了，他也没在意。

这时，弈秋叫两个学生对下一局，看看他们究竟学得怎样。起先，那个开小差的学生凭着以前的基础还能勉强应付，可渐渐地就显出差距来。那个专心致志的学生攻守从容有序，而老是三心二意的学生只有招架之功，却无还手之力了。

弈秋一见，语重心长地对两个学生说："虽然下棋只是一门小小的技艺，算不得什么大本事，但不专心致志地学习，也是学不好的啊！"

胎教贴心话 学下棋应该专心致志，做胎教也需要用心，有的准爸爸妈妈给胎宝宝讲故事没有用心，拿着故事读物当任务完成，这样效果并不好，自己感到无趣、有压力，胎宝宝也不会感到愉悦的。准爸爸妈妈在实施胎教前，可以先花上几分钟自己体会、揣摩一下胎教内容，比如熟悉一下名画的背景、音乐的歌词，简单设计一下是否能够配合肢体表演等，再来传达给胎宝宝，这样就有趣多了。

第146天
艺术胎教：简笔画玫瑰花

玫瑰花娇艳美丽，它常常象征爱情，也被用来象征美好的笑颜，今天，试着画一朵美丽的玫瑰花吧，让微笑如玫瑰一般动人。

玫瑰花的画法

胎教贴心话 给简笔画的图片上色，可以赋予图片另一种生命，准妈妈不妨试着将心中所想的最美好的颜色合理搭配在画作上，相信会给你惊喜。

第147天

准爸爸胎教：刻录一张爱心CD

这个月，胎宝宝的听力逐渐成熟，准妈妈的心跳声、肠鸣声他听得很真切，外界的声音也透过子宫传进来，若隐若现，让他对世界充满了好奇。

如果有规律地给胎宝宝播放舒缓、优美的音乐，会给他留下美好的记忆，并把这种好印象深深刻在脑海里，大多数受过音乐熏陶的胎宝宝出生后会喜欢听音乐。

准爸爸刻录一张爱心CD

音乐是胎教必不可少的一部分，如果能收集一些喜欢又好听的胎教音乐，将它们集中到一张CD或U盘上，在播放时将会十分方便，准爸爸不妨花点小心思，制作这样一份礼物给准妈妈一个惊喜。

不要忽略自己的声音

胎宝宝不但能倾听音乐的美好旋律，更喜欢听爸爸妈妈的声音呢，说话、唱歌、讲故事都是可行的声音源。因此，CD的内容其实是没有限制的，可以是音乐，也可以是故事，还可以是一次谈心，给胎宝宝朗诵的诗也不错，当然了，如果有你和准妈妈自己唱的歌更是锦上添花。

总之，在你制作这张爱心CD时，千万不要忽略了你和准妈妈的声音，它们可以不高亢，也可以不婉转，但它们是胎宝宝最熟悉的，也是最喜爱的，所以，不要吝啬于献出它们。

只要你用心，这份“特别定制”的CD可以很好地让胎宝宝感受你们的爱，在以后的日子里，每次听这张CD时，你们都会有美好的回忆。

胎教贴心话 如果准妈妈倾向于听歌词复杂、曲调时而低沉时而高亢甚至近乎嘶吼的音乐，要引起注意，谨慎选择，因为相比这样的音乐，胎宝宝更喜欢单纯、优美的旋律。

22 WEEKS

第148天

本周变化：皱皱的、红红的小人儿

胎宝宝现在很瘦，皮肤看上去又红又皱。耐心点，随着他的成长，他会越来越强壮的，来看看这周他有什么进步吧。

皮肤又红又皱的小可怜

本周，胎宝宝身长为19~22厘米，体重在350~400克，他的体重还处于大幅增加的阶段，但离脂肪把皮肤撑起来还有一段的距离，皮肤看上去还是皱皱的、红红的。透过皮肤，你可以看见皮肤下的骨骼、内脏器官和血管。

有长牙的最初迹象了

宝宝的眉毛和眼皮都长出来了，眼睛正在不断地完善，现在虹膜（眼中的有色部分）仍缺乏颜色。他的嘴唇越来越清晰，恒牙的牙胚在发育，牙尖也出现在牙龈内，显露出长牙的最初迹象，不过他的第一颗牙齿长出来要到出生4~7个月之后。

生殖系统逐渐发育

胎宝宝的内脏器官一直都在井然有序的工作中不断完善，一切都很完美。胎宝宝的生殖系统逐渐发育，男宝宝的精子初步形成。产生荷尔蒙的重要器官——胰腺，也在稳步发育。

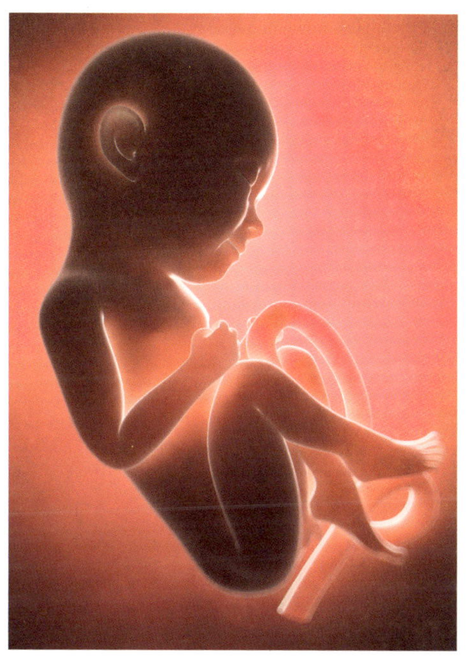

胎教贴心话 包围着胎宝宝的羊水每3~4小时就会通过准妈妈的身体完全地置换一次。因此，准妈妈需要每天喝6~8杯水来帮助羊水更换，让胎宝宝生活得更舒适。

第149天

轻松一刻：读笑话

小明的类比

小明学了一段时间画画，老师让他观察事物。忽一日，他发现邻居家的大狼狗的眼睛和表哥的眼睛比较像，后又自言自语地说："可惜他们脸盘不像！"

为老师代劳

教师节到了，小明准备给幼儿园老师送一盒朱古力豆。次日早晨，等父亲将他送到幼儿园时，门卫爷爷说："老师没告诉你吗？今天老师在异地联欢，幼儿园放假。"小明心中不悦，爸爸问："朱古力豆咋办？"小明没吱声，将朱古力豆放在嘴里嚼了起来，并自言自语地说："我这也算为老师代劳了！"

我也不知道

一个男孩去找自己的同学，在同学家的门口看见一只大狗。

同学在门内嚷："你怎么还不进来？"

男孩："这只狗咬不咬人？"

同学："我们也很想知道，因为它是刚刚才来的！"

送不起订婚戒指

山羊把大象介绍给蚊子当对象，蚊子一口答应了，可蚊子的父母得知后劝道："儿啊，我们连订婚戒指都送不起啊。"

作文为什么让人打瞌睡

语文老师看完一个学生的作文后，对他说："看着你的作文，怎么老让人打瞌睡呢？"

他眨巴着眼睛说："那是我一边打着哈欠，一边写的呀！"

第150天
语言胎教：善良的小松鼠

森林里要举行音乐会，小松鼠也要参加，可是爱美的她却被难住了，不知道怎么打扮自己才好，裙子换了好多件都不是很满意。这个时候，她想：“要是用草编个小帽子戴在头上一定很好看。”

想到这儿，她来到草地上，刚要采些小草，就听到小草在哭：“别采我，别采我，我会疼的。”小松鼠听到这个就没采，往旁边一看，好多漂亮的小花，小松鼠想：“在头上戴些小花也很好看。”刚要伸手去摘，就听到小花大喊：“别摘我，别摘我，我会疼的。”小松鼠也没忍心去摘小花。

两只萤火虫正好飞到这里，看到了这一幕，心想：“小草和小花是我们平时的玩伴，小松鼠没有摘他们，我们也要帮助她。”于是两只萤火虫就悄悄地跟在小松鼠的身后。夜幕降临了，满天的星星都出来了，音乐会开始了，第一个演唱的就是小松鼠，小松鼠歌唱得非常好听，而且今天的小松鼠也是最漂亮的。因为，她的两只耳朵上闪着两颗漂亮的星星，大家都没看出来，那是两只萤火虫在她耳朵上呢。

胎教贴心话

小松鼠的故事告诉我们：对别人付出爱心的，自己也会获得别人的帮助与爱。准爸爸妈妈讲完故事后，别忘了告诉胎宝宝必要的环保知识，比如到公园草坪上去野餐时，记着将吃剩的食物以及包装袋等垃圾收好带走，不要丢弃在草地上，赏花时不可以随意采摘漂亮的花。保护大自然，保护环境，要从看似不起眼的小事情做起。

第151天

亲近大自然，感受自然美

这个月的胎宝宝已具有了种种感觉，如当母体处于嘈杂的环境中时会以频频蹬腿来表示“不满”；当母亲紧张时，胎宝宝的心脏会随着母体心跳的加快而加速搏动，甚至出现烦躁不安、痉挛等，可见环境对胎宝宝的健康发育有着重要影响。在孕6月，准妈妈处于整个孕期中状态最稳定的时期，在这个时期，一定要尽可能多地亲近大自然。

大自然的美景多种多样，各具风格，它包括日月星云、山水花鸟、草木鱼虫、森林原野等。

这些美景都具有能陶冶人的情感，给人带来欢乐，激发人思考，使人的精神世界得到极大丰富的作用。

准妈妈通过饱览美丽的景色而产生出的美好情怀，可以促使胎宝宝脑细胞和神经的发育，令自己的心境也豁然开朗起来。

不要遗失了大自然的美

适度走动，到环境优美、空气质量较好的大自然中去欣赏大自然的美，不要因为怀孕就怠慢了大自然，

多去周边的树林或草地

可以到有树林或草地的地方去采风，呼吸草木所释放的清新空气，再者，树木多的地方以及有较大面积草坪的地方，尘土和噪声都比较少。那些在一定的温度下工作的准妈妈，除周末外，在工间休息时也应到有树木、草坪或喷水池的地方走走。晚上最好能开小窗睡眠，若天太冷可关窗，但应在起床后，打开所有的窗户换气。

天气晴好的时候不妨稍微早些起床，然后去欣赏清晨大自然的美景，也使腹中的胎宝宝受到熏陶。

胎教贴心话 太阳柔和自然的光线对胎宝宝也是一种有益的刺激，准妈妈在大自然中走时，如果阳光不暴烈，可以迎着太阳走一走，让阳光照射到腹部，让胎宝宝感受一下阳光的温度。

第152天 周末可短期采风

这个时候准妈妈已经适应了孕期生活，胎宝宝也在稳定成长，若正好赶上好天气的周末，很适合和准爸爸，或者家人朋友，做一次短期旅行，不过准妈妈最好能事先制订好出行计划。

旅行计划要点

在制订旅行计划时，准妈妈一定要考虑到胎宝宝，行程不要安排得太紧，也不要过于劳累。最好不要选择在旅游黄金周出游，而且要避免人多、嘈杂的地方。一般而言，空气清新、宁静的地方最理想，最好离家不太远，如有绿色的草地、湖泊则是最佳的选择。准妈妈如感到心旷神怡的话，胎宝宝也会从中受益。

旅行前的准别

1 在出行前，要好好地跟医生商量、讨论，带上医生开具的病历和相关证明，以及医生的联络方式，如果身体情况不适合，应果断取消行程。

2 随身携带药品，胃肠药、治疗外伤的药水药膏、创可贴、花露水等，使用前要先看说明书上有无孕妇慎用的字样。

3 旅途中随时注意身体状况，若有任何身体不适，如下体出血、腹痛、腹胀等，应立即就医，不要轻视身体上的任何症状而继续旅行，以避免错过最佳诊治时机。

交通工具

孕期最好不要长时间乘坐飞机、船或公交车等交通工具，对准妈妈而言，这不同于平常的活动，身体活动虽少了，但必须长时间采用一种姿势，这种“旅行”带给准妈妈的不是欢乐而是疲惫。

胎教贴心话 如果所在的城市有准妈妈旅游团，准妈妈可以选择，专门的旅游团会配专业的妇产科医生，防止旅游过程中发生突发事件，安全问题有保障，除此之外，还能认识很多同城的孕友。

第153天 音乐胎教：一起来学曲

选择一些节奏较明显的胎教乐曲，用单曲循环的模式播放给胎宝宝听，胎宝宝容易被节奏明快的乐曲所吸引，如果不断地强化，胎宝宝出生后会对这些曲子有记忆的表现，这样就为胎宝宝出生后的音乐天赋提供了良好的信息，给新生儿再次听这些乐曲时，他会表现出极大的兴趣。

选一首节奏明快的乐曲

儿歌一般都是节奏明快，朗朗上口的，准爸爸准妈妈可以从这方面着手选择，其他合适的乐曲也可，下面我们推荐几首：

1 《小燕子》：边唱边联想燕子飞舞的动作；如果你擅长讲故事，用童话般的语言将春天的景象描述给胎宝宝听也不错。

2 《歌声与微笑》：边唱边在脑海里构成一幅幅春花漫山遍野的美丽画面。

3 《早操歌》：学唱时想象一下春、夏、秋、冬四季的变化，假设胎宝宝正在做早操。

将歌曲唱出来，效果更佳

用柔和的声调唱轻松的歌曲，同时想象胎宝宝正在静听，可以达到心音的谐振，胎教效果很好；如果会乐器的话，还可以边唱边听边弹奏乐器，这样的全身心互动效果会很不错。

多给胎宝宝哼唱一起学会的曲子

在任何时候，打扫房间、做饭、晾晒衣服时，都可以哼唱和胎宝宝一起学会的曲子，让胎宝宝多听一听父母的歌声，对胎宝宝身心皆有益处，要注意哼唱时声音不要太大，小声说话时那个音量就可以。

胎教贴心话

准妈妈千万别因担心自己没有音乐细胞而拒绝给胎宝宝唱歌，胎教与表演不同，只要你对胎宝宝怀有一片深情，那么你的歌声在胎宝宝听来就是最悦耳动听的，相对专业的音乐教育来说，胎宝宝更喜欢妈妈的声音。

第154天

准爸爸胎教：特别的日子放在心上

女人是感性的，孕期女人尤其如此，准爸爸记住特别的日子，准妈妈会感觉由衷的幸福。

孕期已经过半了，准爸爸还记得是在哪一天确认了怀孕的好消息吗？又是在哪一天看到宝宝的第一张四维彩超照片呢？第一次出现胎动是在什么时候？……

记住这些特别纪念日吧，在以后的某一天，这些特别的事情会带给你和准妈妈很多快乐回忆的。

标志性的日子在日历上标明

孕期的一些标志性日子，如末次月经、早孕的确诊日期、早孕反应出现及消失的时间、胎动出现的时间、B超检查的时间、产前检查的时间、预产期等，这些日期都非常重要，准爸爸最好能记在心里，要是记不住，可以在日历上标明。这不仅有助于了解胎宝宝的情况，也是对准妈妈最好的支持。

在纪念日备一份小礼物

如果在孕期碰上准妈妈的生日、结婚纪念日等，准爸爸千万别忘记了，准备一份贴心的小礼物会让准妈妈感觉惊喜与感动。怀孕6个月了，为家庭小成员的到来，准妈妈做了太多的努力，而胎宝宝也正以旺盛的精力成长着，他需要爸爸妈妈的关怀，所以，准爸爸的用心尤为重要，礼物不在大小，只在心意，一双合脚的鞋、一本有趣的画册、一次体贴的下厨……这些都是意外的惊喜。

胎教贴心话

在孕期准妈妈的心会变得更敏感，为了让胎宝宝更多地感受来自准妈妈的良好情绪，准妈妈要多多发现生活中美好的事情。例如，早上搭公交时，幸运地坐在一个靠窗的位子，可以看着窗外飞逝而过的美丽风景。

23 WEEKS

第155天

本周变化：吮手指的小可爱

胎宝宝现在睡的时间多，醒的时间少，他睡觉的时候还会吸吮着自己的手指呢。准妈妈要注意自己的安全，不要惊动了他的好睡眠。

可爱的“红孩儿”

本周，胎宝宝身长19~22厘米，体重400克左右，骨骼和肌肉已经长成了，身材也比较匀称。胎宝宝的皮肤是透明的，你可以看见皮肤下的骨骼、内脏器官和血管，看上去像个“红孩儿”，他真正的肤色会在出生后的头一年表现出来。

视网膜成形，能模糊看见东西了

这一周，胎宝宝的视网膜已形成，因而具备了微弱的视觉，可以模糊地看见东西了。这个时候，胎宝宝的听力基本形成，经过一段时间的练习，他对你的声音已经非常熟悉，多和他说说话吧，不过外界突如其来的大声响还是会惊吓到他。

肺部正在为呼吸做准备

胎宝宝肺部的组织及血管正在发育当中，呼吸系统正在快速建立，为他的呼吸做准备。为了锻炼呼吸功能，他在不断地进行着吞咽动作。但胎宝宝肺部完全发育还要再等几个月，肺是胎宝宝最后发育完善的器官。胎宝宝的心跳每分钟有120~160次，非常有力，如果你直接将耳朵贴着腹部，就可能会比较清晰地听到胎心搏动。

胎教贴心话

随着腹部的隆起，准妈妈现在孕味十足，穿上早就准备好的孕妇装吧，这会让你看起来更美，心情也会变得更好。

第156天

语言胎教：小鸭的星球

太空里有个绿色的星球，那里没有城市，空气清新，风景美丽。小鸭和他的同伴们在这个星球上生活得很快乐。

有一天，来了一艘飞船。飞船上下来了一些外星鹅。

外星鹅首领说：“哎呀，这里连个城市都没有，太落后了！”他拿出相片说：“瞧，我们的城市多美！”外星鹅把相片送给了小鸭们，又飞走了。

小鸭和同伴看见照片，心里想：“我们也应该有城市呀！”小鸭们开始照着照片建造城市。

不久，整个星球都变成了城市，所有的小鸭都住进了高楼里。小鸭子想游泳，可是，池塘没有了。小鸭子想吃草，可是，草地没有了。

小鸭们开始怀念乡村，过去的乡村多美呀！有一只小鸭说：“我不要住在城市里，我们还要住在乡下！”所有的小鸭都叫起来：“我们也要住在乡下！”

小鸭们把很多的高楼推倒，只留下小小的一块儿。当地里冒出第一颗绿芽时，小鸭们是多么高兴呀！不久，小鸭们的星球又回到了老样子，他们又过上了快乐的生活。

胎教贴心话

大自然是非常好的胎教环境，胎宝宝的感官能力在日益加强，特别是触觉、听觉以及情感的体验，准妈妈丰富多彩的生活能给胎宝宝创造舒适的生长环境，从自然中吸取各种美好的声音、颜色、图像、艺术等，都是非常有效的胎教。在海边的准妈妈可以多去听听海潮，在沙滩上散散步，城市里的准妈妈应多去公园、绿化带走走。

第157天

拍孕期照，留下独一无二好时光

孕中期是准妈妈状态最好，也是最美的时候，这个时期来拍摄一套大肚照是再合适不过的了，不用担心在怀孕期间照相会对胎宝宝产生不良影响，照相其实是利用自然光或灯光，把进入照相机镜头的人或景物感光到底片上，不会产生有害射线，所以，不论是准妈妈还是胎宝宝几乎都不会因照相而受到影响。相反，照相还能给生活增添许多难以用言语表达的乐趣，比如将幸福完美的瞬间定格，让幸福感长久停驻。

拍照的注意事项

1 拍孕期照应在准爸爸的陪同下进行，以免发生意外。如果准爸爸能加入拍照的活动中就更好了，这样将来宝宝会知道，当初爸爸妈妈是多么辛苦，又是多么幸福。

2 可以选择专门给准妈妈拍摄的影楼，会有很多孕妇服装可以选择，而且衣服一般会做消毒处理，不过建议带上自己的服装。

3 有的摄影师为了追求效果，会在准妈妈的肚皮上彩绘，要注意涂料的质量问题，建议准妈妈最好不彩绘，以免影响到胎宝宝。

4 关于化妆美容方面，由于准妈妈的抵抗力偏弱，因此化淡妆就好，不要做指甲美容，带上自己的化妆品，影楼的化妆品多是公用的。

5 拍摄中要放松心情，愉快地表现出即将做妈妈的幸福感，表现最真实的状态。

6 考虑到拍照时间比较长，影楼旁边如果没有卫生条件好的餐厅，可以自己带上食物和水，中途及时补充能量，并休息一下。

7 不要贪多，太多的照片需要花费很多时间，可能会体力不支，主要是留个纪念，20张左右就好了。

8 拍照的时候，千万别害羞而遮遮掩掩，既然是拍大肚照，至少要有一组露出肚子的照片才算完美哦。

胎教贴心话 现在很多家庭都有单反相机，拍大肚纪念照也没必要一定去影楼，自己在家里拍摄会更放松随意，而照片出来的效果可能比影楼拍摄的更生动。

第158天

营养胎教：减轻水肿的美食

孕中期后，准妈妈的身体经常水肿，可以侧重做一些能帮助减轻水肿的菜，帮助缓解水肿的困扰。

鲫鱼红豆汤

原料 鲫鱼 250 克，红豆 100 克。

做法

1 鲫鱼剖洗干净，红豆洗净。

2 将鲫鱼和红豆一起入锅煮熟。

功效 此汤不加盐，每天喝一次，红豆、鱼、汤水均可吃，连吃数日即可见效。

清蒸冬瓜盅

原料 绿皮冬瓜 500 克，熟冬笋 100 克，水发冬菇 100 克，彩椒 50 克。

调料 香油 1 大匙，料酒 1 小匙，酱油 1 大匙，白糖、水淀粉、高汤各适量。

做法

1 冬瓜选肉厚处用花槽刀挖出6个圆柱形，焯水后抹香油待用。

2 冬菇洗净切碎末；冬笋去皮切碎末；彩椒去籽、洗净，切末备用。

3 锅内放油烧至6成热，将各种末下入油中煸炒，再加料酒、酱油、白糖、高汤，烧开后用淀粉勾厚芡，冷后成馅。

4 掏空冬瓜柱，填上馅，放盘中，上笼蒸10分钟取出，将盘中汤汁倒入锅里烧开，调好味后勾芡，浇在冬瓜盅上即可。

胎教贴心话 大多数准妈妈在孕早期都有怕冷的感觉，到了孕中、晚期就开始怕热了。这是因为怀孕后，基础代谢率增高约20%，这使得准妈妈在孕中期以后，很少会感觉到冷，甚至比男士更耐寒。不过，也不要因为不怕冷而穿得过于单薄，孕期适当保暖还是必要的，只要不出汗就可以。

第159天

语言胎教：故事《小蝌蚪找妈妈》

还记得小时候在课本上读这则故事时的心情吗？把这个故事念给胎宝宝听的时候，心里是不是涌上了一股很美好的感觉呢？

小蝌蚪找妈妈

春风轻轻地吹过，太阳光照着。池塘里的水越来越暖和了。一群大脑袋长尾巴的蝌蚪，他们在水里游来游去，非常快乐。

有一天，鸭妈妈带着她的孩子到池塘中来游水。小蝌蚪看见小鸭子跟着妈妈在水里划来划去，就想起自己的妈妈来了。

“我们的妈妈在哪里呢？”他们问鸭妈妈：“鸭妈妈，鸭妈妈，您看见过我们的妈妈吗？”鸭妈妈说：“看见过。你们的妈妈头顶上有两只大眼睛，嘴巴又阔又大。”“谢谢您，鸭妈妈！”小蝌蚪高高兴兴地向前游去。

一条嘴巴又阔又大的鱼游过来了，小蝌蚪追上去喊妈妈：“妈妈！妈妈！”大鱼笑着说：“我不是你们的妈妈，我是小鱼妈妈，你们的妈妈有四条腿，白肚皮，身穿绿衣服。”“谢谢您啦！鱼妈妈！”小蝌蚪再向前游去。

小蝌蚪游呀、游呀，游到池塘边，看见一只青蛙坐在圆荷叶上，他们游过去小声地问：“请问您看见我们的妈妈了吗？她头顶上有两只大眼睛，嘴巴又阔又大，有四条腿，白肚皮，穿着绿衣服……”

青蛙听了“呱呱”地笑起来，她说：“傻孩子，我就是你们的妈妈呀！”小蝌蚪听了，一齐摇摇尾巴说：“奇怪！奇怪！我们的样子为什么跟您不一样呢？”青蛙妈妈笑着说：“你们还小呢，等你们长大，就跟妈妈一样啦。”

小蝌蚪听了，高兴得在水里翻起跟头来：“啊！我们找到妈妈了！我们找到妈妈了！”青蛙妈妈扑通一声跳进水里，和她的孩子蝌蚪一块儿游玩去了。

胎教贴心话

讲故事时，准妈妈可以让准爸爸扮演小蝌蚪，自己扮演另外几个不同的角色，融入角色中去，绘声绘色地讲述，增加故事的气氛，让故事更生动，胎宝宝会更乐意听。准妈妈尝试着让故事更生动的思维过程也非常重要，能给胎宝宝直接的模范作用。

第160天
艺术胎教：练习毛笔字

人们常说“字如其人”，一手好字能让别人产生一个好的印象，练习毛笔字可以帮助准妈妈修身养性，坚持不懈地练习对身体及性格调整会有益处，毛笔字最好能天天写，两三天写一次也可，但三天打鱼两天晒网是起不到效果的。

需要准备的工具

毛笔

墨汁

纸张：刚开始练习用宣纸太浪费了，可用学生用十五格纸，用废旧报纸也行。

字帖：一本好字帖对于初学者非常重要，最好从真书（楷、隶、魏碑等）入手，行草比较难，不宜先行练习。

向准妈妈推荐几本好字帖

楷书：颜真卿的勤礼碑、多宝塔碑、麻姑仙坛记；柳公权的玄秘塔、神策军碑；欧阳询的九成宫等。

隶书：史晨碑、张迁碑等。

魏碑：郑文公碑等。

怎样开始写毛笔字

1 从笔画开始练起，再循序渐进，穿插带笔画的字进行练习，如“三、王”练横画，练熟后可以临古诗帖。

2 不练笔画，可以直接从练字开始，主要方法有：

描红：在勾勒出的字框内填写笔画，一般书店都有售。

摹临：在前人的法帖上覆上白纸临摹。

临摹：参照前人的法帖进行临摹。

背临：先学习消化前人的法帖，然后不看法帖完成书写。

胎教贴心话

书法是一门艺术，能提高人的审美感觉，准妈妈如果不爱学写毛笔字，学写钢笔字也是非常好的。

第161天
玩七巧板帮助胎宝宝大脑发育

简简单单的七块板，能拼出千变万化的图形，心情不好时可以拼一下，相信无穷的变化能让准妈妈乐在其中。

七巧板的来历

七巧板是由一种古代家具演变来的。我国宋朝有个叫黄伯思的人，他热情好客，发明了一种用6张小桌子组成的宴几（请客吃饭的桌子），后来为了用餐时人人方便，气氛更好，有人把它改进为7张桌，可根据吃饭人数的不同，把桌子拼成不同的形状，比如3人拼成三角形，4人拼成四方形等，后来宴几演变成一种拼图玩具，由于巧妙好玩，人们叫它“七巧板”。

小知识

明末清初时，皇宫中的人也经常用七巧板来庆贺节日和娱乐，拼成各种吉祥图案和文字，所以故宫博物院现在还保存着当时的七巧板呢。18世纪七巧板一传到国外就立即引起人们极大的兴趣，甚至通宵达旦地玩，并叫它“唐图”，意思是“来自中国的拼图”。

玩一玩——七巧板里的无穷变化

1 拼几何图形，如三角形、平行四边形、不规则的多角形等。

2 拼各种人物形象或者动物，如猫、狗、猪、马等，或桥、房子、塔，或是中英文字、符号。

3 说故事，将数十幅七巧板图片连成一幅幅连贯的图画，再根据图画内容说给胎宝宝听，如先拼出数款猫、几款狗、一间屋，再以猫和狗为主角给胎宝宝讲述一个动人的故事。

胎教贴心话 在做拼图时，准妈妈有许许多多思路和想法，还有很多美丽的画面，边拼图可以边给胎宝宝讲述。

第162天

本周变化：舌头有味觉了

现在胎宝宝身体增长速度渐渐放慢，但他并没有偷懒，他的神经系统及各器官都在努力生长，正逐步变成有意识、有反应的小人儿，小舌头也可以尝出甜味和苦味了，胎宝宝天生爱吃甜味呢。

开始充满子宫空间

本周，胎宝宝的体重达到500~580克，身长达到25~30厘米，他正在稳定、协调地生长。胎宝宝现在看上去仍然很瘦，但他开始充盈整个子宫腔了。

小舌头可以尝出味道了

胎宝宝的大脑持续发育，大脑内部数百万神经数目已经接近成人，并且连接成形。随着大脑的发育，胎宝宝的味蕾也在发挥作用，能够区别苦味、甜味了。此外，大脑脑波对视觉和听觉系统开始有反应，他的大脑开始有意识了，但是和其他所有系统一样，大脑的这种意识还需要得到更多的锻炼，可以多给胎宝宝说说话、唱唱歌等。

肺部呼吸“树”开始分支

胎宝宝的肺里面正在发育着呼吸“树”的“分枝”，和负责分泌表面活性剂（一种有助于肺部肺泡更易膨胀的物质）的肺部细胞，呼吸功能越来越完善。在本周末，如果出现早产，在特别的护理下，胎宝宝成活的概率很大。

胎教贴心话 在本月的检查中，医生可能会安排准妈妈做一次糖筛查，排查妊娠糖尿病的风险，不管有没有患妊娠糖尿病，准妈妈在孕期都要控制糖分的摄入。

第163天

音乐胎教：根据性格选曲子

音乐胎教和中医治病讲究“辨证论治”一样，要因人制宜，其中，胎宝宝和准妈妈的性格是很大的选曲因素。

根据胎宝宝的性格选择胎教音乐

在选曲时应注意到胎动的类型，这一时期胎宝宝的特质会有所显现，比如有的胎宝宝“淘气”，有的“调皮”，也有的“文静”，准妈妈要多多留心。

一般，那些活泼好动的胎宝宝可以经常听一些节奏缓慢、旋律柔和的乐曲，如《勃兰登堡协奏曲》《摇篮曲》等；而那些文静、不爱活动的胎宝宝则可多听一些轻松活泼、跳跃性强的儿童乐曲、歌曲，如《铃儿响叮当》《牧童短笛》等。

如何根据准妈妈的性格选择胎教音乐

不同性格的准妈妈，进行音乐胎教时会选择不同曲调、节奏、旋律、响度的乐曲。如果准妈妈情绪不稳、性情急躁、胎动频繁不安时，则宜选择一些节奏缓慢柔和、轻盈安详的乐曲。如二胡曲《二泉映月》、筝曲《渔舟唱晚》、民族管弦乐曲《春江花月夜》、琴曲《平沙落雁》等。这些柔和舒缓，并具有诗情画意的乐曲，可以使准妈妈及胎宝宝的情绪逐渐趋于安定状态，并对胎宝宝的身心朝着健康的方面发展有益。

如果准妈妈性格忧郁迟缓，胎动也比较弱，则宜选择一些轻松活泼、节奏感强的乐曲。如《春天来了》《江南好》《步步高》及奥地利作曲家约翰•施特劳斯的《春之声圆舞曲》等。这些乐曲旋律轻盈优雅，曲调优美流畅、起伏跳跃，节奏感强，既可以使准妈妈振奋精神、消除忧虑，也能给腹中的胎宝宝增添生命的活力。

胎教贴心话 在进行音乐胎教时，如果能和着节奏，将音乐表达的内容与和胎宝宝的玩耍结合起来，将对胎宝宝的生长发育起到明显的作用，从而收到更好的胎教效果。

第164天

语言胎教：谁更有力量

太阳和风谁更有力量呢，它们之间发生了多次争吵。

这一天，它们又为此争吵起来。为了给这个问题以明确的答案，最后它们决定，拿一个路人来测试它们的力量，就是看谁能脱下那个路人的斗篷。最先脱下者，自然就是胜利者。

风首先开始了。但见狂风骤起，转眼间，山上的树木一棵棵被连根拔起，森林几乎变成了一片废墟。那名路人见狂风大作，急忙跑到山脚下，躲避起来。随后，那斗篷被他更结实地系在了身上。唉，风使出了全力，可一切全是白费！

轮到太阳上场了。在天空，它透过一片云，将异常炽热的光线朝那可怜的路人身上汇聚。噢，那路人简直就要被融化掉了！“啊，太热了！热死了！”他痛苦地说，“简直就像是在火炉里，叫人没法忍受！”于是，他不得不脱下了斗篷，跑到大树下去乘凉。

胎教贴心话 这个故事告诉我们：日常生活中，使用温和的方法往往比使用强烈的方法更有效果；如果遇到棘手的事情，不妨采取迂回的方法解决，就像故事里的太阳，不能吹掉别人的斗篷，那就让他热起来，这样他自己就会脱掉斗篷了；不要盲目地和别人比较，别人的强项也许是自己的弱项，但自己的强项别人不一定能比得上，爸爸妈妈也不要将自己的孩子和别的孩子做无谓的比较。

第165天

语言胎教：一串快乐的音符

有一串快乐的音符，他们是从哪里来的，连他们自己也搞不清楚。也许是一位音乐家用提琴奏出了他们；也许是个初学钢琴的女孩子在键盘上弹出了他们；也许是骑在牛背上的小牧童用短笛吹出了他们；也可能是个小男孩走在田埂上，用轻快的口哨吹出了他们……

反正，他们刚一获得生命，就串联在一起，快乐地飞跑在田野上。他们甚至来不及回头看一看，是谁奏出了他们。他们一个拉着一个的手，像轻风一样在田野上跑着，唱着。他们从快乐的小鸟身边跑过，小鸟没有他们唱得好听；他们从奔流的小溪身边跑过，小溪没有他们唱得深情。他们跑过森林，跑过草丛，跑过群山间的峡谷……

小音符们不愿意停留下来，他们到处飞跑，多么高兴。在城市的一幢小楼上，有一扇小窗开着，对着星星闪烁的夜空。小音符们感到很好奇，就钻了进去。噢，里面有个白头发的老奶奶。她的老伴，一个温和幽默的老爷爷去世了，老奶奶感到很孤独，她在思念老爷爷。突然，她听到了从窗外飞进来的小音符们的歌。啊，多么熟悉的歌，这是老爷爷在年轻时最爱哼唱的歌。后来这曲子陪伴老爷爷和老奶奶生活了很长的岁月……

老爷爷虽然离去了，可这段快乐的歌还在。如今歌声又飞进来了，就像当年老爷爷在轻柔的月光下，轻轻地哼唱着。老奶奶含着晶莹的泪花，她笑了，笑得很动情。不知为什么，小音符们再也跑不动了，他们也不想跑了。小音符们手拉手地钻进了老奶奶的心里，他们愿意留在那里。当老奶奶寂寞时，他们就轻轻地哼唱着。

第166天

手工胎教：简单的毛线编织

在孕期做一做编织的活儿会帮助准妈妈抛却所有的私心杂念，屏息凝神，达到心如止水的平衡状态。亦有胎教实践证明，孕期喜欢编织的准妈妈生出来的宝宝也会显得更加“心灵手巧”。

编织可以促进大脑发育

随着毛衣针的上下飞舞，我们的肩膀、胳膊、手腕、手指等部位30多个关节和50多条肌肉会被牵动，这些关节和肌肉的伸曲活动，大大锻炼了大脑皮层里的神经中枢，提高人的思维能力。准妈妈通过编织，锻炼了自己的大脑，通过信息传递的方式，促进胎宝宝的大脑发育。

可以编织哪些东西

准妈妈可以织一些可爱的挂饰，到时候挂在宝宝的床头又温暖又可爱；还可以为宝宝编织一些小物件，比如鞋子、帽子、围巾等，心里会很甜蜜的；或者为准爸爸织一件毛背心，让他感觉到你依然关心他，增进夫妻感情。

不懂编织的准妈妈怎么办

对于不懂得编织艺术，但是有兴趣学习编织的准妈妈来说，那些复杂的针法可能一时难以学会，但是编织并不是一门高深的学问，它是从很简单的针法开始的，不用强求一开始就编织难以掌握的东西，可以从编织简单的围巾、餐垫等开始，有时间就做，久而久之就掌握了基本的方法，再来学习复杂的就更有兴趣和自信了。

胎教贴心话 到书店里买编织书来学习编织技术并不是一个好办法，很多有基础的准妈妈对书上的符号也不能完全弄懂，如果是入门级的准妈妈，最好的办法是跟身边会编织的人求教。

第167天

语言胎教：故事《拇指姑娘》

很多70后、80后准妈妈都读过这个美丽的童话故事，也都遐想过有那么一个可爱的拇指姑娘，今天，给胎宝宝讲一讲拇指姑娘的故事吧。

拇指姑娘

从前有一个妇人，她很想要一个小巧又可爱的孩子。她便去请教女巫，女巫说非常容易，便给她一粒麦粒，让她种在花盆里。当这个花朵绽开时，拇指姑娘便出生了，她生活得非常幸福。

可是有一天，一只丑陋的癞蛤蟆把她抱走了，让她当小癞蛤蟆的妻子。水里的鱼儿很同情小小的拇指姑娘，便把荷叶的一根茎咬断。拇指姑娘顺着荷叶漂到了外国，被金龟子抛弃在了一片森林里。清晨，拇指姑娘以露珠为饮料，以花蜜为食物，生活还算过得去。

夏天和秋天过去了，但寒冷又漫长的冬天来临了，拇指姑娘来到了田鼠家生活。过了几天，田鼠说："我们这儿最富有的先生——鼹鼠就要来了，如果你和他结婚，就有享不尽的荣华富贵。"

第二天，鼹鼠穿着黑天鹅的绒毛大衣来了，因为他是一个瞎子，看不清拇指姑娘的容貌，田鼠便请拇指姑娘唱了一首歌曲，鼹鼠很快就爱上了她。不过，鼹鼠并没有表现出来，因为他很谨慎。过了几天，鼹鼠正式提婚了。秋天来到了，鼹鼠让拇指姑娘缝嫁衣。

其实，拇指姑娘并不喜欢鼹鼠，因为他并不喜欢阳光和鲜花，而且对它们有反感。拇指姑娘曾经在地道救过一只燕子，现在，燕子要飞去另外一个国家，他便问拇指姑娘："你愿意和我一起到另外一个国家去吗？"拇指姑娘爽快地答应了。

燕子背着拇指姑娘飞呀飞呀，飞到了那个国度，把拇指姑娘放到了一朵最美丽的花上，上面有一个和拇指姑娘一样大的美男子，他就是所有花朵的王，他们俩结婚了，拇指姑娘便成了这儿的王后。

——节选自《安徒生童话》

胎教贴心话 拇指姑娘虽然身材很小，生活环境也很艰苦，但她却有坚定的理想，她向往光明和自由，不为黑暗所屈服，告诉胎宝宝，这些都是妈妈想要他学习的好品质哦。

第168天

准爸爸胎教：营造良好的家庭氛围

在准妈妈的整个妊娠过程中，大多数的时间都是在家中度过的，家庭气氛和谐与否对胎宝宝的生长发育影响很大。在和睦相处的氛围中准妈妈得到的是温馨的心理感受，胎宝宝也能在如此良好的环境中获得最佳熏染，从而促进身心的健康发育。

营造良好的家庭氛围除了需要准妈妈调节不良情绪外，准爸爸更要积极热忱地为准妈妈及腹中的胎宝宝做好服务。

营造良好家庭氛围

1 准爸爸应体贴照顾妻子，主动承担家务，常陪妻子消遣，无吵闹现象。

2 准爸爸要做到不过量饮酒，不在妻子面前抽烟，节制性生活。

3 准爸爸还应多看一些家庭幽默书籍，以活跃家庭气氛，增进夫妻情趣，这个也能使孕妇身心愉快。

4 多听听准妈妈的意见和想法，帮助她实现心中所想。

5 如果与父母同住，准爸爸还要注意调节婆媳关系，避免婆媳矛盾影响家庭关系。

6 时常布置一下家庭环境，改换一下家具的位置，或添置一些有趣的小玩意等，可能会给孕期的妻子带来意想不到的惊喜。

小故事

周总理和邓颖超一生恩爱，他们夫妻之间有一首“八互歌”，可以作为夫妻共创温馨家庭的准则，歌词主要大意是：

一互敬，多协商。二互爱，情意长。
三互信，莫乱想。四互勉，共向上。
五互助，热心肠。六互让，不逞强。
七互谅，心坦荡。八互慰，暖心房。
合家欢，乐无疆。八互歌，切莫忘。
努力做，认真想。携手进，路宽广。

胎教贴心话 孕期不但准爸爸要多理解准妈妈，准妈妈也要站在准爸爸的角度替准爸爸着想，不要觉得自己怀孕了，丈夫理所当然需要做这样那样的事情，只有夫妻双方互相理解，家庭才能更和睦。

PART 7

孕7月

亲子互动好时光

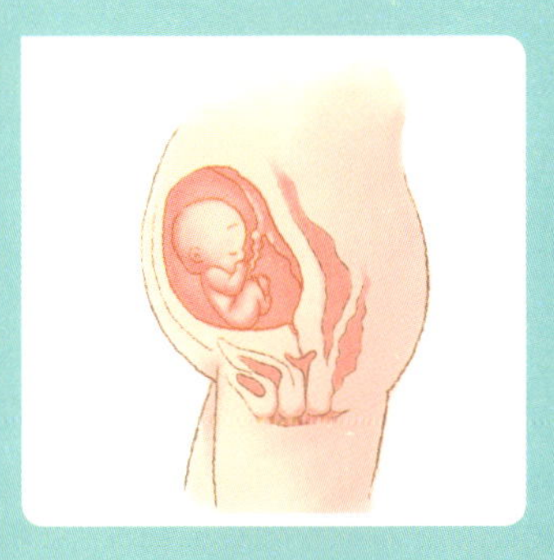

现在还处于舒适的孕中期，这个时期胎宝宝大脑发育进入高峰期，准妈妈一定要多进行有益于胎宝宝大脑发育的胎教活动，跟胎宝宝有更多温馨有爱的互动。

第169天

本周变化：大脑发育高峰期

现在进入孕7月了，胎宝宝的大脑进入新的发育高峰期，将更加趋于成人啦。准妈妈可以继续多吃一些促进胎宝宝大脑发育的食物，让他更加聪明。

开始长胖的小宝宝

胎宝宝的体重可以达到600~700克，身长有30~34厘米了。胎宝宝皮下脂肪开始增多，慢慢长胖了，他皱皱的皮肤也开始舒展开来，看起来更加饱满，越来越像个新生儿。这时候他在子宫中已经占据了相当大的空间，并开始充满整个空间。

大脑发育又进入高峰期

从本周开始，胎宝宝的大脑发育进入新的高峰期，在接下来的4周时间里，他的脑沟脑回逐渐增多，脑皮质面积也逐渐增大，胎宝宝的意识越来越清晰，对外界刺激也越来越敏感，你可以多给他一些锻炼，各种胎教都要坚持不懈地进行，以促进他大脑的快速发育。

开始显现头发的颜色

这一周，胎宝宝完全不着色的头发开始显现出颜色，你可以多吃一些坚果类的食物，让他的发质（包括颜色和质地）变得很好。胎宝宝正在努力吞咽着，这对他的消化系统很有好处。他还在制造胎粪——一种黑色的、黏糊糊的物质，由死细胞、消化分泌物和吞咽的羊水组成。

胎教贴心话

增大的子宫会让准妈妈觉得呼吸急促，特别是上楼梯的时候，如果准妈妈肚子特别大，可以选购一款合适的托腹带，减轻腹部压力。

第170天
语言胎教：三个小伙伴吃糖葫芦

小刺猬与小松鼠、小白兔一起在草地上玩，他们玩捉迷藏的游戏，玩得好开心呀！一会儿，他们又在草地上玩翻跟斗，小刺猬倒竖蜻蜓，竖了好长时间，小松鼠、小白兔齐声叫好。小刺猬翻过身来，碰了小松鼠一下，小松鼠叫起来："哇，好痛呀！"

小松鼠被小刺猬刺得哭了起来。小白兔赶紧走过来，碰到了小刺猬，也被他身上的刺扎痛了，哭了起来。他俩边哭边说："小刺猬真坏，用刺扎我们，不和你玩了。"

小刺猬不好意思地说："我不是故意要扎你们的呀！"

小松鼠和小白兔不理睬小刺猬。小刺猬难过极了，赶紧往家里跑去。一会儿，他又回来了，欢欢喜喜地对小伙伴们说："我背来了糖葫芦，向你们赔礼道歉啦！"

小松鼠、小白兔看到小刺猬的刺上扎满了糖葫芦，抹干了眼泪，伸手摘下糖葫芦，你一颗我一颗地吃了起来。小白兔说："小刺猬真的不是故意刺我们的，可别怪他啦！"小松鼠说："对，我们一起玩吧！"小刺猬说："吃完糖葫芦再玩！"

糖葫芦真好吃呀，小松鼠从小刺猬背上摘下一颗最大的糖葫芦，塞到小刺猬嘴巴里，小刺猬说："真甜！"他们一会儿就把糖葫芦吃光了。三个小伙伴又在绿茵茵的草地上玩起来，欢声笑语在空中荡漾……

胎教贴心话 怀孕后，准妈妈的胃口可能改变，大部分妈妈在怀孕头几个月爱吃酸酸甜甜的食物，偶尔吃一下解解馋是可以的，但糖制品并不适宜孕期多吃，所以准妈妈一定要有节制。另外，山楂及其制品可能引起子宫收缩，准妈妈可要忌口。

第171天

艺术胎教：名画《向日葵》

这是著名画家梵高的作品。

创作背景

1888年，梵高到了法国南方的阿尔，那是一个阳光明媚的地方，天上旋转着柠檬黄色的大火球，悬在蓝得耀眼的天空中，空中充满着令人目眩的光，梵高被眼前的景象惊呆了，面对令人目眩的色彩，产生了强烈的情感，在这种背景下，画家自然地开始用色彩来表现情感，在阿尔炽烈的阳光下，梵高画出来一生中最重要的艺术作品，《向日葵》就是其中之一。

名画赏析

画家以大胆恣肆、坚实有力的笔触，把向日葵的黄色画得极其刺眼，每朵花如燃烧的火焰一般，细碎的花瓣和葵叶像火苗一样布满画面，整幅画犹如燃遍画布的火焰。这不是传统的描绘自然花卉的静物装饰画，而是一幅表现太阳的画，是一首赞美阳光和旺盛生命力的欢乐颂歌。

胎教贴心话 准妈妈看懂了这幅画，并在心里理解了，欣赏了，共鸣了，胎宝宝的感受也同样可以得到升华。

第172天

语言胎教：《诗经·邶风·击鼓》

今天要学习的这首诗歌叫《诗经·邶风·击鼓》，这首诗歌描述了一个出征的士兵，在战场上回忆与妻子的誓言的故事。夫妻俩平凡的相许，非常刻骨铭心，里面的甜蜜和期待甚至消散了战争的惨烈和悲凉。

诗句中的“执子之手，与子偕老”的盟誓，已经成为千百年来恋人们和夫妻间永久的追求与不变的情怀。

从相恋到结婚，到孕育爱情结晶，准妈妈和准爸爸已经执子之手，相携至今，和准爸爸一起给胎宝宝读一读这首诗歌吧，让胎宝宝感受到你们对爱的承诺。

诗经·邶风·击鼓

击鼓其镗（táng），踊跃用兵。土国城漕，我独南行。

从孙子仲，平陈与宋。不我以归，忧心有忡。

爰居爰处？爰丧其马？于以求之？于林之下。

死生契阔，与子成说。执子之手，与子偕老。

于嗟阔兮，不我活兮。于嗟洵兮，不我信兮。

执子之手，与子共著。
执子之手，与子同眠。
执子之手，与子偕老。
执子之手，夫复何求？

第173天

益智倒酒题

有4人喝酒，一共2瓶，每瓶酒8两，只有一个3两的杯子。要求每人喝4两酒，怎么喝？准妈妈开动脑筋想一想吧。

答案：

设：A、B两个瓶子，C为杯子，d、e、f、g四人。

1.先倒A瓶3两到酒杯给d喝；然后再倒3两到酒杯，此时第一瓶剩2两给e喝；

2.把酒杯的3两倒回A瓶，倒B瓶3两到酒杯，再从酒杯倒A瓶，再倒B瓶3两到酒杯，继续把酒杯的倒往A瓶。此时，因为第一瓶已有6两所以酒杯只有2两进入第一瓶，酒杯里还剩1两给f喝。

3.现在的情况是A瓶8两酒，B瓶剩余2两酒。倒A瓶3两到酒杯，倒B瓶剩余的2两到A瓶，把酒杯的3两倒B瓶，再倒A瓶3两到酒杯，这样，A瓶就剩余4两，这4两不要急于喝。

4.再把酒杯的3两倒B瓶，再倒A瓶3两到酒杯，这样A瓶剩酒1两，给d喝。

5.现在，d已经喝到了4两酒，e喝了2两，f喝了1两，g还没有喝酒；B瓶还剩下6两酒，酒杯还剩下3两。

6.将酒杯的酒倒入B瓶，倒满时酒杯剩下1两酒给g喝。

7.再倒两杯酒给f、g每人一杯，剩下的给e喝就每人喝到了4两酒。

胎教贴心话 孕期准爸爸可以陪准妈妈一起做一些益智题，有些题苦思冥想得到答案，心里会有一种豁然开朗的愉悦感，而孕期经常动脑，对胎宝宝也大有益处。

第174天
艺术胎教：剪纸蝴蝶

准妈妈经常做剪纸手工，可以调整准妈妈的心态，使准妈妈很安静地专注于这项手工，同时，准妈妈能把这一信息传递给胎宝宝，从而孕育出更加聪明、做事情专注力更强的胎宝宝。

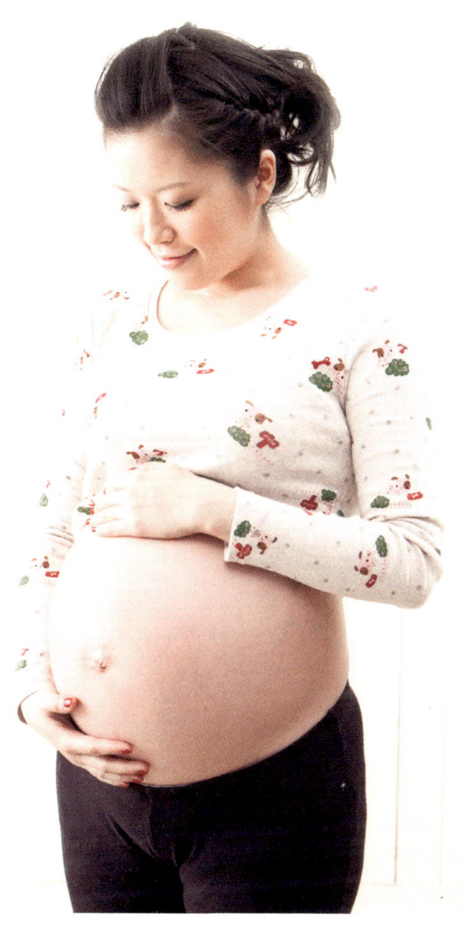

剪蝴蝶

1 将一张纸对折一次。

2 在背面靠折纸画出半边蝴蝶的图案，要减去的部分描黑（或不画图样，随心而剪也可以）。

3 将黑色部分剪掉，打开便得到左右对称的完整蝴蝶图形。

胎教贴心话 依照这种方法，准妈妈可以发挥自己的想象剪出很多图形。准妈妈要细心剪，别怕麻烦，也别怕剪得不好，在剪纸的过程中，可以向胎宝宝描述你正在做的事情。

第175天

准爸爸胎教：陪准妈妈下棋

胎宝宝的大脑正在形成，而且本月胎宝宝大脑发育非常迅速，是对他进行适当脑部刺激的好时机，准妈妈在这个时期多动动脑，能帮助胎宝宝开发潜能。

下棋是智力体操

下棋是最好的智力体操，不但能让准妈妈思维更加活跃，而且随着准妈妈对棋艺的思考冥想，脑电波会触发胎宝宝的脑细胞，使胎宝宝的脑细胞也活跃起来，是聪明、智慧遗传素质的形成基础。

怎样下棋效果更好

1 控制下棋时间。下棋是比较高强度的脑力游戏，如果一次下棋时间太长，也难免令人头昏脑涨，所以准妈妈要控制下棋时间，以自己感觉舒适为宜。

2 培养游戏情操。有的准妈妈会因为输了棋而发脾气，也有的准妈妈会因为输棋觉得没有面子，为了避免这些负面影响，准妈妈事先要明白"胜败乃兵家常事"，不用担心下得不好而被取笑，输赢不重要，重要的是享受比赛的乐趣。

3 下棋时最好有语言沟通。下棋时一定要说出来，比如玩象棋，边走边说跳马走车飞炮，旨在说给胎宝宝听。

胎教贴心话 准爸爸一般都对下棋有更多的兴趣，更了解下棋的规则和战术，如果准爸爸是个下棋的高手，不妨在对弈的时候稍微让着准妈妈，好让两人能够势均力敌，让准妈妈享受下棋乐趣的同时不失去比赛和思考的乐趣。

第176天

本周变化：味蕾形成

在这个时期，胎宝宝悄悄发育的味蕾已大致形成，开始咂巴着小嘴品尝起羊水的味道了。此时，准妈妈的饮食会更加影响到他对食物的判断，因此在孕期准妈妈一定要注意饮食均衡，给胎宝宝树立一个好榜样。

体重开始稳步上升

此周胎宝宝的体重可达700~900克，身长平均约35.6厘米了，从现在到出生，随着胎宝宝脂肪的迅速累积，他的体重会增加3倍以上，你的子宫将进一步增大。

胎宝宝的味蕾已经形成

从这个月开始，胎宝宝味觉就开始稳步地发挥作用了，尤其是对甜味与苦味的感觉最为敏感，例如胎宝宝在尝到甜味时会做吸吮动作，尝到苦味时会做出表示讨厌的吐舌头的动作。此时，准妈妈的饮食结构会通过神经在他的大脑里留下深刻的“印象”，因此，饮食均衡不仅是你和胎宝宝健康的保证，也将对胎宝宝日后的饮食习惯起到很好的引导作用。

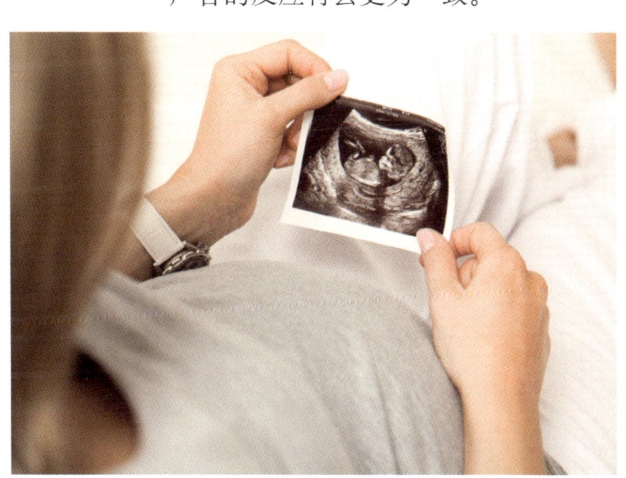

开始练习呼吸动作

胎宝宝开始做一些呼吸动作了，尽管他的肺里并没有空气，这是为他出生后第一次呼吸空气打基础的好练习。胎宝宝的感官发育现在非常迅速，耳中的神经传导正在发育，他对声音的反应将会更为一致。

胎教贴心话 饮食多样化是饮食均衡的基础，准妈妈可以每天多吃几种食物，在给胎宝宝补充营养的同时，避免他养成挑食的坏习惯。

第177天

帮助开发大脑的推理题

准妈妈动动脑，胎宝宝会更聪明，现在，准妈妈就来尝试一下有趣的推理题吧。

还有10元钱呢？

3个学生去买鞋，一共300元，3人每人给老板100元，老板说今天优惠他们50元，让导购还给他们，导购自己留了20元，还给他们30元，3人每人拿回10元，这样就等于3人每人拿出90元，加一起是270元，再加导购留的20元，也只有290元，还有10元呢？

答案：

学生给出300元，老板收250，服务员拿了20，找回学生30。这样，学生每双鞋花90元，就270元，这270元就包括了服务员的20元，所以不能用270元+20元，这样加是错误的，就少了10块钱。

称苹果

有10筐苹果，每筐里有10个，共100个，其中有9筐每个苹果的重量都是1斤，另一筐中每个苹果的重量都是0.9斤，但是外表完全一样，用眼看或用手摸无法分辨。现在，用一台普通的大秤，怎么一次把这筐重量轻的找出来？

答案：

把10筐苹果按1~10编上号，按每筐的编号从里面取出不同数量的苹果，如编号为1的筐里取1个，编号为5的取5个，共（1+10）×10/2 = 55个。如果每个苹果的重量都是1斤，一共应该是55斤。由于有一筐的重量较轻，所以不可能到55斤，只能在54~54.9斤。如果称量的结果比55斤少x两，重量较轻的就一定是编号为x的那筐。实际上，为了称量的方便，第十筐的苹果也可不取，一共取45个，最多45斤。如果称得的结果正好是45斤，说明第十筐是轻的。否则，少几两，就是编号为几的筐的苹果是轻的。

胎教贴心话

准妈妈如果知道答案了，不妨去考一考准爸爸，看他能不能猜得出。这样的话题能让夫妻之间有更多趣味。

第178天

和胎宝宝一起晒太阳

在阳光不错的日子里，尤其是气温也合适的时节，准妈妈一定要去晒晒太阳，顺便给胎宝宝来个抚摸胎教，又惬意又有益身心。

晒太阳可以促进维生素D合成

长期以来，人们大多忽略了维生素D对胎宝宝大脑健康发育的作用，其实，准妈妈要经常晒晒太阳，这样才能促进体内维生素D的合成，对胎宝宝大脑健康大有裨益。

边晒太阳边轻柔抚摸肚子

如果条件合适，准妈妈不妨到阳台或是窗前，注意要打开玻璃窗户，还可以去户外晒晒太阳，在晒太阳前，准妈妈可以轻拍一下肚皮，告诉胎宝宝："宝宝，妈妈和你一起去晒太阳喽。"

在晒太阳的过程中，准妈妈可以一边看书或听音乐，一边轻轻抚摸胎宝宝，全方位激发胎宝宝的感受，刺激听觉、触觉、视觉的发展。如果胎宝宝感受到了外界的活动，会轻轻地蠕动起来，缓慢而有节奏，准妈妈可以明显感觉到胎宝宝的动作。

胎教贴心话 季节对晒太阳的影响很大，尤其是夏季，准妈妈要避免阳光暴晒和直晒，并减少晒太阳时间，否则强烈的紫外线不但会加深色斑，还容易使准妈妈中暑，夏季晒太阳时可以尽量在树荫下，穿上透气、遮体的长袖、长裤。

第179天

语言胎教：诗歌《要怀着希望》

和阅读一样，朗诵诗歌也是一个提升自己的方式。一些经典的好诗都是经过时间筛选而来的，是诗人生命、生活、品格、思想的体现，准妈妈在孕期如果看到好诗歌，不妨饱含感情地朗诵一下，读诗的时候，获得体验，获得共鸣，也就提升了自己。

要怀着希望

你懂得生活吗？你懂。

你要它重复吗？你正在原地徘徊。

坐下，不要总是回首往事，要向前冲！

站起来，再挺起胸，这才是生活。

生活的道路啊，难道只有额头的汗水，身上的荆棘，仆仆的风尘，心中的痛苦，而没有爱情和早晨？

继续，继续攀登吧，咫尺即是顶峰。

别再犹豫了，站起来，挺起胸，岂能放弃希望？

你没觉得吗？你耳边有一种无声的语言，

它没有语调，可你一定听得见。

它随着风儿，随着清新的空气，

掀动着你那褴褛的衣衫，

吹干了你汗淋淋的前额和双颊，

抹去了你脸上残存的泪斑。

在这黑夜即将来临的傍晚，

它梳理着你的灰发，那么耐心，缓缓。

挺起胸膛去迎接朝霞的蓝天，

希望之光在地平线上已经冉冉升起。

迈开坚定的步伐，认定方向，信赖我的支持，

迅猛地朝前追去……

——西班牙 阿莱桑德雷·梅洛

胎教贴心话 准妈妈朗诵诗歌可以让胎宝宝受益，诗歌的美丽、感染力都能让胎宝宝的美学修养、性格得到提升和完善。

第180天

音乐胎教：《春之歌》

《春之歌》创作于1842年6月，是德国作曲家门德尔松著名的钢琴曲集《无歌词集》中最为著名的一首，不仅用于钢琴独奏，还被改编成管弦乐曲以及小提琴和其他乐器的独奏曲而广为流传。

创作背景

当时门德尔松正在英国伦敦，在初夏晚春的坎伯韦尔大草坪附近，他写下了这首风一般悠扬的名曲。

乐曲赏析

《春之歌》描写了大地回春，万物苏醒的蓬勃气象。主旋律绚丽多姿、委婉迷人，串串音符犹如飘飞的花絮，展现出春光的明丽与妩媚。而伴奏部分那流畅跃动的琶音，仿佛淙淙溪水，款款流过，更烘托出春的意境与活力。与主旋律相伴，还有一支旋律意在刻画人们置身于春色之中激动兴奋的心情，它装束在《春之歌》的中间部分，使这幅春色画图更增添几许纷纭与迷离，让人产生一种心旷神怡的愉悦感和一种春深似海的神秘感。

这首乐曲的结尾再现了明媚如歌的主旋律，又回顾了激荡兴奋的惜春之情。在寂静安恬的气氛中，音乐渐渐弱下来，消逝在无尽的春光之中。含蓄而平静的终止，给人以余韵未绝、意蕴愈深的奇妙联想，使《春之歌》仿佛获得永恒的生命。准妈妈在听这首歌的时候，一定会被它流水般轻柔的浪漫旋律所吸引，而被带入一种快乐的气氛中去。

第181天

语言胎教：星星的小秘密

夜晚来临了，大家都困了，要睡觉了。太阳把热量收起来，这样就会让自己睡得暖暖和和的。月亮把身子变成弯弯的船一样的摇篮，自己摇着自己入睡。风儿呢，把自己吹成细细的一卷，这样就不会到处乱飘，就可以安稳地睡了。

星星也困了，也好想睡觉，可是它总是不睡，只是一个劲儿地眨着眼睛，想把睡意赶走。星星困了为什么不睡呢？

原来，它是为了一朵花，一朵小小的丁香花。那朵小小的丁香花实在是太小、太不起眼了，它只敢在晚上开放。到了晚上，小小的丁香花悄悄地打开薄薄的花瓣，伸出细细的花蕊，静静地开了。

星星静静地看着它，把星光洒在小小的丁香花的身上，它看上去好美呀！

终于有一天，星星对小小的丁香花说："你是顶漂亮的呀，身上还有淡淡的香味呢！"小小的丁香花听到了朋友的夸赞，开心地笑了……

夜很深很深了，星星没有睡，它在天上陪着小小的丁香花。小小的丁香花也没有睡，它准备在天亮以后的阳光里，在星星甜甜的梦乡里，勇敢地绽放自己的美丽……

胎教贴心话 室内养花有怡情养性的作用，但并非所有花木都适宜室内栽种。四季常青的花木如吊兰、文竹、万年青、仙人掌、龟背竹、常青藤等，准爸爸妈妈可以选择在室内养，但丁香、夜来香等最好不要放在室内，它们在夜间能散发出刺激嗅觉的微粒，对准妈妈影响不好。另外，郁金香的花朵有毒碱，过多接触易使人毛发脱落，也不宜放在室内。

第182天

准爸爸胎教：做美味鲜榨果蔬汁

自制果蔬汁既营养又好消化，对于不喜欢吃水果或蔬菜的准妈妈来说，喝上一杯葡萄汁或胡萝卜汁是一种获得维生素、矿物质的简单方法，而且自制果蔬汁比市场上卖的果汁干净、便宜，准爸爸闲来无事的时候，不妨给准妈妈榨上一杯。

胡萝卜草莓汁

原料 胡萝卜1个，草莓10颗，冰糖少许。

做法

1. 将胡萝卜切成可放入榨汁机的大小，草莓洗净去蒂。
2. 将草莓、胡萝卜加少量凉开水榨成汁。
3. 将做好的果菜汁倒在杯中，加入少许冰糖即可。

黄瓜猕猴桃汁

原料 猕猴桃1个，黄瓜半根，蜂蜜适量。

做法

1. 猕猴桃去皮切成块；黄瓜洗净切成丁。
2. 将猕猴桃块和黄瓜丁一同放入榨汁机中，倒入适量的凉开水，搅拌1分钟左右。
3. 将搅拌好的汁液倒入杯中，调入蜂蜜即可。

苹果菠萝汁

原料 菠萝50克，苹果1个。

做法

1. 将菠萝去皮，切成小块；苹果洗净，去皮、去籽后切块。
2. 将切好的菠萝、苹果放入榨汁机中，加少量凉开水榨成汁即可。

胎教贴心话 鲜榨果蔬汁现榨现喝营养更丰富，准爸爸要记得不是什么水果蔬菜都能榨出美味的果蔬汁哦，选择甜味的果蔬，口感会更好。

27 WEEKS

第183天

本周变化：有自己的睡眠周期了

与刚怀孕时相比，此时的胎宝宝已经成长得让你惊叹，他开始形成自己的睡眠周期，甚至开始做梦了！在他小小的梦里，会是怎样一个奇幻的世界呢？

动作更加协调的胎宝宝

本周胎宝宝从头到脚的长度有36~38厘米，体重900~1000克了。随着更多大脑组织的发育，胎宝宝现在的大脑变得非常活跃了，并能发出命令控制全身机能的运作和身体的活动，他能很熟练地吸吮自己的手指了。

开始形成自己的睡眠周期

胎宝宝的神经系统和感官系统的发育也较显著，他已经具备了视神经功能，能感觉到昼夜黑白的变化，同时有了比较原始的睡眠周期，他此时对昼夜的分辨是靠激素来完成的，而且由于有了睡眠周期，他很可能会做梦了。你可以适当地引导，培养胎宝宝的作息规律。

睾丸开始下降

如果是男宝宝，他的睾丸开始下降到阴囊中，这个过程大概需要2~3周，有时候，直到宝宝出生后可能还有睾丸位置不正常的问题，不要担心，未下降进入阴囊的睾丸通常会在1岁之前自行进入。

胎教贴心话 随着胎宝宝开始填满子宫，准妈妈的肚子会变得更大，行动也不方便起来，在做任何事情时都要小心，尤其是身体不太好的准妈妈，不可活动过度，以免发生早产。

第184天

趣味猜谜让心情更好

在孕期由于身体变得笨重，很多准妈妈身上犯懒，脑子更懒，这对胎宝宝的发育是不利的，准妈妈要有意识地多动脑子，来猜一猜有趣的谜语吧，这不仅会让准妈妈神清气爽，也会让胎宝宝格外聪明。

谜面

1.准妈妈出门去。（打一成语）
2.一个人被刷成了金色。（打一成语）
3.羊的肠子一定很短。（打一成语）
4.有十只羊，九只蹲在羊圈，一只蹲在猪圈。（打一成语）
5.帽子脏了翻过来再戴。（打一成语）
6.小白长得非常像他哥哥。（打一成语）
7.狗过了独木桥就不叫唤了。（打一成语）
8.羊屏住了呼吸。（打一成语）
9.哪一种蝙蝠不用休息？（打一成语）
10.一群鸭子开会。（打一成语）
11.一个人拿筷子吃饭。（打一成语）
12.一群人拿鸡蛋砸枪。（打一成语）
13.搬建中的钢琴。（打一成语）
14.哪一种蛇有很多嘴巴？（打一成语）

谜底

1. 挺身而出；2. 一鸣惊人（一名金人）；3. 扬长避短（羊肠必短）；4. 抑扬顿挫（一羊蹲错）；5. 张冠李戴（脏冠里戴）；6. 真相大白（真像大白）；7. 过目不忘（过木不汪）；8. 扬眉吐气（羊没吐气）；9.不修边幅（不休蝙蝠）；10. 无稽之谈（无鸡之谈）；11. 脍炙人口（筷至人口）；12.枪林弹雨（枪淋蛋雨）；13. 一见钟情（移建中琴）；14. 七嘴八舌（蛇）。

胎教贴心话

猜谜时，准妈妈可以想象自己正在和胎宝宝对话，全情投入，就如同胎宝宝在问自己各种千奇百怪的谜语，准妈妈要思考后告诉胎宝宝答案，并且要问胎宝宝：“宝宝，妈妈答得对吗？”这样会让动脑变得更加有意思。

第185天

音乐胎教：《小狗圆舞曲》

《小狗圆舞曲》是大作曲家弗雷德里克•弗朗索瓦•肖邦的作品。肖邦是波兰作曲家和钢琴家，是欧洲19世纪浪漫主义音乐的代表人物，也是历史上最具影响力和最受欢迎的钢琴作曲家之一。肖邦一生专为钢琴写作，他的作品体裁多样、内涵深刻、充满诗意，被人们称为“钢琴诗人”。他的圆舞曲不仅优雅、高贵、华丽，而且通俗易懂，为人们所喜爱。

创作背景

传说肖邦的友人乔治•桑喂养着一条小狗，这条小狗有追逐自己尾巴团团转的“兴趣”。肖邦依照乔治•桑的要求，把“小狗打转”的情景表现在音乐上，作成了这首乐曲。乐曲以快速度进行，在很短的瞬间终了，因此又被称为《瞬间圆舞曲》或《一分钟圆舞曲》。

乐曲赏析

降D大调圆舞曲（“小狗”）（作品64之1）作品64号共有三首圆舞曲，是肖邦在世时最后发表的圆舞曲。其中第三首（降D大调，即本曲）为肖邦圆舞曲中最著名的一首，俗称为《小狗圆舞曲》。

全曲为简单的三段体。在四小节序奏后，主旋律以反复回转的形态出现，其速度之快令人“耳”不暇接，中段则是甜美而徐缓的旋律，与第一段的急促形成鲜明的对立，第三段为第一段之反复。

肖邦的圆舞曲是在钢琴上的“舞蹈”。肖邦天才地综合了大众的习俗和个人的趣味——他的圆舞曲既能尊重大众的习俗，又能表现精致典雅的品质，既是通俗的，也是精美的，可谓雅俗共赏。

胎教贴心话

准妈妈在给胎宝宝听音乐之前，可用手轻压胎宝宝肢体或轻拍胎宝宝告诉他：“现在开始聆听了，宝宝要静静地听哦。”让他做好准备后再开始。

第186天

语言胎教：用英语跟胎宝宝交谈

由于胎宝宝对声音已经具有了记忆的能力，因此，英语口语好的准妈妈如果在怀孕的时候经常与胎宝宝说英文，收效会更好。

跟胎宝宝说一些简单的英语

准妈妈可以讲一些很简单的英语，例如："This is Mommy" "It' s a nice day" "Let' s go to the park" "That is a cat"……将自己看见、听见的事情，以简单的英语对胎宝宝说话。

此外，准妈妈还可以用已经替胎宝宝取好的名字与其进行"交谈"，例如："Lisa， I am your Mommy and I love you so much！" "Johnny， you are my lovely baby and I will try to give anything that you like！"

口语不好的准妈妈可以借助音像制品

有的准妈妈觉得自己的英文能力有限、发音不够标准，或者觉得在"非英语为母语"的环境中实行英语胎教有一定困难，那么也可以选择一些句型简单、内容健康、重复性高的英文音像制品，借助它有趣的内容、清晰的发音、活泼的气氛，同样可以起到很好的效果。

胎教贴心话 除了英语，准妈妈用本土语言（比如四川话、上海话、广东话）和胎宝宝说话，也可收到异曲同工的效果。因为胎教的作用，就是让胎宝宝及早对身边的声音有所认识。

第187天

好节目推荐：《人与自然》

如今在城市中生活的人，很少有机会去领略真正的自然风光，也无法真正了解人与自然到底发生着怎样的关系。但自然是人类最重要的东西，大自然给人类提供了得以生存的空气和水，同时还给人类带来了美的感受，准妈妈了解自然、亲近自然能给胎宝宝传递更多美好的信息。

通过节目欣赏大自然的美景

《人与自然》是中央电视台一个以“讴歌生命，关注环境”为定位的栏目，主要介绍动植物和自然知识，探索人与自然之间的相互影响、相互作用，探讨社会、经济、生态协调发展和可持续性发展的有效途径，融欣赏性、知识性和趣味性于一体，雅俗共赏，思想和文化品位很高。

《人与自然》的播出长度为30分钟，具体时间还应以电视台当时的时间为准。

给准爸爸的贴心提示

准爸爸可以找一期欣赏性、趣味性比较高的节目，尽量避开以动物为主的，尤其是凶猛动物如狮子、豹、蛇、鳄鱼等，主要找几期以美丽的自然风光以及植物为主的节目，然后陪准妈妈一起看，只要选择合适的主题，这个节目可以为准妈妈带来很大的美感享受，而且可以调动准妈妈的求知欲。

胎教贴心话 准妈妈看电视的时间不宜过长，看完电视记得洗脸。

第188天

语言胎教：故事《拔萝卜》

给胎宝宝阅读童话故事不仅能帮助准妈妈自己放松心情，也可以无形中练习胎宝宝的听力。今天，给宝宝讲一个有趣的故事吧。

拔萝卜

从前有个白胡子老爷爷，在地里撒了一颗萝卜种子，过了一段时间萝卜种子长出了萝卜苗，后来萝卜苗下又长出了萝卜根，萝卜越长越大，老爷爷高兴极了。

到了萝卜成熟的季节，老爷爷带着铁锹来挖萝卜，老爷爷挖呀挖，怎么也挖不出来，老爷爷用手抓着萝卜缨子，拔呀拔呀拔，也还是拔不出来。

老爷爷叫来了老奶奶，老奶奶拉着老爷爷，老爷爷拉着大萝卜，拔呀拔呀拔，还是拔不出来。

老奶奶叫来了小姑娘，小姑娘拉着老奶奶，老奶奶拉着老爷爷，老爷爷拉着大萝卜，拔呀拔呀拔，还是拔不出来。

小姑娘叫来了小花狗，小花狗拉着小姑娘，小姑娘拉着老奶奶，老奶奶拉着老爷爷，老爷爷拉着大萝卜，拔呀拔呀拔，还是拔不出来。

小花狗叫来了小花猫，小花猫拉着小花狗，小花狗拉着小姑娘，小姑娘拉着老奶奶，老奶奶拉着老爷爷，老爷爷拉着大萝卜，拔呀拔呀拔，还是拔不出来。

小花猫叫来了小老鼠，小老鼠拉着小花猫，小花猫拉着小花狗，小花狗拉着小姑娘，小姑娘拉着老奶奶，老奶奶拉着老爷爷，老爷爷拉着大萝卜，拔呀拔呀拔，大萝卜终于拔出来啦，所有的人都摔了个前仰后翻。

大家一起帮老爷爷把大萝卜抬回了家："哟嘿！哟嘿！哟嘿……"

胎教贴心话

讲故事的过程中，准妈妈一定要记得将故事转化成画面在脑海中再现，这样，更容易被胎宝宝接收到。

第189天

营养胎教：补充蛋白质

怀孕之后的准妈妈，蛋白质的需要量需增加，才能满足胎宝宝生长的需要。通常，机体对蛋白质的需求是随着妊娠期的延长而增加的，在怀孕的早、中、晚期，准妈妈每天应分别额外增加蛋白质5克、15克和20克。

充分摄入蛋白质

如果蛋白质摄入不足，会导致准妈妈体力下降，胎宝宝生长变慢，而且准妈妈产后身体常出现恢复不良，乳汁稀少，对母子身体都不利。

因此，准妈妈应根据不同时期的需要，合理摄入蛋白质。怀孕晚期准妈妈需要贮备一定量的蛋白质，以供产后的乳汁分泌。

蛋白质含量丰富的食物

鸡蛋、猪瘦肉、鸡肉、兔肉、牛肉、鱼类、豆制品、小米、豆类等均含丰富蛋白质。

不过准妈妈需要注意，必须增加优质蛋白质的摄入量，即多食鱼、蛋、奶及豆类制品。相比较而言，动物性蛋白质在人体内吸收利用率较高，而豆和豆制品等植物性蛋白质吸引利用率较低。

补充蛋白质食谱推荐

鱼粒虾仁

原料 净鱼肉100克，虾仁100克，荸荠100克（若无可不用），玉米粒50克。

调料 鸡汤30毫升，淀粉、盐各适量。

做法

1 将净鱼肉切成丁（即鱼粒），虾仁洗净，均加少许淀粉拌匀；荸荠洗净，去皮，切丁。

2 锅中热油，放入鱼丁和虾仁炒散，再放入鸡汤和荸荠，加盐调味，炒至荸荠呈半透明时放入玉米粒翻炒均匀即可。

功效 鱼和虾都是优质蛋白质的来源，既清淡又美味，非常适合准妈妈的营养和口味需求。

胎教贴心话 有的准妈妈害怕孕期蛋白质不够，所以选择补充蛋白质粉，其实，如果身体健康、营养良好，是不需要额外补充蛋白质粉的，食用蛋白质粉过量可能会导致胎宝宝超重，不利于自然分娩。

第190天

本周变化：内脏系统构造几近完善

到了这一阶段，胎宝宝大脑正在飞速发育，感官器官有了进一步的发展，嗅觉形成，味觉完善，听觉还在继续发育，准妈妈的声音、准妈妈的味道，都成了胎宝宝最初的记忆。

活动空间逐渐变小

胎宝宝头到脚约为37.6厘米长，体重可以达到1000~1200克，他的脂肪层在继续积累，为出生后在子宫外的生活做准备。胎宝宝现在几乎占满了整个子宫，活动的空间将越来越小，但你更容易感觉到他的活动，是在踢还是在转动，你都可以明显感觉到。

形成听觉和嗅觉记忆

胎宝宝的耳朵神经网已经完成，听觉得到了进一步的发展，还有胎宝宝的嗅觉形成，会逐渐记住妈妈的味道，这些都是宝宝出生后寻找妈妈的最基本依据。而且，胎宝宝的记忆能力可更好地帮助胎教，你不时传递给胎宝宝的信息，可最大限度地开发胎宝宝的学习潜能。

肺部继续完善

胎宝宝的内脏系统构造已经几乎与新生儿无异，功能也在快速发育，但肺叶尚未发育完全，如果现在出生，还需要借助一些医疗设备进行呼吸。因此，保护胎宝宝的安全十分重要。

胎教贴心话 过完这周，准妈妈就正式步入孕晚期了，在孕晚期，准妈妈需要每两周做一次产前检查，确保自己及胎宝宝的安全。

第191天 教胎宝宝认识图形

准爸爸准妈妈与胎宝宝的每次互动都是交流手段，胎宝宝从父母的言行、感受中默默地学习。

和胎宝宝一起认识图形

准爸爸准妈妈不妨用自己的言行和想象来教胎宝宝认识一下各种图形，胎宝宝对图形的认识可以强化他的空间感，将来他能更快地适应环境。

图形与生活结合效果更好

图形学习的重点是将学习内容融入生活中去，准妈妈先在脑中将图形视觉化，然后用生活中存在的东西来进行描述，这样的效果是最好、最生动的。

举个例子，要认识正方形，准妈妈可以先找一找身边哪些实物是正方形的，然后再为胎宝宝描述，可以先引导胎宝宝发现这样一些东西，如："宝宝，你看咱家的桌子是方的，看上去就是个正方形，还有什么和桌子长得像呢？"然后和他一起寻找，"噢，还有坐垫、窗子、本子、电脑……"

在打算将看到的东西传达给胎宝宝时，一定要在头脑中成像，传递给胎宝宝，然后用温柔的语言说给他听："宝宝，这些都是正方形。"同时，还可以用手描这个图形的轮廓，这样胎宝宝就能更好地认识正方形了。

认识图形最好循序渐进

在教胎宝宝认识图形时，最好一步一步来，可以先学完正方形、长方形、正三角形、圆形、半圆形、扇形、梯形、菱形等平面图形，然后再认识立方体、长方体、球体等。

当然，如果让胎宝宝先认识正方体也没什么问题，只要准爸爸准妈妈能和胎宝宝度过愉快的互动时光，先认识什么后认识什么都是次要的。

胎教贴心话 在认识图形时，可以动手将图形、物体画出来，或者结合积木与生活进行联想，比如用积木搭出一个电视机等，更加有乐趣，而且对认识图形会有帮助。

第192天

语言胎教：初次离开妈妈的小黄鹂

一只小黄鹂第一次离开妈妈，自己外出捕虫。

当小黄鹂飞了一天，疲倦地回到家里时，妈妈问他都看到和听到了些什么。

小黄鹂说："除了虫子，我什么也没看到。"

妈妈失望了，说："我们不是光为了虫子而生活的。"

小黄鹂第二天又疲倦地飞回来了。

妈妈问他看到和听到了些什么。

小黄鹂说："我看到一只老白头翁真可怜，她老得已经不能捕虫了，我把捕到的虫子送给了她。"

"我还看到一只小百灵鸟，她的歌声真好听，我听了半天。我想，将来我也许会唱得比她更好听的。"

妈妈高兴极了，她说："你开始懂得怎样生活了!"

胎教贴心话

"我们不是光为了虫子而生活的"，黄鹂妈妈的话饱含了一位母亲的期待。是啊，生活并不是只为了活着而活着，而应该有丰富广阔的天地，有梦想、有爱心，可以做许许多多喜欢的事情，准爸爸妈妈也应该让胎宝宝体会到更多的生活美妙之处。

第193天

艺术胎教：电影《音乐之声》

电影简介

导演：罗伯特•怀斯

编剧：恩斯特•莱赫曼

主演：朱丽•安德鲁斯/克里斯托弗•普卢默/Richard Haydn/Angela Cartwright / Nicholas Hammond

语言：英语

片长：174 分钟

电影赏析

我们喜欢看童话，也喜欢童话的结局是这样的：从此，王子和公主还有孩子们过着幸福的生活。《音乐之声》就讲述了这样一个美丽的故事。

玛利亚是一个年轻活泼的修女，喜欢在大自然下高声歌唱，她身上散发着真善美，感染着孩子们以及她的爱人。

风景如画也是这个影片的一大特色，电影取景于奥地利萨尔茨堡，这是莫扎特的故乡，当镜头伴着音乐掠过奥地利的山脉、河流、民居和草原，最后来到那片壮丽的阿尔卑斯山脉上时，相信没有人会不惊叹，幽幽绿草地上，修女玛利亚远远地奔来，展开双臂高唱：“我的心像小鸟一样，从湖边向森林中展翅飞翔，我像小雀日日夜夜在高声歌唱，当寂寞时候我就来到山岗……”

音乐也是使这部影片成为经典的一大原因，多年以后，也许我们对电影的情节、内容已不再有清晰的记忆，却依然能想起它的乐曲。

胎教贴心话

片中的音乐都已成为今天的经典，比如《哆来咪》《孤独的牧羊人》《雪绒花》《音乐之声》等，准妈妈要是喜欢电影中的音乐，可以在网上下载了播放，这些都是经典的、令人回味无穷的好音乐。

第194天

手工胎教：捏个泥娃娃

今天教准妈妈捏一个可爱的小娃娃，可以给孕期生活增添不少情趣哦。

需要准备的东西

橡皮泥。

手工步骤

1 用黑色的橡皮泥捏出娃娃的头发、眉毛、耳朵、圆圆的小眼睛和嘴巴。

2 用肉色的橡皮泥搓一个小圆球做娃娃的头部，然后粘上头发、眉毛、耳朵、眼睛和嘴巴。

3 用个红色的橡皮泥搓一个大一些的圆球做娃娃的身体部分，将上面搓尖。

4 在身体尖的部分插上火柴棒或者牙签，然后将头部插上固定住。

5 稍作休整，安装完成。

儿歌：泥娃娃

泥娃娃，泥娃娃
泥呀泥娃娃
也有那眉毛也有那眼睛
眼睛不会眨
泥娃娃，泥娃娃
泥呀泥娃娃
也有那鼻子也有那嘴巴
嘴巴不说话
她是个假娃娃
不是个真娃娃
她没有亲爱的爸爸也没有妈妈
泥娃娃，泥娃娃
泥呀泥娃娃
我做她爸爸我做她妈妈
永远爱着她

第195天

做一做数字小游戏

准妈妈来做一个填数字的小游戏吧，培养胎宝宝的数学思维能力。

1.如下图，把3、4、6、7四个数填在四个空格里，使横行、竖行三个数相加都得14。怎么填？

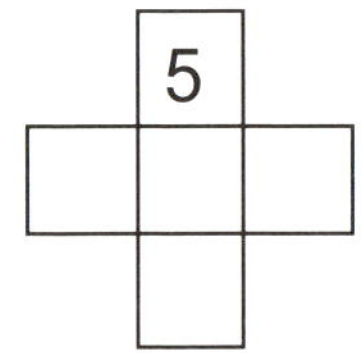

2.将下面左边方格中的9个数填入右边幻方中，使每一行、每一列、每条对角线中的三个数相加的和相等。

6	6	6
8	8	8
10	10	10

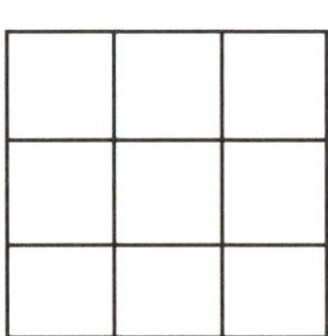

3.将9个连续自然数填入3×3的方格内，使每一横行、每一竖行及两条对角线的3个数之和都等于60。

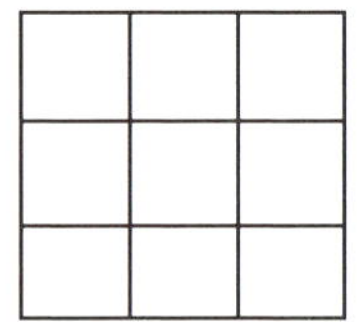

答案：

1.

	5	
4	3	7
	6	

2.

6	10	8
10	8	6
8	6	10

3.

17	24	19
22	20	18
21	16	23

胎教贴心话 不喜欢数学的准妈妈也常常会因为这样的游戏，生出无穷的趣味，如果准妈妈不喜欢数学，为了宝宝，孕期更要多多玩这样的小游戏哦。

第196天

营养胎教：帮助大脑发育的食物

孕7月，胎宝宝大脑发育很迅速，不仅重量增加，而且脑细胞的数量也迅速增加。多吃有利于大脑发育的营养食物可以让胎宝宝大脑发育更充分。

有利于胎宝宝脑部发育的食物

营养素	促进智力发育的原因	含此营养素的食物
锌	锌对促进智力发育作用重大，智力的物质基础是大脑中的神经细胞，而锌可以促进脑神经细胞核酸的复制与蛋白质的合成。	一般说来，动物性食物含锌较植物性食物为多，含锌量高的食物有牡蛎、扇贝、海螺、海蚌、动物肝、禽肉、瘦肉、蛋黄及蘑菇、豆类、小麦芽、干酪、海带、坚果等。
DHA	DHA是一种多不饱和脂肪酸，为胎宝宝脑神经细胞发育所必需。脑营养学家研究发现，DHA、胆碱、磷脂等是构成大脑皮层神经膜的重要物质，是贮存与处理信息的重要结构。DHA是人脑营养必不可少的高度不饱和脂肪酸，能维护大脑细胞膜的完整性，并有促进脑发育、提高记忆力的作用。	富含天然亚油酸、亚麻酸的核桃仁等坚果摄入后经肝脏处理能合成DHA。此外，海鱼、鱼油等也含有DHA，可以选食。当然，必要时遵医生嘱咐补充些DHA制剂也是可以的。
叶酸	准妈妈补充足量的叶酸，可明显降低神经管畸形，使无脑儿与先天性脊柱裂发生率大大下降。	富含叶酸的食物有红苋菜、菠菜、生菜、芦笋、豆类、动物肝及苹果、柑橘、橙汁等。

胎教贴心话

由于饮食和地域习惯的影响，不少准妈妈无法获得均衡的营养。有条件的准妈妈也可每天喝上一杯专为孕妇研制的配方奶粉，以获取均衡营养，满足胎宝宝大脑发育的需求。不过喝孕妇奶粉的同时，就不要再补充牛奶了。

PART 8

孕8月 努力发育成完美宝宝

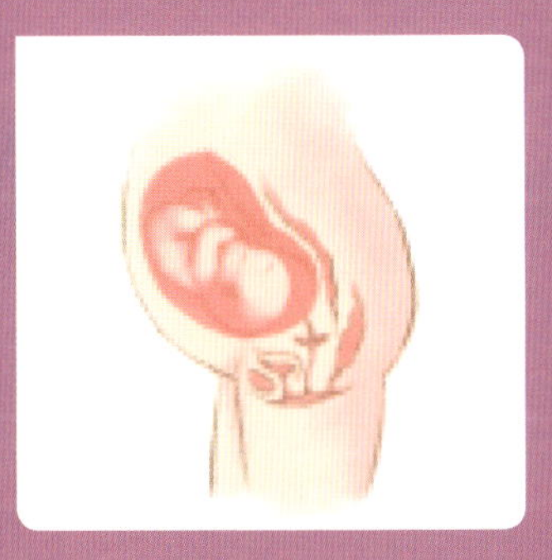

准妈妈可能会觉得挺着大肚子难看，其实女人“大肚子”时是最美丽的，骄傲地挺起你的大肚子，好好享受作为准妈妈的时光吧，胎宝宝最爱自信又美丽的妈妈。

29 WEEKS

第197天

本周变化：身体变得更圆润

从今天开始，准妈妈就正式进入孕晚期了，胎宝宝会在孕晚期迅速发育，让自己变得更圆润。

体重继续增加

本周，胎宝宝头臀长（坐高）26~27厘米，身长38~43厘米，体重会达到1300多克，开始充满整个子宫了。他的皮下脂肪正在增多，小身体变得更圆润，看上去十分可爱。胎宝宝还在努力，从现在到出生前体重至少还要长1000克左右。

头部还在增大

胎宝宝大脑还在持续发育，现在，有数十亿的脑神经细胞正在形成，他从外界获得的刺激（比如你的声音）会传达到大脑，让大脑做出相应反应。头部随着大脑的发育还在增大，相对全身其他部位，头部也比较重，开始显得头重脚轻，这也是大多数的胎宝宝在最后固定胎位时自然采取头朝下的体位的原因。

眼睛开始追溯光源

胎宝宝的感官能力提高了，他可以感觉到光线，当有光线进入子宫，大脑发出指令，他能跟着光线转动他的眼睛了。

胎教贴心话 从这周开始，准妈妈需要每2周进行一次产检，职场准妈妈要协调好产检和工作的关系。

第198天

语言胎教：故事《母狼高司普和狐狸》

格林童话里很多故事经典隽永，今天，准妈妈给胎宝宝读一个生动的小故事吧。

母狼高司普和狐狸

母狼生了一只小狼，于是请来狐狸当教父。它说："总之，狐狸是我们的近亲，见多识广而且头脑聪明；它能教好我儿子，帮它在世界上生存。"狐狸装得很诚实地说："亲爱的高司普太太，感谢你对我的尊敬，我也要同样对待你，不辜负你的期望。"在宴席上，它非常高兴地尽情大吃，然后对狼妈妈说："亲爱的高司普太太，我们有责任让孩子们吃得好吃得饱，这样他们才能长得结实强壮。我知道有个羊圈，我们可以轻而易举地搞到一块肥肉来。"狼一听，觉得不错，于是跟着狐狸来到农庄。它指着远处的一群羊说："你可以轻易地悄悄溜进去，我到另一边看看能不能抓只鸡回来。"其实它没去另一边，而是在森林的入口处坐了下来，伸直了腿脚休息。

母狼爬进羊圈，里面一只狗狂叫起来。农夫听到了跑出来，逮住了母狼高司普，而且将一盆准备用来洗衣服的强碱性的水泼在了它身上。母狼总算逃出来了，那只狐狸却假装很哀伤地说："哦，亲爱的高司普太太，我真是不幸。农夫抓住了我，把我所有的脚指头都打断了。如果你不愿意看着我躺在这里死去，那你就背我回去吧。"母狼尽管自己也只能慢慢地走，可它很关心狐狸，把它驮到了背上，把这个没病没痛的教父背回了家。这时，狐狸对母狼说："再见，亲爱的高司普太太，愿你吃上一顿精美的烤肉。"它开心地笑着走了。

——选编自《格林童话》

胎教贴心话 胎宝宝喜欢听故事，更喜欢听生动有趣的故事，在准妈妈的子宫里，胎宝宝并不寂寞，他靠触觉，尤其是靠听觉与外界保持着联系，整个世界的声音都对他有着强烈的吸引力。

第199天

语言胎教：小蛋壳的故事

“噼噼啪！”小蛋壳裂开了，钻出一只毛茸茸的鸡宝宝。鸡妈妈带着鸡宝宝去散步。刮风了，鸡妈妈张开大翅膀，鸡宝宝赶快钻进去。这是它的新家。

小蛋壳有点儿孤单。“现在我不是鸡宝宝的家了。对了，我再去找一个小宝宝，做它的家。”它咕噜咕噜滚走了。

一只蜜蜂在采花粉。“蜜蜂宝宝，我做你的新家吧！”“谢谢你，小蛋壳。我不是蜜蜂宝宝，我是蜜蜂阿姨。我的家在大树上，那个圆圆的蜂巢就是我的家。”

一只蚂蚁在拖虫子。“蚂蚁宝宝，我做你的新家吧！”“谢谢你，小蛋壳。我不是蚂蚁宝宝，我是蚂蚁姐姐。我的家在田埂上，那个小小的泥洞就是我的家。”

一只小青蛙在唱歌。“青蛙宝宝，我做你的新家吧！”“谢谢你，小蛋壳。我不是青蛙宝宝，我是青蛙哥哥。我的家在前面的小池塘里。”

一只小蜗牛在散步。“蜗牛宝宝，我做你的新家吧！”“谢谢你，小蛋壳。我有家呀，你看我的家在背上呢。”

谁也不要它，小蛋壳有点儿难过。一只金龟子路过这里。“太好啦，我的宝宝正缺个摇篮，这只蛋壳做摇篮刚刚好！”金龟子衔来一片花瓣铺在小蛋壳里面。多舒服呀！

“快快睡，小宝贝。”金龟子向睡在蛋壳摇篮里的小宝宝唱起了歌。小蛋壳听着听着，也睡着啦。

胎教贴心话 这是一个温馨有爱的故事，小蛋壳最终找到了适合的归宿，在金龟子妈妈的歌声中甜甜地睡去了。家是甜蜜的港湾，无论工作多么劳累，回到家里，家人的关爱都会让人消除疲劳感，睡上一个美美的安稳觉。

第200天
准妈妈尽量少去公共场合

到孕晚期，准妈妈尤其要避免经常去公共场所，如商场、农贸市场、游乐公园等，这些地方的特点对胎宝宝有较为不利的影响。

人潮拥挤

公共场所一般都是人来人往，十分拥挤，稍不留神准妈妈的腹部就会受到挤压和碰撞，而且这种拥挤的感觉还会使得准妈妈情绪紧张。

氧气不足

公共场所人流量大，因此空气也异常浑浊，空气明显不如其他场所，长时间处在这种环境中，准妈妈很容易会感到胸闷、气短，这对胎宝宝脑部的发育不利。

疾病传染

公共场所中传染疾病的机会比一般场所要来得多，准妈妈的自身抵抗力下降，则更容易遭受细菌、病毒的侵害。尤其在传染病流行期间，准妈妈更不宜到公共场所溜达，一旦感染病毒对于准妈妈及正处于生长发育过程中的胎宝宝来说都是比较危险的。

噪声污染

许多公共场所有高音喇叭，各种车辆的轰鸣声和人的嘈杂声，对于准妈妈来说都是噪声，噪声会影响准妈妈的情绪，使体内分泌腺体功能紊乱，并出现精神紧张和内分泌失调，严重的情况下还可能使准妈妈血压升高、胎宝宝缺氧缺血，甚至导致胎宝宝早产。

胎教贴心话

如果孕期遇到亲朋好友婚丧嫁娶，准妈妈需要权衡利弊，如果没有心情去，可以委婉地推辞，因为这样的活动场面大、人员多，非常耗费精力。

第201天

适当做家务对母子均有益

在孕晚期，准妈妈可以在不疲劳的前提下，做一些力所能及的家务活，因为许多家务活并不劳累。

合理做家务的好处

适当做做家务不但可以锻炼身体，还可以调剂生活。合理地安排家务，既能融胎教于家务活中，又能使夫妻的生活规律舒适，何乐而不为？只要安排得当，家务活里的胎教活动是很丰富的，可以开展语言胎教，进行运动胎教等。

做家务时要注意的事情

1 准妈妈做家务要在力所能及的范围内，要掌握在不累、不搬动重东西、震动较小、不压迫腹部的范围内，比如煮米饭、收拾屋子、扫地等。

2 有条件的准妈妈应少进厨房，并尽可能把停留在厨房里的时间缩短，厨房里应保持良好的通风换气，需要下厨做饭的准妈妈，应该事先做好厨房的通风换气工作，在孕晚期尽量请家人帮忙。

3 洗菜、刷洗碗碟时尽量不要把手直接浸入冷水里，因过凉受寒有可能诱发流产。

4 洗衣服时用温水，而且用力不要过猛，姿势要稳，不要蹲着洗，因为蹲位可使胎宝宝受压，影响血液循环。晒衣服时动作要轻柔，不要向上伸腰，晒衣绳应放得低一些。

5 做任何家务都应该避免久站，做家务一段时间后休息一会儿，不可太劳累。

第202天 职场妈妈可以做的办公室小动作

准妈妈需要适当运动，如果在上班的话，可能没有太多的时间与空间来锻炼，可以试试做简单温和的孕妇体操，孕妇体操除有利于解除疲劳、增强肌力外，也可使胎宝宝的身心得到良好的发育。

孕妇体操运动项目是多种多样的，适合孕晚期的体操主要有坐的练习、足尖运动、踝关节运动等，这些动作很适合在办公室做。

坐的小动作

在孕期尽量坐在有靠背的椅子上，这样可以减轻上半身对盆腔的压力。坐之前，把两脚并拢，把左脚向后挪一点，然后轻轻地坐在椅垫的中部。坐稳后，再向后挪动臀部把后背靠在椅子上，深呼吸，使脊背伸展放松。这虽然不能算作一节操，但在孕晚期应练习学会“坐”。

运动脚踝

准妈妈端坐在椅子上，一条腿搁在另一条腿上，下面的脚平踏地面，上面腿的足尖伸直，踝关节以上不动，缓缓上下活动踝关节数次，然后将足背向下伸直，使膝盖、踝关节和足背呈一直线。两腿交替做上述动作。

动动脚尖

准妈妈端坐在椅子上，两足平踏于地，尽力上翘两足尖，翘起后再放下，反复多次，注意足尖上翘时，脚掌不要离开地面。

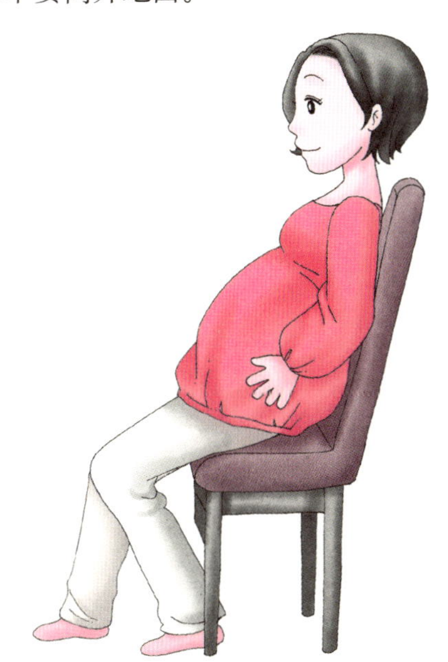

胎教贴心话 办公室准妈妈最好坚持每天有意识地做一些轻柔的动作，千万不要一直不动地坐在座位上，为了让自己有坚持下去的兴趣，每次做操都不要太累，不要勉强，如果可能的话，微微出汗时就可停止。

第203天
孕晚期尤其要注意浴室设备安全

浴室是洗澡和上厕所的地方，由于空间比较狭小，另外也比较潮湿，孕晚期准妈妈身体容易失去平衡，进入浴室尤其要注意安全，浴室的设备要事先检查妥当，对容易造成危险的地方做一些合理的安排。

防跌倒

浴室是家中最容易滑倒的地方，因为经常是湿滑滑的，一不小心就会有滑倒的可能，准妈妈跌倒更是危险，因此准妈妈洗澡首要的就是要预防跌倒。浴室的安全防滑设备必须完善，准妈妈每次洗澡之前，家人最好能将浴室清理一下，尽量做到以下几点：

1 在浴室地板上铺防滑垫，并定期清洗，以免藏纳太多污垢；

2 墙壁四周最好能安装一些比较稳固的扶手；

3 洗脸槽安装要稳固，这点很重要，以免情急之下准妈妈抓着洗脸槽；

4 买一个双层或三层的置物架，并固定稳妥，用来集中放置所有浴室小用品，如洗发水、沐浴乳、香皂盒、梳子、吹风机等；

5 准妈妈洗澡前，最好能先清理掉一些小杂物，例如椅子、盆子、篮子等，以免走动过程中发生不便或被绊倒。

可以使用浴霸等暖气设备吗

在长江以南一带，由于没有暖气供应，很多家庭在浴室装有浴霸，用来洗澡时取暖。许多准妈妈担心使用浴霸会不会有电磁辐射，会不会影响胎宝宝健康。

其实，浴霸的原理是用功率较高的灯泡来发热的，它的辐射频率只相当于手机的六十分之一，对于人体是比较安全的，准妈妈可以放心使用。只是需要注意浴霸的安全性能，尽量选择有质量保证的品牌，安装时按照说明书，不应离人体太近，尤其是准妈妈，太热对自己和胎宝宝反而不利。另外还必须注意通风，用浴霸后浴室内的空气湿度会很大，容易造成缺氧，所以使用时间也不能太长。

胎教贴心话 洗完澡要立即擦干头发及身体，将衣服（至少是贴身衣物）穿好后再走出浴室，以免浴室内外温差太大而着凉。

第204天

本周变化：肚皮上的小脚印

在这一周，胎宝宝的听觉发育已经大功告成了！这为胎教提供了极为有利的条件，你和准爸爸要坚持进行对话胎教，并把胎教内容安排得丰富而更有趣些。

几乎充满整个子宫

本周，胎宝宝头臀长（坐高）约27厘米，身长约44厘米，体重在1200~1500克。由于体型变大，几乎充满整个子宫，胎宝宝在子宫里的活动空间相对变小，但他还是比较好动，他甚至能在你变薄的子宫壁上踹出一个个小脚印呢。

听觉器官发育成熟

这一周，胎宝宝的听觉器官发育成熟，此时耳朵的结构基本上和出生时相同，他对声音的反应更灵敏，由声音引起的反应也更强烈。经过过去几个月的训练，他应该已经非常熟悉你的声音了。此外，他开闭自如的眼睛已经具有瞳孔反射了。

主要的内脏器官基本已经发育完全

在这一周里，胎宝宝的身体即将经历一个发育的高峰，胃、肠、肾等内脏器官功能可以媲美出生以后的水平，免疫系统也有了相应的发育。不过肺部还在分泌肺泡表面活性物质，在下周末才能基本发育完全。

胎教贴心话 准妈妈从本月开始要坚持计数胎动，每12小时在30次左右为正常，如果胎动变少应引起警觉，少于20次可能缺氧，少于10次则应及时就诊。

第205天

语言胎教：尾巴

在一片茂盛的森林里，动物们准备举行健美大奖赛。一只兔子和一只松鼠都想得冠军。

当它们相遇时，兔子看到松鼠那条又粗又长的大尾巴，觉得很时髦。松鼠看到兔子那条短尾巴，也觉得很精神、利索。它们彼此产生了爱慕之心。

于是兔子到树林中搜集各种鸟兽的毛，仿照松鼠的尾巴，编成了一条又粗又长的尾巴，绑在自己的短尾巴上，然后步履艰难地登上舞台。

同样，松鼠也剪去了长尾巴，摇摇晃晃地向台上蹦去，失去了以往的丰姿。

这时，大奖赛评委孔雀摇了摇头，露出惋惜的神态：“你们原本的尾巴都适合自身的特点：兔子尾巴短跑得快，如果有条像松鼠那样的长尾巴，你能跑得快吗？松鼠尾巴能起到平稳身体的作用，这样它才能在树上奔跑跳跃自如，而当它从树上跳下时，尾巴又起到降落伞的作用。你们舍弃自身的优点，追求别人的长处，真是太愚蠢了。你们俩都得不了冠军！”

第206天
语言胎教：趣味歌谣

一些朗朗上口的趣味歌谣特别受胎宝宝的欢迎，它们富有趣味性的歌词或曲调能令你耳目一新，获得不一样的胎教体验，今天给胎宝宝朗诵一下这些趣味歌谣吧。

什么叫

小狗，小狗，汪汪汪。
小鸭，小鸭，嘎嘎嘎。
小羊，小羊，咩咩咩。
小猫，小猫，喵喵喵。
宝宝，宝宝，妈妈妈。

蚂蚁抬米

小蚂蚁，真有趣，见面碰碰小胡须。
你碰我，我碰你，报告一个好消息。
排队走，一二一，大家去抬一粒米。

一粒豆

一只蚂蚁在洞口，找到一粒豆。
用尽力气搬不动，急得连摇头。
左思右想好一会儿，想出好计谋。
回洞叫来小朋友，合力搬着走。

鹅

一只鹅，走来走去多寂寞。
两只鹅，拍拍翅膀唱唱歌。
三只鹅，排着队伍下了河。
一群鹅，嘎嘎嘎嘎真快活。

青蛙和西瓜

绿青蛙，叫呱呱，蹦到瓜地看西瓜。
西瓜夸蛙唱得好，蛙夸西瓜长得大。

数字歌

一条虫，两条虫，小虫喜欢钻洞洞。
三只猪，四只猪，小猪睡觉打呼噜。
五匹马，六匹马，马儿一跑呱嗒嗒。
七只鸡，八只鸡，公鸡打鸣喔喔啼。
九只鸟，十只鸟，清早起来叽喳叫！

胎教贴心话 准妈妈也可以给这些歌谣谱写简单的曲子，自己用电子琴或者钢琴弹奏。

第207天

音乐胎教：《梦幻曲》

罗伯特•舒曼是19世纪上半叶德国音乐史上最突出的人物。《童年情景》是作者于1838年创作的一组音乐小品的总题目，而《梦幻曲》是《童年情景》共13首曲子当中最脍炙人口的一支乐曲。

乐曲赏析

《梦幻曲》拥有柔美如歌的旋律，各声部完美的交融以及充满表现力的和声语言，刻画了一个童年的梦幻世界，表现了儿童天真、纯洁的幻想。

听者随着柔美平缓的主旋律，正如进入沉思的梦境，在梦幻中出现美丽的世界，在那梦幻中升腾，就像是进入一层比一层更美丽、更奇异的梦境中，仿佛看见了一个圣洁的小天使，那期盼了许久的可爱小宝宝向我们走来。

随着《梦幻曲》旋律的变化，听者能在梦幻中从一幅图景转入另一幅图景，然后在曲调渐渐安静下来的时候，准妈妈腹内的胎宝宝可能在这无限深清和充满诗意的曲子中安甜酣睡了。

第208天

艺术胎教：电影《小淘气尼古拉》

影片简介

中英/文名：小淘气尼古拉/Little Nicholas

地区/时间：法国/2009

影片类型：家庭 / 喜剧

影片时长：91分钟

内容简介

刚上学不久的小学生尼古拉有一群很要好的朋友，总是在一起玩耍。尼古拉和朋友们很淘气，因为只要他们所到之处总会变得乱七八糟。

学校附近新开了一家书店，放学后尼古拉和伙伴们一窝蜂地拥进了店里。这可把老板高兴坏了，这么多孩子，得卖多少本书呢。可是，尼古拉和伙伴们只是好奇地东翻翻，西看看，一转身还“稀里哗啦”碰倒一堆书。结果，尼古拉和伙伴们什么也没买便一阵风似的蹿出了书店，一路上聊着“这地方真好玩！”“老板真和气！”“下次还来！”

和书店老板同样无可奈何的还有交通警察、老师、医生等。可是，尼古拉和伙伴们天真烂漫的生活却总是让大人们很快乐。

影片赏析

《小淘气尼古拉》就是两位法国漫画大师勒内•戈西尼林和让•雅克•桑贝合作的杰作，小尼古拉的形象在法国可谓是家喻户晓，伴随很多的法国人度过了快乐的童年。

借此改编而成的电影延续了漫画的幽默风格，用鲜活的人物与生动的故事上演了一幕幕发生在家庭和学校里的轻喜剧。每一个观看电影的人都从中获得了巨大的快乐和满足。

胎教贴心话 观看这部影片，会让准妈妈和准爸爸回忆起自己幸福的童年生活，说不定也会让胎宝宝开始憧憬即将到来的童年了。

第209天

营养胎教：吃一些让心情更好的食物

不好的情绪和心理无论对准妈妈还是胎宝宝都会产生不良的影响，所以准妈妈要学会自我调节与放松。有的食物能令人愉快、恬静、安宁，以下食物可以帮助准妈妈赶走坏情绪。

香蕉

香蕉可向大脑提供重要的物质酪氨酸，使人精力充沛、注意力集中，并能提高人的创造能力。此外，香蕉中还含有可使神经“坚强”的色氨酸，还能形成一种叫作“满足激素”的血清素，它能使人感受到幸福、开朗，预防抑郁症的发生。

葡萄柚

口感好、水分足的葡萄柚带有淡淡的苦味和独特的香味，无论是吃起来还是闻起来都非常新奇，可以振奋精神。葡萄柚里大量的维生素C还可以增强身体的抵抗力，也是为我们的身体制造多巴胺、肾上腺素这些愉悦因子的重要成分。

全麦面包

全麦面包因为含有大量复合性的碳水化合物，有愉悦心情的作用，它所含有的微量矿物质如硒能提高情绪，能够抗忧郁，也合乎健康原则。

南瓜

南瓜富含维生素B_6和铁，这两种营养素都能帮助身体所储存的血糖转变成葡萄糖，而葡萄糖正是脑部唯一的燃料，脑部运转顺利，心情自然也就好了。

土豆

土豆是让人的情绪积极向上的食物，因为它能减轻心脏的压力，使心脏减少对身体输送刺激成分。土豆的好处还在于能够迅速转化成能量，平时多吃点土豆是快乐的秘诀，但不要吃薯片。

牛奶

温热的牛奶有镇静、缓和情绪的作用，可以减少紧张、暴躁和焦虑的情绪。

深海鱼

研究显示，住在海边的人都比较快乐，这不只是因为大海让人神清气爽，最主要的是他们把鱼当作主食。哈佛大学有研究报告指出，鱼油中的ω-3脂肪酸有常用的抗忧郁药如碳酸锂的类似作用。

第210天

准爸爸胎教：孕晚期尽量了解相关知识

在发达国家，社区医院、专业助产士就可以承担为准妈妈咨询、指导的工作，准妈妈与助产士互留通信方式，提前预约，他们可以用1小时来接待一位准妈妈，充分交流，详细解答准妈妈和准爸爸的问题。而我国人口众多，有调查显示，每个大夫平均每半天要接待近50位孕产妇，平均每人只有6分钟，准妈妈能够从医生那里得到的知识很有限。

准爸爸了解相关知识的好处

在孕晚期，了解分娩知识是一种有益的补充，可以帮助准爸妈做好充分的心理准备，这不是准妈妈一个人的事情，准爸爸也必须了解更多的相关知识，这是进入爸爸角色的必要准备，也是对准妈妈和胎宝宝的关怀，还可以提升自己在孕晚期及产后应对各种未知问题的能力。

多了解医院的培训班信息

在准妈妈接受产检的医院，一般都会定期举行孕期知识培训课程，以及一些产前宣传教育，这些课程基本涵盖了所有妊娠问题，包括准妈妈营养保健、孕期心理健康、骨盆操、分娩止痛选择、胎宝宝发育、母乳喂养、新生儿护理、产后保健、防止产后忧郁等。

孕期知识培训通常安排在周末，白天晚上都会举行，而且大部分都鼓励准爸爸参加，为方便准妈妈，每堂课1~2小时不等。准爸爸最好每次都抽时间陪准妈妈参加，现在很多医院都会手把手教准爸爸练习各种手法和技巧，这是非常好的机会。

第211天

本周变化：基本可以建立自主呼吸了

在这一周，胎宝宝的肺部基本发育完成，现在出生甚至可以建立自主呼吸了，这是很了不起的进步！

体重增加，羊水量减少

在本周，胎宝宝身长变化不大，头臀长（坐高）28厘米左右，身长约40厘米，体重继续增加，到本周末，体重将达到1500克左右。现在子宫内的羊水量开始减少，约为850毫升，胎宝宝的活动空间逐渐减少，胎动幅度受到限制，舒畅的大动作相对减少。

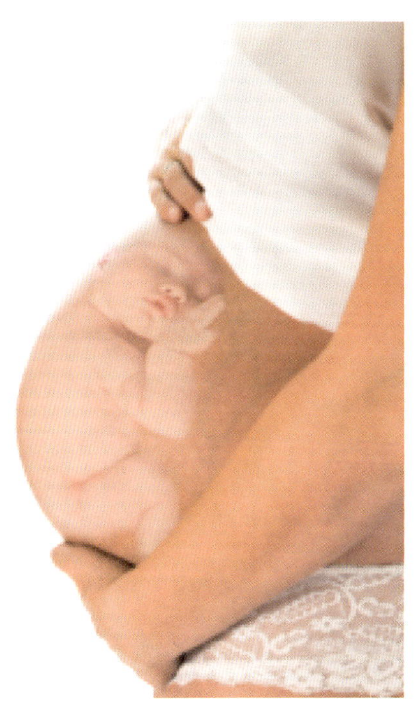

肺部基本发育完成

现在胎宝宝的肺部已经基本发育完成，呼吸能力基本具备，在此时早产的宝宝可以不依靠仪器而建立自主呼吸了，肺部还将继续发育，变得更加完善。胎宝宝的消化系统也基本发育完成，可以分泌消化液，他还在继续大口大口喝着羊水，经消化系统形成尿液后排出，锻炼自己的身体代谢功能。

大脑仍然发育迅速

胎宝宝的大脑发育仍然迅速，神经系统已经四通八达，大脑向颅骨外推，并且折叠形成了更多的沟回，头部更大了。胎宝宝现在早已能够熟练地把头从一侧转向另一侧，好奇地观察子宫内的景象了。

胎教贴心话 进入孕晚期，准妈妈会感觉到来自身体的诸多不适，感觉不适的时候千万不要硬扛，需要休息的时候就躺下来休息，因为你的主要任务就是确保母子健康平安。

第212天

语言胎教：诗歌《雪花的快乐》

一朵小雪花悄悄降临人间，他在寻找自己飘落的方向，徐志摩的这首《雪花的快乐》意境非常优美，静下心来，给胎宝宝读读看。

雪花的快乐

假如我是一朵雪花，
翩翩的在半空里潇洒，
我一定认清我的方向——
飞扬，飞扬，飞扬，——
这地面上有我的方向。
不去那冷寞的幽谷，
不去那凄凉的山麓，
也不上荒街去惆怅——
飞扬，飞扬，飞扬，——
你看，我有我的方向！
在半空里娟娟的飞舞，
认明了那清幽的住处，
等着她来花园里探望——
飞扬，飞扬，飞扬，——
啊，她身上有朱砂梅的清香！
那时我凭借我的身轻，
盈盈的，沾住了她的衣襟，
贴近她柔波似的心胸——
消溶，消溶，消溶——
溶入了她柔波似的心胸！

第213天

轻松一刻：童言趣语

谁记得自己刚出生时是什么样子？

1.头很小，像一个乒乓球。

2.小时候是光头，头发还没长出来。

3.很小的，像个热水瓶一样。

4.我生出来的时候就爬呀爬的。

头发有什么用处？

1.冬天不会被雪砸破头。

2.给理发师一点事情做。

为什么没有带我一起去？

父亲回忆他在童年时代："那时候真好，在野外捕蝉，到溪中捞虾子，整天睡在草地上，无忧无虑真好！"

宝宝睁大眼睛，听得入神，忽然哇的一声哭了出来。

"怎么啦？"父亲惊讶地问。

"我不要啦！你为什么没有带我一起去！哇……"说着宝宝又大哭起来。

你为什么吃掉他？

一个小女孩儿在公园玩耍时，看见一个挺着大肚子的准妈妈，便走过去指着准妈妈的肚子问道："里面是什么？"

"是我的小宝宝。"准妈妈答道。

"你爱你的小宝宝吗？"小女孩儿又问。

"当然了。"

"那你为什么要吃掉他？！"小女孩儿大声责怪道。

为什么小宝宝是从妈妈肚子里生出来的，不是从爸爸肚子里生出来的？

1.男的生男宝宝，女的生女宝宝。

2.爸爸的肚子里都是啤酒，生出来的宝宝都是醉的。

3.爸爸没有产假，妈妈有产假。

4.爸爸是男的，如果生宝宝，就会难产的。

为什么大人能生宝宝，小朋友不能？

大人肚子里有小孩儿，小朋友肚子里都是饭。

小朋友的脸是干什么用的？

1.我的脸可以用来洗脸。

2.没有脸的话，舌头、牙齿、鼻子、眼睛和嘴巴都要露在外面了。

3.我的脸是给爷爷奶奶捏的。

第214天
音乐胎教：《G大调弦乐小夜曲》

这首小夜曲是莫扎特于1787 年8月24日在维也纳完成的，该曲是18世纪中叶器乐小夜曲的典范，也是莫扎特的小夜曲中最受人们欢迎和喜爱的一首。

乐曲赏析

整首小夜曲欢快流畅，既包含了清新、生动活泼的情绪，又具有宽广、纯朴的抒情，带给人积极向上的乐观感受。

曲子中充满了乐观主义的情绪，具有激情与活力，表现了对美好社会、对光明和正义的追求，如甘泉飞涌，飞涌的方式又那么自然、安详、轻快，非常动听、美妙。那愉悦、美妙的旋律，熟悉和亲切的感觉，使人的心情很快融入其中，从而得到洗涤、净化；那铿锵有力、富有激情跳跃的音符，使人无比激动；那亲切抒情、富有柔美流畅的曲调，又深深打动了人的心。那欢快流畅、纯朴优美的风格，如同陈年香醇的酒、浓郁芳香的茶，令人神志清爽、心情愉悦，感受完美。

音乐大师莫扎特

沃尔夫冈•阿玛多伊斯•莫扎特（1756—1791）是欧洲最伟大的古典主义音乐作曲家之一。他在父亲的教导下学习音乐，很小就显露出极高的音乐天赋。6岁的莫扎特和10岁的姐姐安娜开始了漫游整个欧洲大陆的旅行演出。莫扎特并没有得到过正式的教师指导，他的写作之轻松与神速被人叹为“天才”，他自己却说：“实际上，没有人会像我一样花这么多时间和思考来从事作曲。没有一位名家的作品我不是辛勤地研究了许多次。”

胎教贴心话 感觉情绪焦躁的时候，准妈妈来听听这首优美的小夜曲吧。听着这样美妙的音乐，相信你能从中获得自信与力量，与准爸爸一起享受这已为时不多的孕期时光，听听音乐，看看影碟，很快这样悠闲的日子就要暂时告一段落了。

第215天

情绪胎教：停止胡思乱想

距离生产越近，准妈妈就越会对分娩产生恐惧，要及时调整，以免引起产前抑郁。

了解产前抑郁

产前抑郁一般表现为容易哭、情绪低落、食欲缺乏、极度缺乏安全感等。因身体或心理的变化，准妈妈可能会衍生一些与平常心态反差比较大的负面情绪，这就是产前抑郁。生产过程的痛楚，是否会诞下畸形胎儿，是否会难产等，这些都可能成为准妈妈担心的因素。

职场准妈妈更要注意产前抑郁

如果身处职场，相较于全职准妈妈而言，会面临事业和怀孕的双重压力，若是事业心比较重，甚至担心怀孕和生育后身材走样，害怕产后会失去怀孕前的一切，则更容易被产前抑郁所困扰。

准爸爸要多帮忙

准爸爸要密切关注准妈妈的心理变化，多关心、体贴她，不给她压力，多承担一些家务，让她保持愉快和稳定的情绪。帮助她了解分娩常识，减轻对分娩的恐惧感和紧张感。对于职场准妈妈，更应多沟通，及时排解她的工作烦恼，鼓励她，帮助她保持自信。

要多放松心情

准妈妈要试着及时调节情绪，放松心情，平时适当地进行户外运动，保持充足的孕期营养和休息。

如果身处职场，则应端正自己的认识，多以那些当了妈妈的成功职场女性为榜样，要知道很多妈妈并没有因为怀孕而失去职场地位。

赶走抑郁的两个秘密武器

1 睡好觉。

2 做到“三个不”，即对今天不生气，对昨天不后悔，对明天不担心。

第216天

做个有趣的手影游戏

动动手指，一个个动物就在灯光下活灵活现，这就是小时候父母常常跟孩子玩的手影游戏，是不是勾起了童年的美好回忆呢？今天，跟胎宝宝一起来做个有趣的手影游戏吧。

大灰狼和小白兔

大象

鸭子

小狗

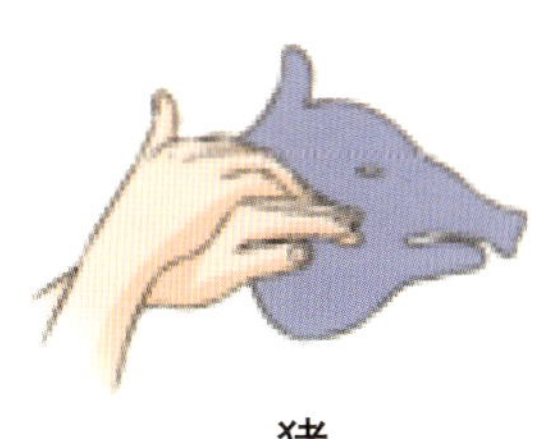

猪

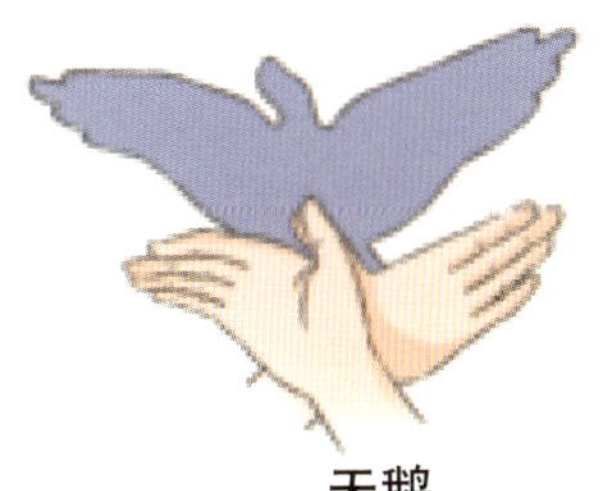

天鹅

胎教贴心话 太阳底下，准妈妈可以让这些可爱的小动物跃然在地上、墙壁上，还可以邀请准爸爸一起，让这些手影动物们演绎一个又一个舞台剧。有时一对小鹿在耳鬓厮磨，有时是大灰狼捕捉小白兔，有时候就是天鹅在优雅地飞翔……给舞台剧配个音，给胎宝宝讲一个属于你们的童话故事吧。

第217天

艺术胎教：电影《当幸福来敲门》

影片信息

导演：加布里尔•穆奇诺

编剧：Steve Conrad

主演：威尔•史密斯/贾登•史密斯/桑迪•牛顿/Brian Howe/James Karen

语言：英语

片长：117 分钟

影片赏析

影片中有这样一个笑话：

一个虔诚的落水者希望上帝能救他。一艘船过去了，他拒绝被救，说，上帝会来救我的。第二艘船又过去了，他仍然以同样的理由拒绝被救。后来落水者溺死了。天堂上，他不服气地问上帝，万能的主啊，你为什么不来救我？上帝回答道，为了救你，我派出了两条船。

我们都会笑这个落水者不懂得变通，不知道抓住机会，却从来不反省自己心中的上帝，是否我们也总是在想：明天我一定会幸福，当幸福唾手可得时却无动于衷，心中想着幸福一定会来找我。

这部影片也被人们译为《寻找快乐的故事》，主人公坚信，幸福明天就会来临，他常对孩子和妻子说，我们一定会好起来，我们一定能够好起来的，幸福的家庭和孩子是他真正的信仰，让观者看到一个出于父爱的温暖故事。

无论是精神还是财富，从来都不是生来平等的，有人富有有人贫穷，可是我们每个人都被赋予了生活的权利，无论身在何处，是何境地，我们都可以寻找快乐和幸福。

胎教贴心话 加缪曾这样描述幸福，他说：人生越没有意义越值得过下去，如果真的有大起伏发生，那个时候我们期待的，往往就是这种没有意义的日子，这就是幸福。准爸妈一起努力，为胎宝宝打造一个平凡的，但是充满幸福的家庭吧。

第218天

本周变化：体位变成头朝下

对于胎宝宝来说，现在子宫里变得有点拥挤，手脚都动不开了。准妈妈多跟他说说话吧，别让他感到寂寞。

子宫空间变得更小

本周，胎宝宝头臀长（坐高）约28厘米，身长将长到约44厘米，体重会达到1500~1600克，几乎将子宫的空间占满了。即使如此，胎宝宝还是会继续长大，为出生做最后的冲刺。胎宝宝手指甲和脚趾甲已经完全长出来了，保护着可爱的小指（趾）头；他已长了满头的头发，但身上的胎毛开始减少，只有背部和双肩还留下一些。

脑细胞神经通路完全接通

这一周，胎宝宝神经系统变化最大，脑长得更大，不断折叠形成皱褶，看起来像个核桃仁，脑细胞神经通路完全接通，开始活动。神经纤维周围形成有保护作用的脂质鞘，因此，神经冲动能够较快地传递，他逐渐能够进行复杂的学习和运动，并且意识越来越清楚，能感觉外界的刺激并做出反应，甚至能区分白天和黑夜了。

基本固定头朝下的体位

现在胎宝宝的体位已经基本固定在头朝下了，已经做好了出生的准备；不过有的胎宝宝还比较好动，甚至“坐”在你的肚子里，不要担心，他还是会不停地变换体位的。

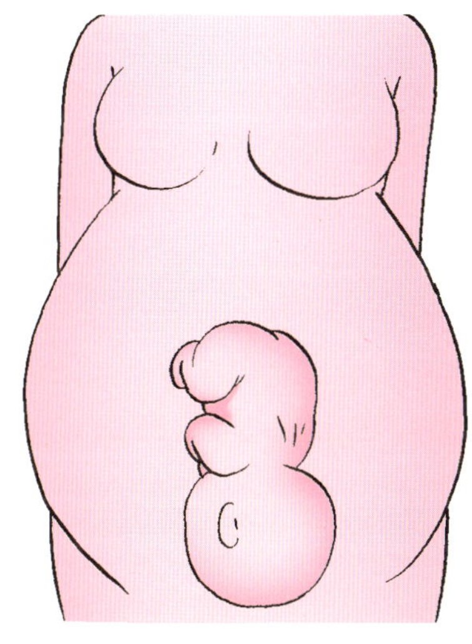

纵产式

胎教贴心话 准妈妈可以根据腹部的凹凸猜测一下胎宝宝在干什么，哪一个动作是小手在一举一伸，哪一个动作是小脚在一踢一踹，哪一个动作又是小屁股在一拱一撅，这非常有趣。

第219天

音乐胎教：帮助催眠的曲子

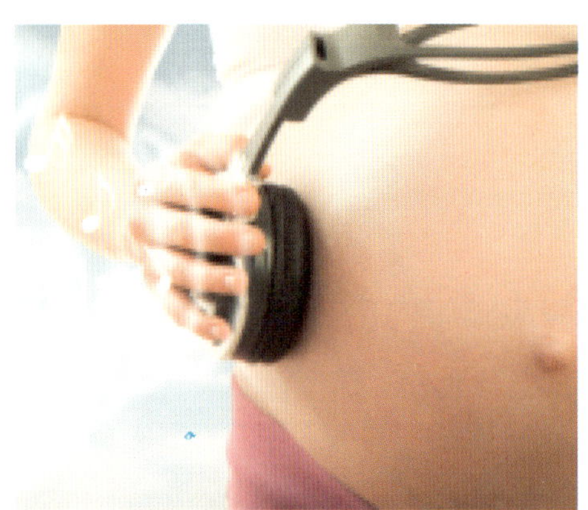

孕晚期准妈妈容易失眠，睡不着的时候，可以听一些帮助睡眠的音乐。柔和、静谧的音乐会赶走烦恼，舒缓神经，调节情绪，使你的大脑放轻松，容易进入睡眠状态。

莫扎特钢琴曲、班得瑞等都是不错的睡前音乐，可以使血压和脉搏正常，降低神经紧张，常常聆听，不仅可以改善失眠症状，还有助于胎宝宝的右脑发育呢！

莫扎特安眠音乐推荐

1.Dancing with the Neon Light 舞随光动
2.Dream in Dark Blue 深蓝梦
3.Sentiment of My Heart 心灵感悟
4.Running Water in the Long Rill 细水长流
5.Rose Petal Floating 花絮轻撒
6.Love is Around 爱的轮回
7.Shadow Shaking in the Moonlight 月影摇曳
8.Catching Dreams 逐梦
9.Angel Flying Around 萦绕天使
10.Deep Night 夜宴

班得瑞安眠音乐推荐

1.Gold Wings 希望之翼
2.Neptune 海王星
3.Diamonds 钻石
4.New Morning 清晨
5.Starry Sky 满天星
6.Melody of Love 真爱
7.The First Snowflakes 初雪
8.Sunset Glow 日落
9.Tenderness 款款柔情
10.The Purple Butterfly 紫蝴蝶

胎教贴心话 准妈妈可以让准爸爸在每晚睡前20分钟左右开始播放，你则静静躺在床上聆听，大脑中冥想起美好快乐的事情，不知不觉就会进入睡眠状态。

第220天

语言胎教：鸭先生的小路

鸭先生的小屋前有一条长长的小路，小路上铺着花花绿绿的鹅卵石，小路的两旁开着一朵朵美丽的鲜花。

兔小姐慢慢地从小路上走过来，说：“嗬，多美的小路呀！”

鹿先生轻轻地从小路上走过来，说：“嗬，多美的小路呀！”

朋友们都说鸭先生有一条美丽的小路，他们都喜欢在美丽的小路上散散步、说说话。

可是过了不久，美丽的小路不见了。一堆堆的垃圾堆在小路上，苍蝇在小路上“嗡嗡”地飞着。这里发生了什么事呢？原来是鸭先生把吃剩下的饭菜随手往小路上扔，把泥巴、菜叶和小瓶子也都往小路上扔。

兔小姐慢慢走来，说：“呀，美丽的小路不见了！”

鹿先生也轻轻走来，说：“咦，美丽的小路哪儿去了？”

“天哪！我的美丽的小路哪儿去了？”鸭先生也叫起来。他看着看着，忽然一拍脑袋说：“我一定要把美丽的小路找回来！”

这天，鸭先生早早起来了，他推着一辆小车，拿着一把扫帚，用力地扫着小路上的垃圾。兔小姐和鹿先生看见了，也赶来帮忙，他们提着洒水壶，给花儿浇浇水，给小路洗洗澡。

不一会儿，一条干干净净的小路又出现了。兔小姐说：“嗯，美丽的小路好香啊！”鹿先生也说：“嘿，美丽的小路好漂亮啊！”鸭先生对朋友们说：“让美丽的小路一直和我们在一起吧！”

胎教贴心话 全家人都需要卫生舒适的环境，准爸爸妈妈要给胎宝宝树立好榜样，将家里收拾整洁，出门在外也要自觉遵守公约，保护环境。

第221天

语言胎教：诗歌《面朝大海，春暖花开》

这是诗人海子的一首诗歌，语言朴素明朗，隽永清新，向我们描述了一个计划中的美好生活场景，以及诗人真诚善良的祈愿。

面朝大海，春暖花开

从明天起，做一个幸福的人
喂马，劈柴，周游世界
从明天起，关心粮食和蔬菜
我有一所房子，面朝大海，春暖花开
从明天起，和每一个亲人通信
告诉他们我的幸福
那幸福的闪电告诉我的
我将告诉每一个人
给每一条河每一座山取一个温暖的名字
陌生人，我也为你祝福
愿你有一个灿烂的前程
愿你有情人终成眷属
愿你在尘世获得幸福
我只愿面朝大海，春暖花开

胎教贴心话 这是一首充满温暖和梦想的诗歌，给胎宝宝读读这首诗歌吧，感受这个尘世的新鲜可爱，感染于诗中充满生机的幸福生活。

32 WEEKS

第222天 语言胎教：给胎宝宝讲小时候的事

降生前的最后3个月，胎宝宝不仅能听到人们的讲话声和其他声音，而且还能分辨男性和女性的声音，熟悉与不熟悉的声音。

给胎宝宝讲讲你的小时候

还有2个多月宝宝就要出生了，他将要开始自己小时候的生活，相信想到这里准妈妈和胎宝宝一定都对这样的生活充满了期待，那些和一大群小朋友一起玩到天黑的日子，那些跳皮筋、丢沙包、跳房子的故事……不妨将你记忆中的这些美好情景讲出来，让胎宝宝也一起与你分享。

邀请外婆或奶奶一起分享

准妈妈还可以邀请宝宝的外婆或者奶奶，为你和胎宝宝讲一讲你或者老公小时候的事情，很可能你和胎宝宝都会是第一次听到这些事情呢，这会带给你和胎宝宝很多的惊喜，不过由于胎宝宝较熟悉准妈妈的声音，因此在和老人家聊天的时候准妈妈不妨巧妙适时地对胎宝宝重复一次谈话的内容，比如："宝宝，你听到了吗？奶奶说爸爸小时候可爱哭鼻子呢。"

胎教贴心话

准妈妈若是语调平和、温柔，胎宝宝会很享受，而当准妈妈和人争吵甚至沮丧时，他则会焦躁不安，甚至用动作来与你一起回应，因此在你"粗声粗气"前，一定要多多留意胎宝宝的感觉。

第223天

艺术胎教：电影《芳心何处》

影片信息

中文名：芳心何处，又名甜心伊人、女孩第一名、心归何处

英文名：Where the Heart Is

导演：马特•威廉姆斯（Matt Williams）

编剧：巴巴罗•曼德尔（Babaloo Mandel）/ Billie Letts / Lowell Ganz

影片类型：爱情 / 剧情

时长：120分钟

语言：英语

电影简介

《芳心何处》讲述了一个未婚先孕的少女通过积极的努力，从走投无路到获得事业与爱情的故事。这个少女遭到男友抛弃，走投无路之下偷偷住在沃尔玛超市6个星期，临产时幸得年轻的图书管理员相助，顺利产下一名女婴，之后在众多好心人的帮助下，从一个少不更事的小姑娘，成长为一个年轻有为的摄影师，并得到真挚无私的爱情，最后步入婚姻殿堂。

影片点评

准妈妈对于影片所表达的真善美的体会一定会更加真切，因为同为妈妈，更为可贵的是，影片没有把一个落魄的准妈妈表现得如何悲惨，更没有抨击社会、不满社会，而是通过积极的努力来获得尊重，勇敢地去面对。

准妈妈可以体会到的，胎宝宝也可以体会到，准妈妈从心底里觉得生活是美好的，人在向着和谐美满的生活前进，相信爱，相信人性是美好的，胎宝宝也能受到积极影响，更加乐观、向上。

胎教贴心话

电影是一种信息量十分巨大的艺术，无论主题多么集中的电影，观者都能从中发现别的信息，有人从影片中发现摄影构图的美，有人从中发现人性的美，有人从中发现文化背景的差异，还有人从中看到美丽的风景……无论哪种，观者都能从中获益。

第224天

准爸爸胎教：谅解准妈妈多变的情绪

准妈妈在整个孕期及产后都可能遭遇情绪起伏不定，但有不少准妈妈在孕晚期表现得更为明显。有的准妈妈将孕晚期的情绪比作小孩子的脸，一会儿哭一会儿笑，一会儿委屈一会儿淡定，这很形象，这大多不是由准妈妈本人的意志所能控制的。

孕晚期情绪多变的原因

一般孕晚期情绪不稳定有两个原因：

一是生理上面对的压力增加，随着胎宝宝体重和个头的不断增加，身体特别是腹部所承受的压力越来越大，不能久站也不能久坐，上厕所的次数特别是夜晚明显增多。躺下起来的频繁动作处处要小心，睡眠很难真正好起来。

二是心理上的压力，即将到来的分娩对每个初产妇都不容易，没有经历过的事情都是神秘和充满无限遐想的，虽然马上就能见到可爱的宝宝，但随之而来的疼痛还是让人有些担忧。

准爸爸如何巧妙化解准妈妈的多变情绪

越是临近分娩，准妈妈的情绪就越是变幻莫测，担心的问题一个接一个，心理比较脆弱，可能不顺心时还会发小脾气，这些都是正常的，准爸爸需要去包容妻子，让她保持一个好的情绪，这对她和胎宝宝的健康都有利，对顺利分娩也有好处。

准爸爸的贴心小技巧

1 随时递上几句贴心话，如“你辛苦了，亲爱的”或“怀孕使你变得更可爱了”等。

2 随时想到，自己是解决妻子不良情绪的一剂良方。

胎教贴心话 准妈妈在怀孕后不要太过娇气，要感恩家人的默默付出，很多准爸爸因为忧心过度，甚至也会患上产前焦虑症，因此，准妈妈也要多注意准爸爸的情绪。

PART 9

孕9月

掰着指头数日子

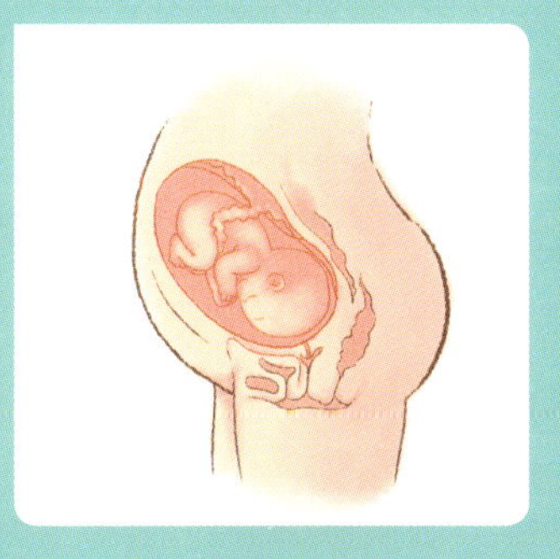

随着预产期越来越近，准妈妈变得既期待又紧张。放松情绪，做一些能让自己更放松的事情，听一些能让自己更放松的音乐，这些，都是很好的胎教方式哦。

第225天

本周变化：胎头为入盆做准备

胎宝宝已经发育得更加完善，准妈妈和家人可能迫不及待地想与胎宝宝见面了！不要着急，耐心地等待几周，他肯定会如期而至的。现在先看看胎宝宝这周的发育吧。

体重进入冲刺阶段

本周，胎宝宝身长43~48厘米，体重将达到1800克。他的皮下脂肪还在增加，从现在到出生，他的体重总量可能增加之前体重总量的一半，进入体重冲刺阶段。胎宝宝的头发变得更浓密，指甲已长到指尖，但不要担心他会划伤自己，因为指甲一般不会超过指尖。

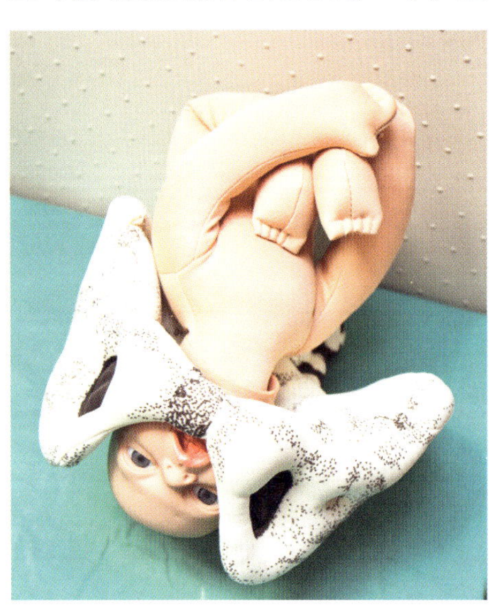

身体骨骼变结实

胎宝宝不但体重在增长，骨骼也都在变硬，小身体变得更加结实。不过颅骨还是软软的，也没有完全闭合，这种松动的结构是为在生产时，让宝宝的头部能够顺利通过阴道做准备的。宝宝的颅骨板（也就是新生宝宝头顶的囟门）直到他出生18个月大时，才会完全闭合。

胎头正准备入盆

现在大部分胎宝宝的体位为头朝下，为入盆做准备，性急的胎宝宝头部开始降入骨盆，不过大多数都要在34周以后才会有这样的举动，还需要耐心等待。你需要坚持产检，时常关注胎头的位置，因为胎位正常与否直接关系到你的正常分娩。

胎教贴心话 日渐沉重的腹部会让准妈妈容易疲惫，不愿意走动，一定要坚持轻缓的运动哦，适当散散步，爬爬楼梯，这会让你在生产时更加轻松。

第226天

音乐胎教：名曲《仲夏夜之梦》

《仲夏夜之梦》是德国著名的音乐家门德尔松创作的，作品散发出浓郁的青春气息，充满了诗情和美感。

《仲夏夜之梦》的灵感

《仲夏夜之梦》取材于民间传说，源于古代雅典的一种风俗：父亲有权决定女儿的婚事，如果女儿拒绝父亲的决定，父亲便可依法将她处死。有个美丽的女孩就因为违背父亲的决定，而与情人在一个森林相约私奔。那个森林原来是精灵们的乐园，小情人备受精灵作弄。当然，最后有情人终成眷属，留下故事待后人吟唱。

乐曲点评

“抒情风景画大师”门德尔松，在这首经典曲目中，他用丰富的想象、优美抒情的风格和精练流畅的笔触，描绘了夏季月明之夜和迷人的森林中的精灵们的神奇生活。带有神秘气氛的夜景诗趣，形成序曲诗意般的音乐背景，使序曲罩上一层幻想和仙境的色彩。

俄罗斯作曲家柴可夫斯基很欣赏这部序曲，他曾写道：“我想当《仲夏夜之梦》的音乐第一次出现的时候，一定给人以惊人的印象，因为它的新奇和充满的灵感和诗意都达到了惊人的地步。”静下心来，与你还没觉察到的胎宝宝一起感受其中的梦幻色彩吧。

胎教贴心话

准妈妈可以通过听来感受音乐的美，将自己的美的感受通过神经传导输送给胎宝宝。如果感觉疲累，准妈妈也可以放松地聆听，什么也不做。

33 WEEKS

第227天

语言胎教：散文诗《宝宝的世界》

孩子的世界里，有丰富多彩的自由想象，孩子的心灵纯洁而充满朝气，他们天真无邪，无忧无虑，想到孩子那张可爱的脸，爸爸妈妈仿佛重新回到了孩提时代。任何时候都不要忘了用孩童的心去考虑孩子的想法，当准妈妈与孩子在一起时，不妨暂时忘却自己大人的身份，融入孩童世界里，去播撒爱的种子。

今天，准妈妈可以给胎宝宝朗诵一首散文诗，看看在诗人眼中，宝宝的世界是怎样的。

宝宝的世界

泰戈尔

我愿我能在我孩子的自己的世界的中心，占一角清净地。

我知道有星星同他说话，天空也在他面前垂下，用它傻傻的云朵和彩虹来愉悦他。

那些大家以为他是哑的人，那些看去像是永不会走动的人，都带了他们的故事，捧了满装着五颜六色的玩具的盘子，匍匐地来到他的窗前。

我愿我能在横过孩子心中的道路上游行，解脱了一切的束缚；

在那儿，使者奉了无所谓的使命奔走于无史的诸王的王国间；

在那儿，理智以她的法律造为纸鸢而飞放，真理也使事实从桎梏中自由了。

胎教贴心话

泰戈尔是印度大诗人，他写了许多优美的诗歌，准妈妈要是喜欢这位诗人的文字，不妨买他的诗集，细细品读。

第228天

语言胎教：小星星搬乌云

天上住着很多很多小星星。每天傍晚，他们都到银河里去洗澡。这银河水洁白洁白的，就像牛奶一样，小星星们跳进去一洗，身上就会发出光来，亮闪闪的，好看极了。

这天傍晚，小星星们又到银河来洗澡。可他们走近一看，怎么？银河变成黑乎乎的了！原来一大片乌云把银河给盖住了。

咦，咱们洗不成澡了!这么大块的乌云怎么搬得掉呢？一个小星星失望地摇摇头，走了。

其他的小星星也说：“对，还是回去吧，月亮姐姐马上要给大家讲故事了，迟了就听不成啦！”他们也都走了。

只有一个小星星没有跟大家一起回去，他站在岸边，想把乌云拖上岸来。可是，乌云很大很大，有操场那么大，小星星怎么拖得动它呢？

有办法了！小星星掏出小刀，一块一块把乌云割下来，割了好一会儿，终于割掉一大块乌云，露出一片河水来。现在，小星星可以跳到水里去洗澡了，一洗，他的身上就变得亮闪闪了！

小星星累了，想回去听月亮姐姐讲故事。可他又想：“不行，这么一小块地方，只够我一个人洗。我应当把乌云全部搬掉，让大伙儿都能洗澡。”于是，他又干了起来，干了整整一夜，终于把乌云全部搬走了。

第二天，天上的星星又发出了闪闪的亮光，因为小星星们都在银河里洗过澡了。

胎教贴心话 在乡村的晚上，星空非常璀璨漂亮，如果准爸爸妈妈有机会，可以留心欣赏一下这样的夜空，戴上耳机听一曲贝多芬的《月光曲》，是很惬意的享受。

第229天

营养胎教：适当吃一些安神食物

由于激素分泌发生变化，准妈妈的情绪变得不稳定，常常会出现心烦意乱、发脾气等现象，这是正常现象，准妈妈可以适当多吃一些安神食物。

百合：百合无论干品还是鲜品，均含有丰富的蛋白质、脂肪、生物素和钙、磷、铁以及维生素等，是孕期营养佳品，有润肺止咳、清心安神、清肺润燥、滋阴清热、理脾健胃的功效。准妈妈可以熬百合粥，在加餐时少量进食。

莲子：莲子味甘、涩，性平，具有健脾养胃、镇定安神、补中益气、聪耳明目的功效。以莲子为料煲制的汤有安心养神、收敛浮火的作用，为滋补元气的珍品。准妈妈可以在晚餐时喝碗莲子汤，安神助消化。

红枣：红枣味甘，性平，具有补益脾胃、养血安神的功效。红枣可以当零食吃，但不要过量，每天2~3颗即可。

黄花菜：黄花菜性味甘凉，有安神、止血、消炎、清热、利湿、消食、明目等功效，对孕期便秘、孕期失眠等有疗效。

推荐几款安神茶

冰糖参片茶：取热开水冲洗茶壶及西洋参，再加入开水、西洋参、冰糖，浸泡5分钟即可饮用。西洋参所含的各种氨基酸，可以增强身体的免疫力，有益安神。

参须枸杞茶：将西洋参须20克加入热水中煮开，再加入10克枸杞用小火煮约1分钟即可饮用。常喝这道茶可以增强身体的抵抗力，并能补脾益肺、生津、安神。

胎教贴心话

晚上睡觉前泡个热水脚有助于身体放松，促进睡眠。

第230天

手工胎教：用饮料瓶做花瓶

日常生活中的废弃饮料瓶，经过巧妙打造，也能做出漂亮的花瓶。它能让你收获一份好心情的同时，也能让你向胎宝宝展示一下自己的手工技艺和插花技艺。如果有兴趣，准妈妈不妨试一试吧！

材料

塑料饮料瓶、剪刀、彩色胶带（如果能有几种不同的颜色就更好了）。

步骤

1 将饮料瓶从距离上口1/3处剪开，取下面的部分，共剪三个，一个大的，两个稍小的。

2 取一个小瓶子，将彩色胶带顺着瓶子竖直贴出若干条纹，如果有几种颜色的话，可以将几种颜色错开来贴。

3 再取一个小瓶子，将彩色胶带按第二步转圈贴出若干条纹，颜色可根据自己的喜好选择。

4 最后一个大瓶子将开口部分沿着圆周剪成0.5厘米宽的细条，长5厘米左右，然后将所有细条弯曲，用彩色胶带绕圈固定在细条底部。

5 这些塑料花瓶做好后，要注意把切口处用胶带封好，以免不小心划手。

6 三个漂亮花瓶就做好了，插花时可以在花瓶底部放一些小石块，这样花瓶就不会因为太轻而倒下了。

胎教贴心话 这些花瓶不用之后，要记得整理到妥当的地方，以免日后宝宝不小心玩弄时伤到自己。

第231天

准爸爸胎教：一起布置婴儿房

宝宝就要到来了，准爸爸和准妈妈首先要做的就是为宝宝营造一个能够自由活动的生活空间，打造一个良好的家居环境，也就是要布置一个舒适的婴儿房。

婴儿房布置的细节

天花板。婴儿会花大量的时间望着天花板，因此要将天花板涂上鲜艳的颜色。但是，不要等到最后才涂漆。至少要在入住的前几个月给房间涂漆，这样才能保证有充足的时间让难闻的油漆味散尽。

墙面。婴儿房施工中的材料要采用环保型材料，特别是防水涂料、胶粘剂、油漆溶剂（稀料）、泥子粉等。浅色最适宜婴儿房。黄色、蓝色、草绿，这些天然的颜色对宝宝能起到安抚作用。原始色彩的融入能让整个房间看起来更加生动活泼。

地板。室内避免选用石材地面，以防摔倒出现意外。婴儿房内不要铺装塑胶地板，市面上的有些泡沫塑料制品（类似于拖鞋材料），如地板拼图，会释放出大量的挥发性有机物质，可能会对宝宝的健康造成影响。最好选用易清洁的强化地板或免除跌打受伤的软木地板。

饰物。新生儿的视力范围只有20~25厘米，因此最好能在婴儿床和更换尿布区域的上方挂上一些悬挂饰物。饰物的颜色和运动可以提高宝宝对周围环境的注意力。还可以在婴儿床的护栏上装上一面不易摔破的镜子，方便宝宝看到他自己的样子。对于新生儿来说，人的面孔无疑是令他着迷的。

电器。宝宝的好奇心都很旺盛，待宝宝活动能力增强后，只要墙壁上有洞，或是有突起物，他们都会想伸手抠一抠，动一动。因此，婴儿房里若有插座或电器开关，最好能让它远离宝宝的视线范围（用家具挡住），超出他所能够到的高度；若有使用延长线，最好固定在墙边，而不要散落在地面上。也可以买来电源保护器。

胎教贴心话 父母要特别注意玩具的选择，任何长度小于5厘米、直径小于3厘米的小玩具及零件，或是用品如发夹、螺丝钉、铜板等小东西，都要放到宝宝够不着的地方。

第232天

本周变化：变得圆圆胖胖

现在，胎宝宝已经摆好姿势，开始慢慢下降来为出生做准备啦。随着胎头的下降，你会觉得呼吸和进食舒畅多了，无意中为你们的学习提供了便利。

成了一个丰满的宝宝

本周，胎宝宝坐高约为30厘米，身长45厘米左右，体重大约2300克。在接下来的几周内，他的皮下脂肪层还在继续变厚，看上去更丰满了，开始有点圆圆胖胖的感觉，这些脂肪层将在宝宝出生后帮助他保持体温。

胎头开始入盆

在这一周，大部分胎宝宝将身体转为头位，即头朝下的姿势，完全倒立了，头部已经下降入骨盆，紧压在你的子宫颈口。也有的胎宝宝会到分娩的时候才入盆。从现在开始，医生会格外关注胎宝宝的位置，因为胎头朝下的姿势更容易自然分娩，如果是其他姿势的话，医生就会采取措施进行纠正。

肺部发育完成

本周，胎宝宝大部分身体器官已经基本发育完成，肺部发育完全，除了不会哭，他现在基本具有新生儿所有的行为能力，如果现在出生也能很好地存活下来，并且基本上不会有与早产相关的长期严重问题，你不必过于担心了。胎宝宝中枢神经系统仍然在完善，听力已充分发育，要记得坚持跟他说说话哦。

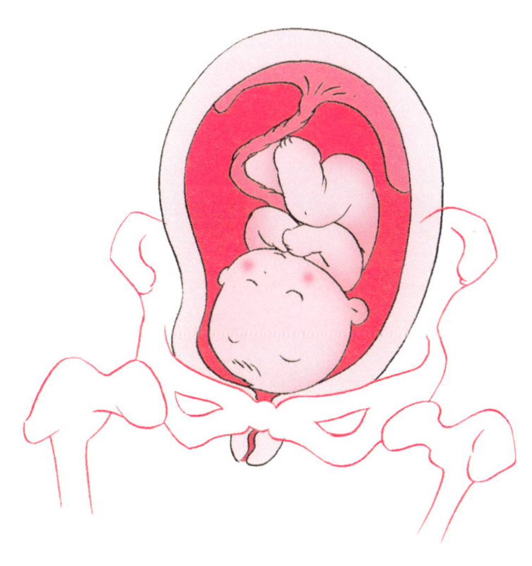

胎教贴心话

准妈妈可以与医生探讨一下分娩方式。没有特殊状况的准妈妈，医生一般都会建议自然分娩。

第233天

音乐胎教：琵琶曲《平湖秋月》

孕9月准妈妈经常感觉心烦气躁，如果感觉情绪不好，可以听一曲琵琶曲《平湖秋月》，帮助安神定气。

《平湖秋月》赏析

白居易形容琵琶：“大弦嘈嘈如急雨，小弦切切如私语。嘈嘈切切错杂弹，大珠小珠落玉盘。”这首经典的琵琶曲秉承了传统乐曲一贯的情景交融的写意手法，让听者情绪变得安宁祥和。

这首琵琶曲篇幅不长，旋律轻柔优美，自由伸展，一气呵成。它以清新明快、悠扬华美的旋律来描绘平湖秋月的胜景。在乐曲声中，仿佛可以看到皎洁秋月清辉下的西湖，一潭平静的湖水，映照着一轮皎洁的秋月，碧空万里，波光闪烁，青山、树、亭台、楼阁，在月光下仿佛披上了一层轻纱，好像是一个蓬莱仙境。乐曲起承转合、环环相扣，由静而动，又由动而静，借景抒情，寓情于景，情景交融，在听的过程中，仿佛将一幅画卷摊开在眼前，充分体现了中国传统的美学意境。

西湖胜景——平湖秋月

平湖秋月，西湖十景之一，在西湖白堤的西边。秋天月夜的西湖，恍若一幅素雅的水墨江南图卷，在其中眺望秋月，可以在恬静中感受西湖的浩渺，洗涤烦躁的心境。《平湖秋月》的乐曲相传就是吕文成在游览“平湖秋月”后所创作。此时的你无法远距离旅游，就在琵琶声中感受平湖秋月的胜景吧。

胎教贴心话 情绪低潮时，准妈妈可以听一些旋律优美、节奏舒缓、曲调欢快的音乐，这样对自身和胎宝宝都有益处。

第234天

美食胎教：西芹双耳

原料 西芹100克，银耳、木耳各15克，红甜椒50克。

调料 橄榄油、酱油、素蚝油、味精、盐、糖。

做法

1. 将西芹去粗纤维后，切斜段备用。
2. 银耳、木耳泡发，切小块备用。
3. 红甜椒去子、切菱形片备用。
4. 将做法1、2、3项食材烫熟后，拌入调味料即可食用。

功效 西芹含有较多的膳食纤维，可防便秘。银耳有滋阴补肾、润肺生津、提神补气等功能；木耳味道鲜美，含有丰富的营养素，含铁量极高，为天然的补血佳品，也可避免抽筋。红甜椒富含青花素，并含有孕妇需要的叶酸、修补细胞的硒、可调节血压的钾离子。

第235天

动动脑：火柴棒算式

这是很有趣的火柴棒游戏，根据火柴长短相同的特点，摆成算式、图形，训练人的思维能力。今天继续来动动脑吧，只移动一根火柴棒，使等式成立。

嘿，智力再进阶一下，你能移动两根火柴棒使下面这个等式成立吗？

答案：

你可以从等号右边的77中拿出一根火柴棒变成17，然后把这根火柴棒添加到右边变成“+”；你还可以拿掉左边“+”号中的一根，使“+”变成“－”，然后把这一根火柴棒放到“17”的十位的1上变成“77”。如下图。

等式右边结果是8，你可以将左边变成9-1或7+1，算式难以出现9，可选择7+1，这样经移动算式变为：

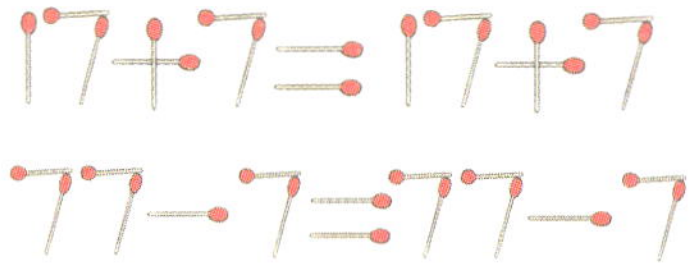

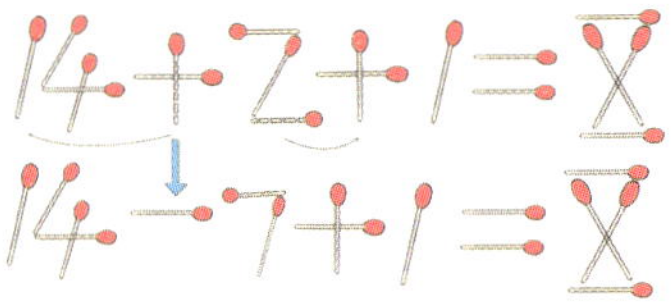

胎教贴心话

久坐的准妈妈更容易出现胎位不正的状况，因此，如果医生没有明令禁止，你仍然可以坚持适当的活动，预防胎位不正的出现。

第236天

语言胎教：故事《青蛙王子》

随着胎宝宝一天天发育，准妈妈可以更多地跟胎宝宝对话、分享。今天，给胎宝宝念一念美好的童话故事吧，你讲的故事会对胎宝宝形成良好的刺激，发展他的感知觉。

青蛙王子

在遥远的古代，有一个国王，国王有好几位公主，其中小公主最为漂亮，也最善良，连太阳都喜欢她，看见她就向她洒下万道金光。

小公主喜欢到森林里的一口井边玩耍，这一天她还是到这里来玩，手里还拿着她最喜欢的小金球。现在，井台上非常凉爽，她坐在井台上，手里拿着金球，抛上抛下，玩得正高兴。突然，一只小鸟快速飞了过来，直奔小公主的脸而来，小公主急忙转头避开，一不小心，手里的金球掉到井里去了。

这是小公主最喜欢的玩具，井深不见底，可怎么办呢？小公主站在井台边难过得哭起来。小公主哭呀哭呀，谁都安慰不了她，哭得正伤心时，突然一只青蛙跳出来说他能帮助小公主到井底把金球捡上来，小公主很高兴地感谢青蛙，对青蛙承诺道："你要是能帮我把小金球捡上来，我愿意给你任何报酬，我的衣服、我的珍宝还有我的金冠，只要你要，都可以给你。"但是这些青蛙都不要，他说："你的衣服、珍宝还有金冠，我都不需要，我只想要得到你的爱，就像你爱你的朋友一样，肯亲吻我一下，我就去捡金球。"小公主一口答应，青蛙一蹦就跳到井底去了，没一会儿金球真的被捡上来了。

小公主捡起金球却犹豫着不肯亲吻青蛙，因为青蛙看上去滑溜溜的，一点都不可爱。但是青蛙恳求道："求求您，只要您肯吻我，我身上的咒语就可以解除。"小公主想到自己能帮他解除咒语，就心软了，她弯腰捧起青蛙，真的亲吻了青蛙。一眨眼的工夫，青蛙变成了一个王子，长得亲切又迷人，他身上的咒语解除了。

青蛙爱上了善良的小公主，后来他们结婚，永远幸福地生活在一起了。

——选自《格林童话》

第237天

营养胎教：吃一些健康的零食

到了孕晚期，胎宝宝压迫准妈妈消化系统，导致准妈妈进食后常感腹胀，在正餐时不敢吃得太饱，而两餐之间又容易饿，这时候适当补充点能量就成为必须。那么哪些零食适合孕晚期食用呢？

红枣：红枣具有补血安神、补中益气、养胃健脾等功效，还能防治妊娠期高血压疾病，非常适合孕晚期的准妈妈食用。

板栗：板栗有补肾强筋、养胃健脾、活血止血之功效，准妈妈常吃板栗既可以健身壮骨，利于胎宝宝的健康发育，又可以消除自身的疲劳。

花生：花生有和胃、健脾、润肺、化痰、养气的功效，孕晚期准妈妈胃部常感觉不适，可以常吃花生。准妈妈每天吃一点儿花生还可以预防产后缺乳，花生的内衣（即红色薄皮）中含有止血成分，可防治再生障碍性贫血。但花生脂肪含量较高，食用要适量，不可过多。

西梅：新鲜的西梅是水果中补充维生素A的最佳来源。西梅中所含的钾比较丰富，钾对维持人体电解质平衡起着重要作用。西梅含铁也很丰富，铁是构成血红蛋白的原料，能携带血液中的氧分，尤其是对孕晚期的准妈妈更为重要。其中的膳食纤维能促进肠道蠕动，防止准妈妈便秘。每日食用3~5枚即可。

瓜子：如葵花子、西瓜子、南瓜子等。瓜子中富含维生素E等多种营养成分，且比例均衡，非常有利于人体的吸收和利用。

奶酪：属于牛奶的“浓缩”版，1千克奶酪制品是由10千克牛奶浓缩而成的，具有丰富的蛋白质、B族维生素、钙和多种有利于准妈妈吸收的微量营养成分。天然奶酪中的乳酸菌有助于准妈妈的肠胃对营养的吸收。而且一般的奶酪都不会增加体重的负担，非常适合孕晚期食用。

葡萄干：葡萄干能补气血，利水消肿，其含铁量非常高，可以预防孕期贫血和水肿。

无花果：无花果能健胃润肠，还能催乳，是孕晚期的绝佳零食，尤其是孕晚期便秘的准妈妈更适合多吃。

胎教贴心话 准妈妈除了上述几种零食外，还可以吃一定量的酸奶、煮鸡蛋、粗纤维饼干等。

第238天

准爸爸胎教：讲笑话帮准妈妈放松

用功的爸爸

祖母:“你啊，整天就知道玩，哪像你爸爸。”

孙子:“爸爸怎么啦？”

祖母:“他读书可用功哩！想当初，他光一年级就读了三年。”

孙子:“……”

鸡过河

小偷偷了一只鸡，正在河边给鸡拔毛，这时一个警察走了过来，小偷急忙把鸡扔到了河里。

警察问：“你在干什么？河里是什么东西？”

小偷说：“那是一只鸡，它要过河去，我在这里帮它看衣服……”

跳 伞

空中跳伞造型学校的教员在上完第一节课后，询问学员是否有什么问题。

“我们每跳一次要交多少钱？”一学员问。

“100元。”

另一学员显得有点紧张，站起来问：“如果在跳伞时打不开降落伞怎么办？”

“不要担心，如果打不开降落伞我们会把钱退给你。”教员答道。

胎教贴心话 宝宝就要来到这个世界了，准爸爸准妈妈一定是既紧张又兴奋，记得多笑一笑，让自己开心，也让胎宝宝放松放松，要知道准妈妈紧张，胎宝宝也会紧张，所以，准爸爸多收集一些小笑话吧，最后的关头一定要让快乐加倍。

35 WEEKS

第239天

本周变化：体重进入高峰期

宝宝现在基本上已经具备了一个新生儿所有的行为能力。

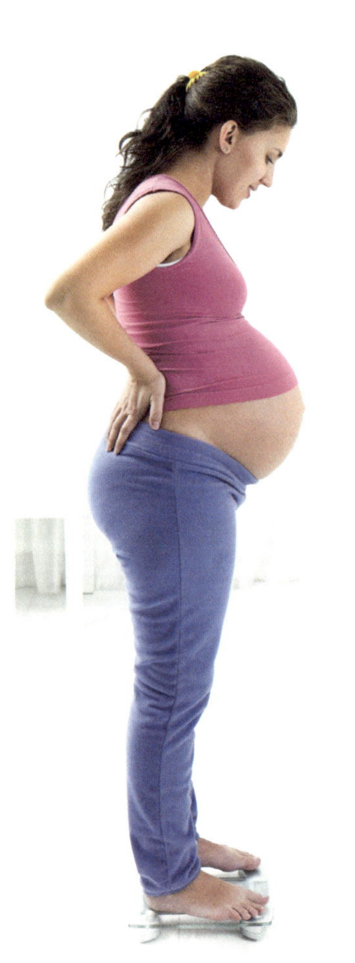

体重增长进入高峰期

本周，胎宝宝从头到脚为45~50厘米，重2300~2500克，看起来更圆润可爱了。在接下来的几周内，他的体重进入高峰期，还将继续快速增加。现在胎宝宝四肢发育更加协调，手肘和膝盖处开始凹了进去，并在手腕和颈部四周形成褶皱，手指甲长长了，有的可能会超过指尖。

肾脏发育更完善

胎宝宝大部分身体发育已经完成，他还在继续不断地吞咽羊水，然后经过肾脏形成尿液排泄到羊水中，尿液会通过你的代谢系统排出体外，这会让他的肾脏发育更加完善。

胎动逐渐减少

随着胎宝宝的入盆，他的活动空间变小，他渐渐不愿意在这狭小的空间内活动，只有在处于一个很不舒服的位置时，才会勉强扭动一下。不过你不要担心，只要感觉到胎宝宝在蠕动，就说明他很好。

胎教贴心话 这时准妈妈肚子已相当沉重，大得连肚脐都膨突出来，起居坐卧颇为费力，这时上下楼梯和外出时一定要注意安全，防止滑倒。

第240天

音乐胎教：《糖果仙子舞曲》

《糖果仙子舞曲》出自柴可夫斯基芭蕾舞剧《胡桃夹子》，是一首富于童话色彩的美妙乐曲，听上去像一场五彩缤纷的糖果梦。

柴可夫斯基和《胡桃夹子》

《胡桃夹子》是柴可夫斯基著名的芭蕾舞剧之一。讲述的是一个名叫Mary的女孩，在圣诞节得到一只胡桃夹子，而梦到胡桃夹子变成了一位王子，不但领着她和她的玩具们同老鼠兵作战，还一起畅游果酱山，与糖果仙子享受舞蹈和盛宴的故事。这个芭蕾舞剧华丽而梦幻，舞剧的音乐充满了单纯而神秘的神话色彩，非常适合你作为胎教音乐来听。

乐曲赏析

这段音乐用钢片琴来演奏旋律，乐曲的音调既甜美腻人，又清脆透明，结合糖果仙子的形象，很自然会让你想象糖果王国中像彩色玻璃片那样晶莹夺目和五彩缤纷的糖果的色泽。钢片琴那轻巧的声音，就像美丽的糖果仙子纤细的身影，愉快地跳着舞，编织出一个五彩缤纷的糖果梦，轻松地将你带入梦幻的糖果世界。

胎教贴心话 准妈妈可以边听边想象Mary和王子被糖果仙子接待的欢乐场景，准妈妈的想象胎宝宝是可以感受得到的。

35 WEEKS

第241天

语言胎教：儿歌《摇啊摇》

准妈妈是不是有点迫不及待地想要将宝宝抱入怀中了呢？再耐心点吧，今天不妨给胎宝宝唱首经典的儿歌《摇啊摇》。这首儿歌民间有很多个版本，你可以先都唱给胎宝宝听，然后告诉胎宝宝你熟知的那个版本，和与外婆之间的温馨故事。

（一）

摇啊摇，摇到外婆桥，
外婆叫我好宝宝，
请吃糖，请吃糕，
糖儿糕儿莫吃饱，
少吃滋味多，
多吃滋味少。

（二）

摇啊摇，摇到外婆桥，
外婆叫我好宝宝，
买条鱼来烧，
头未熟，尾巴焦，
盛在碗里吱吱叫，
吃在肚里跳三跳，
跳啊跳，仍旧跳到外婆桥。

（三）

摇啊摇，摇到外婆桥，
外婆叫烧茶，
新妇懒烧茶，
镬（huò）子底里灶鸡叫，
小缸底里结莲花。

（四）

摇啊摇，摇到外婆桥，
外婆叫我好宝宝，
糖一包，果一包，
还有汤圆和年糕。

（五）

摇啊摇，摇啊摇，船儿摇到外婆桥。
外婆好，外婆好，外婆对我嘻嘻笑。
摇啊摇，摇啊摇，船儿摇到外婆桥。
外婆说，好宝宝，外婆给你一块糕。

胎教贴心话 与外婆共处的时光是很多人儿时最为温暖的记忆，在给胎宝宝哼唱这首儿歌的时候，回忆一下自己和外婆在一起的童年岁月吧，讲讲自己小时候的故事。

第242天

手工胎教：折纸蝴蝶结

怀孕到今天，肯定有非常多的人在孕期给了你帮助，准妈妈一定很想送一份小小的礼物给帮助过自己的同事、朋友、亲人，表示一下自己感恩的心意，这也是用行动教会胎宝宝学会感恩哦。那么，今天来学习折简单的蝴蝶结吧，非常精美可爱，放到礼品盒上一定会让礼品增色不少！

步骤：

①各种花色的15cm左右正方形纸一张（或根据自己实际需要），按图折出印痕；

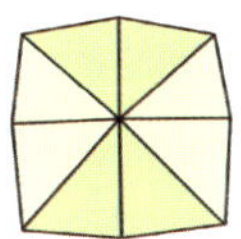

②如图，花色向里折好；

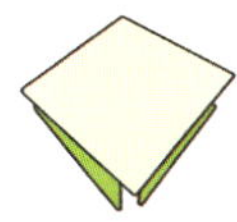

③将中心角向里折；

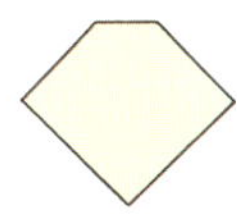

④将尖角打开，折向里，如图所示；

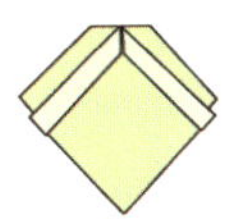

⑤压好；

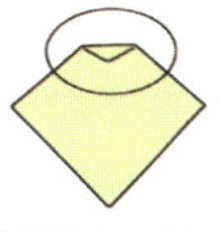

⑥上边向里折出一条；

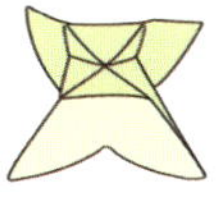

⑦翻过来；

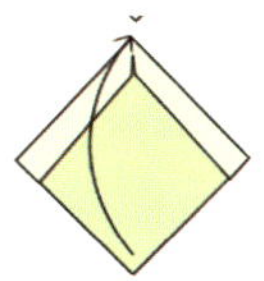

⑧如图所示；

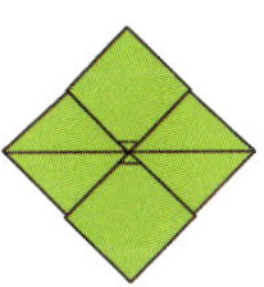

⑨翻过来，按照图上画的线条剪开；

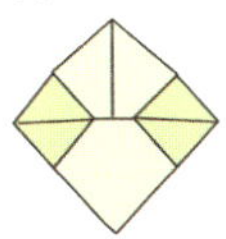

⑩将上边往下折；

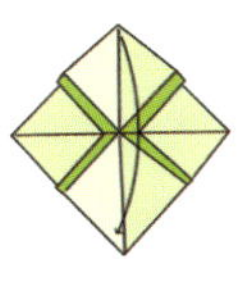

⑪如图所示，将两角往里对齐折好，成为蝴蝶结的两边；

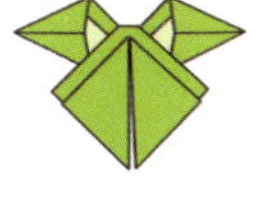

⑫如图所示；

⑬用剪刀将下边线条剪开；

⑭向里向外折；

⑮按照图上画的线条剪好，成为蝴蝶结尾部；

⑯将两个尖端塞入结中，用胶水固定，这样不容易掉落出来，漂亮的蝴蝶结就折好啦。

第243天

折纸：心形书签

这本书中所有的胎教内容需要你用心传递给胎宝宝，今天来折一个心形书签吧，希望你在看这本书的时候用得到。

①将一张正方形的纸如图折叠两下，打开；

②向上对齐中线折起，翻过来；

③将两边同时向中间对齐折起，翻过来；

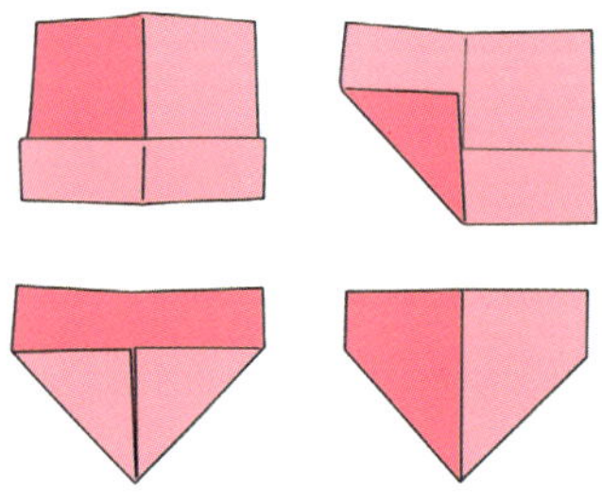

④将三角尖向上翻折，翻过来，如图所示；

⑤将底部展开成小正方形；

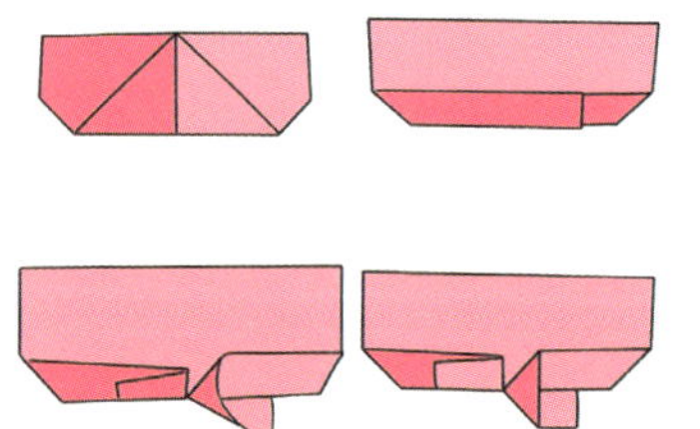

⑥如图所示，将小角向里折起；

⑦向上翻转，成为心形的上半部分；

⑧翻过来，将两边向内对齐折起。

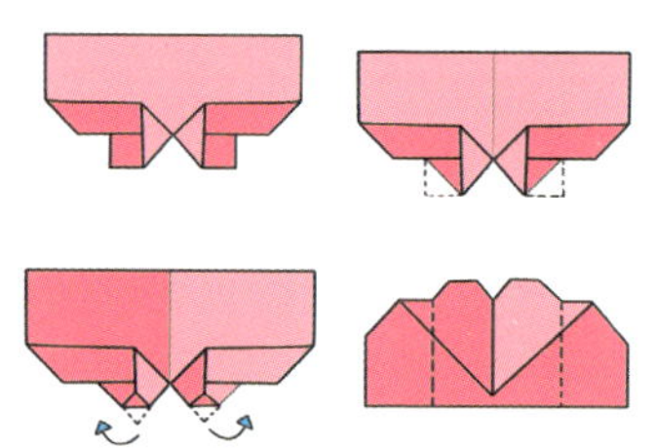

胎教贴心话

在给宝宝读故事时，更要用心去读，你可以挑选一个闲适的时间，在心情好的时候，给宝宝读故事，在感动自己的同时，感动胎宝宝。

35 WEEKS

第244天
动脑摆一摆火柴棒正方形

越是不想动脑的时候，越要动一动脑，准妈妈不要任由自己随着身体变得笨重，也变得懒笨哦。今天和胎宝宝用火柴棒摆摆正方形吧，在摆的过程中，你还可以把正方形的轮廓传输给胎宝宝，和胎宝宝一起动脑筋，构建空间感。

用16根火柴棒摆成的4个相等的正方形（如图），拿掉1根，还是可以摆出4个正方形；然后拿掉2根，仍然可以摆出4个正方形，试试看吧！

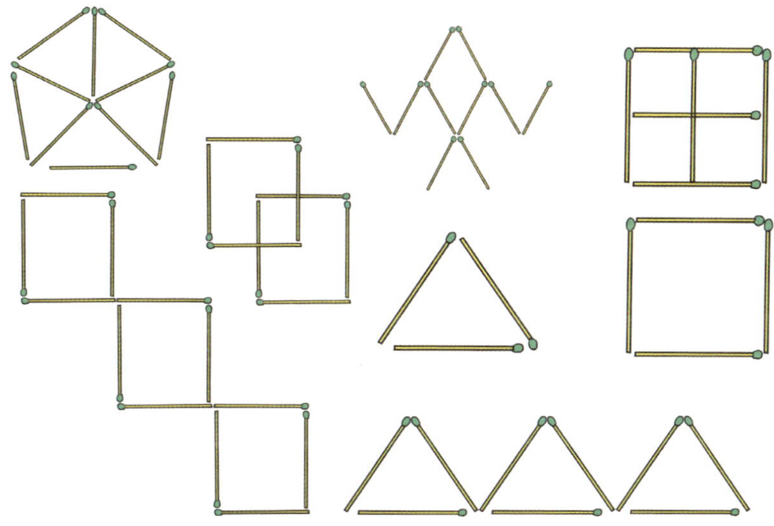

减少1根火柴棒，第四个正方形少了一条边，可以让第三个正方形的一条边做两个正方形的公用边，如图；

拿掉2根火柴棒时，可以让第二个正方形的一条边和第三个正方形的一条边做第四个正方形的公用边，如图；

此外，还有其他的摆法，你试试看吧！

胎教贴心话 准妈妈可以把紧急时需要打的电话号码和住所等资料，做成一览表贴在电话机旁或者显眼的地方，让自己在遇到紧急情况时不至于惊慌失措。

第245天

情绪胎教：手指绘画创造好心情

胎宝宝的成长还在继续，每天的胎教也都在快乐地进行，今天，准妈妈用笔在手指上画几个小人儿，给胎宝宝讲个小故事吧。

幸福的一家

1 在高的那个手指上画个准爸爸。

2 在无名指上画上你自己。

3 在小指头上画个宝宝，幸福的一家诞生了。

4 故事可以从自我介绍开始，然后对着胎宝宝打个招呼吧！

胎教贴心话 不必苛求自己画得多漂亮，画一个大概的样子就可以了，边画边告诉胎宝宝为什么要这样画，会更有趣。

第246天

本周变化：足月儿了

过完这一周，胎宝宝就长成一个健健康康的足月儿，已经具备了一个新生儿所有的行为能力了。在接下来的日子里，宝宝随时有可能降生哦。

胎宝宝足月了

胎宝宝的体重在继续增加，一天大概增长28克，到本周末，胎宝宝身长45~50厘米，大约重2700克，已经是个足月儿了。一般来说，宝宝在预产期的前后两周分娩都算正常，即在38~42周出生的宝宝都为足月宝宝，你应做好宝宝随时到来的准备。

所有器官基本发育完成

胎宝宝所有器官几乎都已发育成熟，能够倾听、感觉，甚至可能看见周围模糊的轮廓。脾脏发育完成，并可以分泌胰岛素了，肾脏也发育完全了，他还在不断地吞咽羊水。胎宝宝中枢神经系统接近成熟，因此反应更灵敏，在熟睡状态下很容易被惊醒。如果你模仿小孩子的语气和声音跟他说话，更能引起他的注意。

胎粪继续积聚直至出生

这一周，覆盖胎宝宝全身的绒毛和在羊水中保护胎宝宝皮肤的胎脂继续脱落，这些脱落的物质和其他分泌物会被胎宝宝吞咽，并积聚在胎宝宝的肠道里直到出生，变成黑色的混合物——胎粪，它将成为宝宝出生后的第一团粪便。

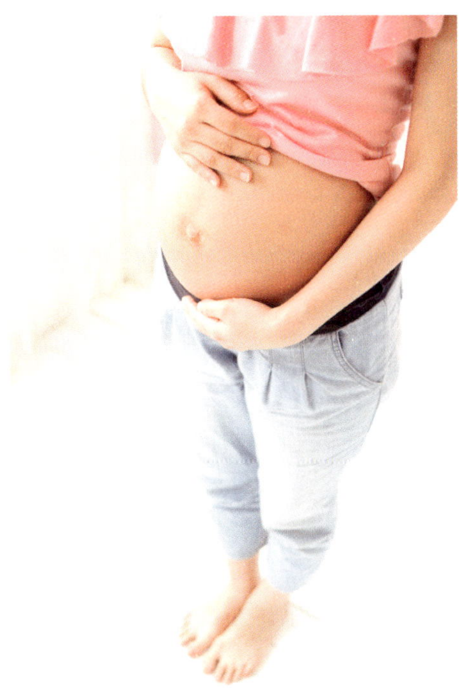

胎教贴心话 如果条件允许，从现在开始准妈妈最好能每周做一次产前检查，一般医生每次都会安排胎心监护的项目。

第247天

营养胎教：有助于顺产的食物

顺产无论对于准妈妈还是胎宝宝都有很多的好处。例如，对妈妈来说，产后恢复快，生产当天就可以下床走动，产后可立即进食，可喂哺母乳等；对胎宝宝来说，从产道出来时肺功能可以得到锻炼，大脑经过产道的压迫会产生积极作用等。

所以，建议准妈妈在条件成熟的情况下尽量选择自然分娩，孕晚期是储备分娩能量的时期，准妈妈除了做些必要的锻炼，还可以在饮食上增加一些有助于顺产的食物，将它们合理安排到每天的食谱中去。

含锌的食物

有研究表明，准妈妈分娩方式与其妊娠期饮食中锌含量有关，每天从食物中摄取的锌越多，其自然分娩的机会就越大。锌对分娩的影响主要是可增强子宫有关酶的活性，促进子宫肌收缩，把胎宝宝挤出子宫腔。

肉类中的猪肝、猪肾、瘦肉，海产品中的紫菜、牡蛎、蛤蜊，豆类食品中的黄豆、绿豆、蚕豆，硬壳果类中的花生、核桃、栗子等均含有丰富的锌。

含维生素B_1的食物

如果在最后一个月里，准妈妈维生素B_1摄入不足，容易引起呕吐、倦怠、体乏，影响分娩时子宫收缩，使产程延长，分娩困难，因此准妈妈多吃含维生素B_1的食物有利顺产。

维生素B_1主要存在于种子的外皮和胚芽中，谷类食物一般含维生素B_1较多，但谷类食物碾磨得越精细，维生素B_1的含量就越少；植物性食物中，豆类和花生含维生素B_1最多；在蔬菜中，苜蓿、枸杞、毛豆的维生素B_1含量较多；动物性食物中，畜肉及内脏含维生素B_1很多；干酵母中含维生素B_1最高，每100克为6.53毫克，可以作为治疗维生素B_1缺乏的补充来源。

胎教贴心话

这个阶段胎宝宝的身体发育已经成熟，主要是皮下脂肪在增多，因此，在最后几周里，准妈妈的饮食量不需要刻意地增加，按照自己能吃饱的饮食结构就能为胎宝宝提供足够的营养。若摄入营养过量，则很容易使胎宝宝长得太大，在出生时造成难产。

第248天 音乐胎教：《我的爹地》

《我的爹地》选自国际儿童音乐权威作曲家雷蒙•拉普专为智能发展关键期的婴幼儿所精心打造的《宝宝的异想世界》专辑。

背景介绍

雷蒙发现自己的两个孩子都能够专注地听自己创作的乐曲，而且听后情绪能够完全放松，于是将自己的音乐打造为专辑介绍给大众，结果这张专辑推出后立刻受到了热烈的欢迎。

雷蒙为孩子创作的这些音乐中，包含了很多声音，如海浪、鸟鸣、玩具的声音，孩子牙牙学语的声音等。这些常见的自然音效让宝宝非常快乐。现在，全世界有很多父母已经证实自己的宝宝在听过雷蒙的音乐后，都会表现出愉悦的心情，有的还会随着音乐节奏摇摆身体，或咯咯地笑呢。

乐曲赏析

《我的爹地》乐曲一开始就是宝宝牙牙学语的声音，稚嫩的声音不停地喊着“爸爸，爸爸”，中间还夹有玩具发出的可爱声响，整首乐曲非常轻松明快，所表现的情感也细腻动人、朴实无华，整部作品给人一种宁静而安逸的感受。仔细聆听，再加入一些想象，听者可以感受到爸爸面对牙牙学语的宝贝时那种溢满嘴角的笑容和幸福心情。

胎教贴心话 对宝宝来说，一个幸福的家庭就是，爸爸爱妈妈，妈妈爱爸爸，爸爸妈妈爱自己，自己爱爸爸妈妈。这首乐曲能让准爸爸的父爱之情变得更为浓郁，而准爸爸对胎宝宝的爱和期待，会让准妈妈感觉温暖和幸福。

第249天

情绪胎教：分娩没有那么可怕

很多准妈妈对生孩子的疼痛怀有深深的恐惧心理，其实，分娩并没有想象中的那么可怕。

恐惧可能会放大分娩疼痛

由于个体的差异，每个人对疼痛的承受力和感受是不同的，有的准妈妈生完觉得十分疼，这种疼痛感被准妈妈的恐惧心理强化了，想起来就认为疼痛难忍。

准妈妈紧张、焦虑、恐惧的心理会引起体内一系列神经内分泌反应，而使疼痛加剧。有部分准妈妈觉得生产达到“痛不欲生”的地步，这与心理因素是有很大关系的。

在日常生活中，平时活动量大的准妈妈分娩时通常比较顺利，痛感也相应减轻；脑力劳动者或平时活动少的准妈妈，常常因极度紧张和恐惧而加剧疼痛。

只要对分娩疼痛多做了解，准妈妈就会知道，疼痛其实是一种很主观的感受，分娩的疼痛有很大一部分是来自于恐惧心理，心理负担越重，就越害怕疼痛，还会把疼痛放得越大。

分娩疼痛是间歇的

在全身心地应对分娩带来的疼痛时，准妈妈一定要明白，这种疼痛并非是固定不变的。分娩疼痛就像波浪一样，有起有伏有间歇，每一次，当宫缩带来的疼痛逐渐积聚达到顶点后，就会慢慢下降，直到疼痛完全消失。

宫缩带来的最厉害的疼痛，从开始到结束，持续的时间只有60~90秒，所以最重要的是，在两次宫缩之间，准妈妈要抓紧时间休息，平复自己，然后再汇聚能量，迎接下一次宫缩疼痛。

在分娩之前，准妈妈可以把那些最能提劲、最能鼓舞士气的物品准备好，比如巧克力、音乐等，等待了那么久，哪怕只是精神上渴望与宝宝相见的热切心情，也会在分娩时助你一臂之力的。

胎教贴心话

为了减轻分娩疼痛，有一种无痛分娩方法，如果所在的医院有无痛分娩的条件，准妈妈本人对分娩疼痛又特别恐惧，可以咨询医生，看自己的身体条件能不能进行无痛分娩。

第250天 分娩可以给女性带来怎样的好处

十月怀胎过程虽然辛苦，但在收获可爱宝宝的同时，分娩对准妈妈的身心也有不少好处。

减少子宫内膜癌发生概率

怀孕期间，由于维护胚胎生存环境“稳定”的需要，子宫内膜也暂停了它的周期性剥脱出血，子宫内膜的上皮细胞在月经周期所必经的“损伤”“修复”“再损伤”“再修复”的过程会暂时停止，发生癌变的机会也同时减少了。

减少卵巢癌发生概率

怀孕让女性体内产生一种抵抗卵巢癌的抗体，它有利于阻止卵巢癌的发生。

缓解改善痛经及月经不调

在孕育宝宝的过程中，女性的身体如子宫、乳房会经过一个再次发育的过程，内分泌也能得到自发的调节，痛经和月经不调都会得到改善。

推迟更年期

孕育宝宝的过程会让卵巢暂停排卵，直到哺乳后的第4~6个月才恢复，这期间，大约有20个卵子推迟了排出时间，这会使卵巢的衰退时间推迟，从而可推迟更年期的到来。

感觉变得更灵敏

怀孕似乎能提升准妈妈的嗅觉，甚至味觉。当然，这样灵敏的嗅觉在怀孕早期可能会加剧晨起时的恶心感，但到了孕晚期，却会令准妈妈倍加享受各种美味。

变得更美丽

怀孕期间，绝大多数准妈妈都会变得容光焕发，更加美丽，产前产后的细心调理会让这种美丽一直延续到生产之后。这是因为孕期女性基础代谢会增加，身体的内分泌能得到更好的调节，雌激素水平高，因而皮肤更光洁、弹性更好。

胎教贴心话 在最后几周的时间里，医生会根据胎宝宝的情况，从而给出准妈妈是否适合自然分娩的建议。假如准妈妈认为自己的观点与医生不符，建议准妈妈不要固执坚持，最好遵循医生安排。

第251天

美食胎教：固发药膳粥

固发药膳粥

原料 何首乌药汁20克、枸杞数粒、黑豆2~3颗、新鲜香菇1朵、金针菇5克、鸡蛋100克、水80毫升。

调料 酱油、味精。

做法

1 将鸡蛋打散，加入何首乌药汁、水及调味料拌均匀后，以细网过滤倒入蒸碗内。

2 放入枸杞、黑豆及汆烫好的菇类，入蒸锅以小火蒸10~15分钟即可食用。

功效 准妈妈可能有脱发或白发的问题，或因睡眠不足、气虚血弱，可能会晕眩，此道粥可补中益气、补精髓、黑发和强壮筋骨。

第252天 妙趣横生的颠倒歌

在民间有一种颠倒儿歌，是把事情往反了说。有趣不有趣，滑稽不滑稽，先与胎宝宝一起来看一看，再发挥自己的想象力，自己来编一首颠倒歌吧。

民间流传的颠倒歌谣

东西路，南北走，顶头碰上人咬狗。
拾起狗来砸砖头，又被砖头咬了手。
老鼠叼着狸猫跑，口袋驮着驴子走。

颠倒话，话颠倒，石榴树上结樱桃。
蝇子踢死马，蚂蚁架大桥。
丫丫葫芦沉到底，千斤秤砣水上漂。
我说这话你不信？老鼠衔个大狸猫。

说胡拉，就胡拉，寒冬腊月种棉花。
锅台上头撒种子，鏊子底下发了芽，
拖着几根葫芦秧，开了一架眉豆花，
结了一个大茄子，摘到手里是黄瓜，
舀到碗里是芝麻，吃到嘴里是豆腐渣。

也可以自己编

准妈妈也可以自己编这样的儿歌，可以这样开头：“说瞎话，拉瞎话……”然后先想想正确的是怎样的，但读的时候可不能读对了，就好像给人讲笑话，要让听的人哈哈大笑，可不要先把自己给笑倒了。

胎教贴心话 准妈妈可能现在会担心自己早产，你的担忧也会影响胎宝宝，其实到这个阶段，准妈妈大可以放宽心，因为即使这个阶段宝宝出生了，也很容易存活，并且一般不会出现与早产相关的严重问题。

PART 10

孕10月

嘿！亲爱的宝贝

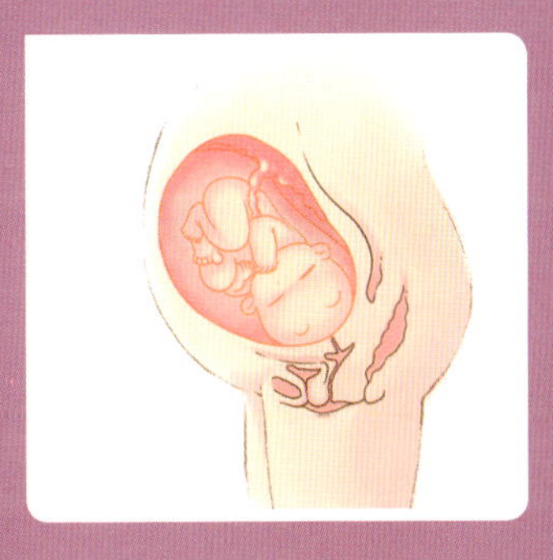

一个可爱的小人儿马上就要来到自己的身边了，这最后的一个月，准妈妈仍然要坚持胎教哦，不但如此，在宝宝出生后，还要巩固胎教成果，千万不要让10个月的付出成果打了折扣。

第253天

本周变化：头部完全入盆

顺利进入孕育的最后一个月啦，产期临近，准妈妈身体的不适和内心的不安都有所加重，再耐心坚持一下，很快你就会和宝宝见面了。

头发继续生长，变得又长又密

胎宝宝现在从头到脚长48~51厘米，重2700~3000克，体重仍然在增加。他的皮肤还是有点薄，呈现出淡淡的红色，头发还在继续增长，变得又长又密了，但是也有一些胎宝宝出生时几乎没有头发，或者只有淡淡的绒毛。这个时候的头发情况并不决定出生后的情况，日后随着营养的补充，他的头发会自然变得浓密光亮。

各器官已经基本发育完全

胎宝宝的器官已经基本发育完全，肺是胎宝宝最后发育完善的器官，现在也变得更加完善，为子宫外的生活做好了准备。手、脚的肌肉变得发达，骨骼也变硬了，能够有力地抓握和踢腿，但现在他活动的空间变小，胎动稍微减少。

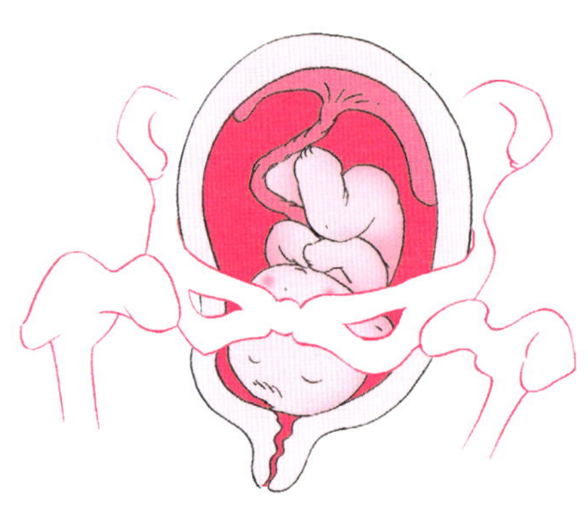

随时等待降生

胎宝宝头部现在已经完全入盆，随时等待着降临人世。但有的胎宝宝的头还没有转下来，此时，医生可能会建议你顺其自然，并选择一个合适的时机进行剖宫产。

胎教贴心话

从这周开始，有条件的准妈妈应每周产检一次。现在你可以预约最后一次B超，估测胎宝宝的发育情况、胎位、羊水及胎盘状况，确定分娩方式。

第254天

手工胎教：做个晴天娃娃

晴天娃娃是一种悬挂在屋檐上祈求晴天的布偶，传说它能止雨，这也是它得名的原因。准妈妈不妨和胎宝宝一起，来做一个晴天娃娃，体验手工的乐趣，这个做法很简单，效果也很不错。

需要准备的材料

一块正方形的布（可选择自己喜欢的颜色）、乒乓球、彩色笔、绳子。

制作步骤

1 先把布的四个边剪成浪花状，这样制作出的娃娃，更显活泼可爱。

2 把布平铺在桌上，将乒乓球放在布的正中央，抓起布的四角，把球包在正中央，做出头的样子，用绳子系好。

3 接下来给娃娃化妆，用彩色笔画笑眯眯的眼睛，红红的小脸蛋，弯弯的嘴巴，帅气的小晴天娃娃就做好了，可以把它挂到想挂的地方。

儿歌：晴天娃娃

晴天娃娃，晴天娃娃，但愿明天是个好天气。
如果是这样，就给你个金铃铛。
晴天娃娃，晴天娃娃，但愿明天是个好天气。
如果是这样，就给你美味的菜肴。
晴天娃娃，晴天娃娃，但愿明天是个好天气。
如果是这样，就和你一起出去玩。

第255天

营养果蔬汁让你拥有明亮好心情

自制果蔬汁营养丰富，富含膳食纤维，而且水果亮丽的颜色让你拥有一个好心情呢。

鲜藕梨汁

原料 新鲜莲藕200克、鸭梨1个。

做法

1 将莲藕洗净、去皮，切块；鸭梨洗净、去皮、去核，一起放入搅拌机中搅碎。

2 你可以用消毒纱布过滤掉纤维素，但就这样吃还可以缓解便秘呢。

功效 清热降火，可有效缓解胃灼热。

西红柿橙汁

原料 西红柿1个，橙子2个。

做法

1 橙子去皮去籽切成小块；西红柿洗净，切成小块。

2 将橙子肉和西红柿一起放入榨汁机，榨出西红柿橙汁。

3 如果你口感比较清淡，则可以放半杯开水一起榨汁；如果喜欢甜一点，不妨放点蜂蜜，但最好不要放糖，以免破坏其中的维生素。

功效 补充丰富的维生素，具有多方面的保健功能。

胎教贴心话 鲜榨果蔬汁要现榨现喝，最好在20分钟内喝完，果汁含糖量高，不宜喝太多，一次最好不要超过500毫升。

第256天

语言胎教：与胎宝宝来一场对话吧

如果用B超看的话，就能看到此时胎宝宝已经在准妈妈的腹中长得很好了，说不定此时正在调皮地微笑呢，这是一个有感觉有听觉的小人儿了，准妈妈的一言一行都可能令他感到十分高兴。

和胎宝宝来一次想象中的对话

准妈妈深呼吸一下，闭上眼睛，继续在心中塑造他的形象，然后彻底将腹中的胎宝宝当作一个可以谈心的对象，想象他正在认真倾听你说话，或者想象他正在乖巧地回应你，比如：

“亲爱的宝宝，我是最最爱你的妈妈。宝宝，现在，你睡在妈妈的肚子里，还时不时地伸伸你的小胳膊、踢踢你的小腿，这些妈妈都能感觉得到。我们马上就能见面了，多么期待这一天的到来啊！”

“宝宝，不知道你长得像爸爸多一些，还是像妈妈多一些？不过，妈妈猜啊，你应该像爸爸那样有一个大大的充满智慧的脑袋，像妈妈一样有健康爽朗的性格，你应该有一双又大又亮的眼睛和一个肉嘟嘟的小屁股。你一定特别爱笑，是个健康又活泼的小天使。”

“宝宝，妈妈有时候有点烦，而且觉得累。不过，只要一想到你，想到你能带给妈妈和爸爸的快乐和幸福，妈妈现在所有的辛苦就不算什么了。宝宝，妈妈会给你最多最好的爱，让你无忧无虑地长大，给你买你喜欢的玩具和书，会和你一起玩游戏，给你讲故事。当然，如果你调皮了，不听话了，妈妈也会生气，也会难过，不过，妈妈相信我的宝宝会是个很乖的宝宝，不会经常惹妈妈生气的。”

胎教贴心话 在进行想象胎教时，准妈妈应该尽量形象地在心中构思出较具体的影像，像放电影一样，越生动越好，这样能够更加有效地将准妈妈的所思所想传达给胎宝宝。

第257天

美食胎教：眉豆炖排骨

眉豆炖排骨

原料 花生仁20克、米酒水600毫升、浓缩番茄50克、眉豆30克、排骨200克、南瓜块50克。

调料 盐适量。

做法

1 将米酒水及所有材料（南瓜块除外）放入锅中，待煮沸后关小火煮约20分钟，再焖20分钟。

2 开锅倒入南瓜块煮熟即可食用。

功效 眉豆煲汤能有效消除水肿，还有健脾补血等功效。南瓜可预防水肿，并能增强体力。排骨是补血的食材。

第258天

音乐胎教：听《晨光》

《晨光》是由班得瑞乐团所作。班得瑞乐团是一群生活在瑞士山林的音乐精灵，他们是由一群热爱生命的年轻作曲家、演奏家及音源采样工程师组成的团队。热爱生活、热爱大自然让他们心灵纯净，从不因自己制作的音乐被人欣赏而在媒体曝光，一旦开始执行音乐制作，便深居在阿尔卑斯山林中，直到母带成品完成。

置身自然山野中的生活，让班得瑞乐团拥有源源不绝的创作灵感，也拥有最自然脱俗的音乐风格。这首《晨光》排笛与横笛交错吹奏，将日与夜的交替表现得恰到好处，静静聆听下更添空灵之感。

聆听这首曲子会感染于它优美的自然音乐，乐曲中表现的晨光柔和而又充满活力。旭日东升之时，曲中新鲜的朝气将你从梦境中唤醒，加入清新的早晨，你会看到一个格外美好的世界，仿佛眼前有一片享受着晨光的绿油油的麦田，人们正在起床，孩子们正在上学的路上欢唱……

胎教贴心话 优美的旋律一般都会使人心情舒畅，所以准妈妈做胎教时选择那些自己真正欣赏与喜欢的音乐，效果才更好。

第259天

准爸爸胎教：帮准妈妈做按摩

伴随怀孕而来的生理上的各种不适症状，腰酸背痛、水肿、疲劳等，经常困扰着准妈妈，准爸爸可在晚间为准妈妈轻轻按摩。

通过按压的动作，不但可以促进血液循环，减少不适感觉，舒缓压力，增强抵抗力，还有助松弛神经，让准妈妈酣睡入梦。

此外，准爸爸体贴温柔的按摩，可以让准妈妈感受到对她的关爱，从而使依赖的心理得到满足，还可以改善由于不适而引起的焦虑情绪。

准爸爸可以做哪些按摩

腿部按摩：促进血液循环。把双手放在大腿的内外侧，一边按压一边从臀部向脚踝处进行按摩，将手掌紧贴在小腿上，从跟腱起沿着小腿后侧按摩，直到膝盖以上10厘米处，反复多次，可消除水肿，预防小腿抽筋。

胸部按摩：从腋下以乳晕为中心，然后向中央聚拢胸部，反复6次以上。可促进乳腺分泌，预防产后乳疮。

腰背按摩：用手掌掌根或拳面放在准妈妈后背脊柱两侧肌肉，做轻快的、柔和的回旋运动，注意手要按住肌肉施加一定压力，不要在皮肤上摩擦。在一固定点按揉数十秒后将手向下移一手掌宽，再重复此操作，直至按揉到臀部以上。如此可以缓解准妈妈的腰背疼痛。

头部按摩：用双手轻轻按摩头和脑后，3~5次；用手掌轻按太阳穴，3~5次。可缓解头痛，松弛神经。

胎教贴心话 人体对疼痛的承受力各有不同，而男性的手劲较大，所以准爸爸帮准妈妈按摩时，手法应温柔平和，力量要轻重适宜，以准妈妈感觉舒服最重要，用力过猛、刺激太强易生反效果。

第260天

本周变化：为出生做好了准备

现在胎宝宝的各个器官发育完全并已各就各位，为出生做好了准备。不过，他对你充满了依恋，可能还想继续待上几周呢，不要着急，做好准备，耐心等待他的降临吧。

皮肤变得更加光滑

这一周，胎宝宝身长52厘米左右，体重为2700~3400克，还在继续增加。胎宝宝的皮肤开始增厚，表面的褶皱已经消失，覆盖的一层细细的绒毛和大部分白色的胎脂还在逐渐脱落，胎宝宝看起来又胖又圆，皮肤细腻光滑，煞是可爱。

胎宝宝的器官已经完全发育

现在胎宝宝的各个器官发育完全并已各就各位，胎宝宝的神经细胞数目已基本发育完成，脑部开始了工作，肺泡表面活化物质开始增加，使肺泡张开，足以发挥功能了，脑部和肺部将在宝宝的整个童年时期继续发育。

头部完全入盆，身体继续向下

这一周，胎头已经完全入盆，并会在骨盆腔内摇摆，让自己的身体继续向下。胎宝宝周围有准妈妈骨盆的骨架保护，很安全。

胎教贴心话 宝宝在预产期前两周和后两周出生都是正常的，不过，75%的胎宝宝的出生时间都会比预产期晚，准妈妈不要着急，坚持每周产检一次就好。

第261天

音乐胎教：一起来学唱音符

音符可以刺激胎宝宝的大脑，构成音乐记忆，奠定后天的音乐基础，使胎宝宝拥有更多的音乐天赋，胎儿期是对胎宝宝进行音乐启蒙的关键阶段，准妈妈千万不要错过了。

教胎宝宝学“唱”音符的方法

1 练习音符发音。例如：“1、2、3、4、5、6、7、i”“i、7、6、5、4、3、2、1”。反复轻声教唱若干遍，每唱完一个音符停顿几秒钟，给胎宝宝复唱的时间。

2 在教胎宝宝唱音符时，室内应保持安静，尽量避免噪声干扰。每天教唱1~2次，每次3~5分钟。最好定时教，并拟订一个施教计划，由夫妻二人交替进行。

两首有助于胎宝宝学习音符的儿歌

Do—re—mi

Let’s start at the very beginning
A very good place to start
When you read you begin with A-B-C
When you sing you begin with do-re-mi
Do-re-mi, do-re-mi
The first three notes just happen to be
Do-re-mi, do-re-mi
Do-re-mi-fa-so-la-ti
Let’s see if I can make it easy
Doe, a deer, a female deer
Ray, a drop of golden sun
Me, a name I call myself
Far, a long long way to run
Sew, a needle pulling thread
La, a note to follow Sew
Tea, a drink with jam and bread
That will bring us back to Do （oh-oh-oh）
Do-re-mi-fa-so-la-ti-do So-do!

音符歌

全音符是一个圈，
二分音符加符杆，
四分音符黑了头，
八分音符加符尾，
还有十六分音符，
符杆上面两条尾。

胎教贴心话

在教唱时，准爸妈应该充分地发挥自己的想象力，就好像子宫中的胎宝宝神奇地张开蓓蕾似的小嘴，随着爸妈的音律和谐地跟着学唱。

第262天
手工胎教：折纸飞机

纸飞机伴随了很多准爸妈的童年，随便一张长方形的纸，折成小小的飞机，然后与朋友比赛看谁的飞得远。今天与胎宝宝一起来折个纸飞机，一起放飞梦想吧。

步骤：

①准备一张长方形的纸，对折出痕；

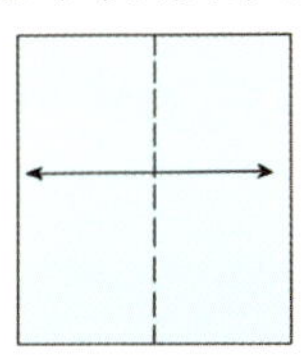

②将两角对齐中心折痕，对折；

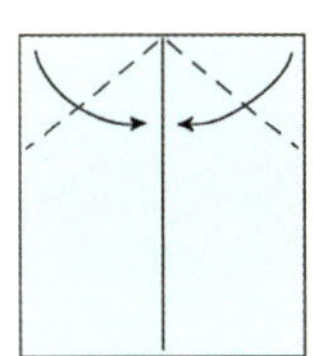

③再折一次；

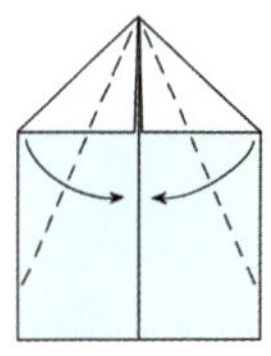

④将飞机尖端从中间对齐折起；

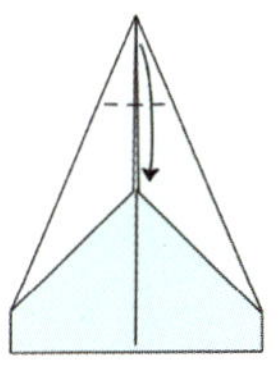

⑤翻折过来；

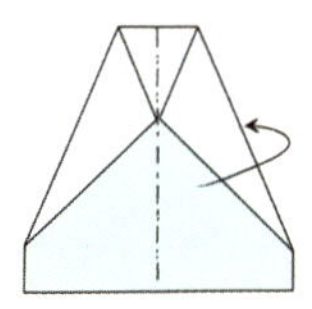

⑥两边同时沿着虚线对折；

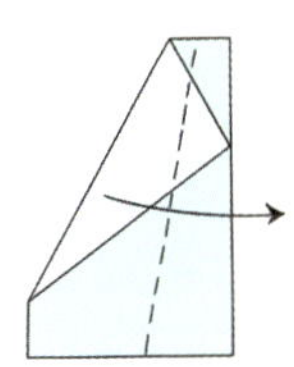

⑦折出来就是这个模样。

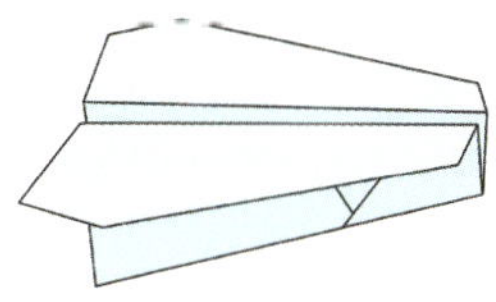

胎教贴心话 也许这个纸飞机不是你小时候折过的那种，如果准爸妈的记忆里还有不同的纸飞机折法，一起来试试看吧，别忘了向胎宝宝讲讲你们小时候关于纸飞机的故事。

第263天

艺术胎教：彩铅上色《我的家》

在众多的绘画方式中，涂色画会让人更轻松随意。运用鲜艳的颜色，信笔涂鸦，不但可以缓和准妈妈的情绪，还能通过准妈妈的手锻炼宝宝的思维能力和创造力。

一家人的美好生活

用彩色铅笔或者水彩笔给这张画图上灿烂的颜色吧！当然，涂抹时不要太过于“忘我”，准妈妈可以跟胎宝宝说说你画的是什么，是怎么画的，这种互动具有更好的胎教效果。在涂色中，你绘画的天赋都会有所表现，你的每一幅画，画画时的美好心情，提升的审美能力，都是给未来宝宝的礼物。

胎教贴心话 现在市面上出售的有很精致的涂色画本，准妈妈可以挑选几本自己喜欢的，开始涂画，这对释放孕晚期的压力也很有效果。

第264天
语言胎教：故事《对对子》

对对子是中国的一种传统文字游戏，也是智慧的体现，准妈妈一定想让胎宝宝也接触到这种有趣味的文化，今天来讲一讲蔡锷大将军小时候对对子的故事吧。蔡锷大将军在军事上颇有建树，在诗歌创作上也有独到之处，特别是他善于对对子，喜欢写对联，现在还流传着许多他对对子的小故事。

巧对索要风筝

蔡锷小时与同伴放风筝，玩得正起劲时，风筝线断了，掉进太守家的花园里。一时，无人敢去取，蔡锷大胆前去，没想到被门卫拦住而发生争执，最后惊动了太守。太守见蔡锷谈吐不凡，想刁难一下他，于是出了个上联："童子六七人，无如尔狡。"蔡锷想了想，对了个下联："太守二千石，唯有公……"蔡锷故意不往下说，太守追问，蔡锷笑嘻嘻地答道："你还我风筝，就是'唯有公廉'，你如果不还，便是'唯有公贪'了！"太守夸他机灵过人，自然将风筝还他。

赶考时的灵机妙对

蔡锷13岁时，父亲带他到宝庆府考秀才，那时候没有车，只能走路，蔡锷走不动了，父亲就背着他走。有个乡绅见了，吟出一句："儿将父作马。"蔡锷随口便答："父愿子成龙。"

临考，馆主送给蔡锷一枝鲜花，祝他妙笔生花。蔡锷将花插在衣袖里，潇洒地走进考场。主考官见他衣袖里藏有鲜花，便有意为难一下他，让其对对子："小童子袖里插花暗藏春色。"蔡锷见案台上摆有一对红烛，便答道："大老爷堂前摆烛明察秋毫。"考官见他人矮衣长，又出题："小后生长袍拖地。"蔡锷随口应答："大老爷洪福齐天。"考官又以他年少为题出联："邵阳考生八十名，唯汝最小。"蔡锷不慌不忙，即吟下联："孔门弟子三千众，属回（即颜回）领先。"考官又把难度加大，出了上联："宝塔七层，四面八方。"蔡锷略加思考答曰："玉掌五指，两短三长。"考官被他的才华所折服。最后蔡锷以神童补县学生员（俗称秀才），湖南学政江标誉蔡锷为神童，一时轰动府县。

胎教贴心话

喜欢对对子文化的准爸妈也可以在家里就某个情景即兴对对，一个出上联，一个对下联，相信别有一番情趣。

第265天

艺术胎教：电影《婴儿与我》

电影简介

中文名：宝贝和我 / 天才宝贝

英文名：Baby and Me

导演：金镇英

主演：张根硕 / 文梅森 / 吴光禄 / 金星 / 朴明秀 / 李哲民 / 崔在涣

制片国家/地区：韩国

发行时间：2008年

一个成长与父爱的故事

俊秀是一个调皮捣蛋的高中生，平日打架当饭吃，让母亲头疼不已，教训他说："如果你再找麻烦，就快点结婚，然后生个和你一样的儿子，就能体会到我有多痛苦了。" 乌兰的出现，可以说是改变了他的人生。虽然这不是他的孩子，但他却因为这个宝贝，经历了很多很多。刚开始，他对宝贝充满了烦躁陌生和不耐烦，但慢慢地，他为孩子做了很多很多：求人喂母乳，打预防针，上爸爸培训课。很多时候很多事情在不知不觉中发生，特别是人和人之间的感情很微妙。最后，俊秀经历了许许多多事情而长大成人，成为真正的爸爸。

在这部爆笑育儿电影中，你会找到触动你灵魂的某个地方，也会遇到令你有所感动的某一刻，无论是那些单纯而真挚的情感，还是那个纯洁如天使的宝宝，抑或是那些充满欢乐的搞笑桥段，总之，到最后，你肯定会对自己养育一个孩子充满了期待。

超级可爱的宝贝

在这部影片里，扮演乌兰的Mason是加拿大及韩国混血儿，平日相当顽皮，但非常具有大明星风范。Mason过去当过不少广告和杂志模特，相当会摆各种明星级的pose，可爱得不得了。影片的剧照曝光后，被网民们疯狂下载收藏或转发给别人，因而在网络上掀起了一股"Mason旋风"呢。

胎教贴心话 看电影可以使准妈妈的思绪集中在画面上，进入想象中的世界，紧张的身体和大脑因此得到放松，从而抚平凌乱的心绪。但准妈妈应该避免观看基调悲伤或情节紧张、悬疑类型的电影。

第266天
准爸爸胎教：随时做好入院准备

此时，胎宝宝各方面功能都已具备，最重要的是能够建立自主呼吸，随时都有可能出生，准爸爸需要随时待命，做好入院的准备。

入院前准爸爸要做的准备

1 把去医院需要带的物品集中放在一起，所有物品分类装入各个小包，然后一起装入一个大包中，陪护的人要清楚都有什么物品和物品放置的地方。

2 在这个时候，准妈妈身边需要始终有人陪伴，无论什么时候都不要让准妈妈一个人待着，外出时尤其如此。

3 宝宝在夜里出生的可能性较大，在身边陪护的人作息要规律，早些睡觉，保持旺盛精力，以便在准妈妈有需要的时候及时给予帮助。

4 事先安排好工作的事情，与老板或者上司打好招呼，以便在妻子出现临产征兆后可以随时离开工作岗位。

什么时候安排准妈妈入院

晚入院有危险，但太早入院也不好，如果住院时间太长，准妈妈心理压力大，容易精神紧张。医生建议出现临产征兆后，尤其是当阵痛很规律的时候再入院是比较稳妥的做法。但当预产期已过，而临产征兆却迟迟没有出现，也不能继续等待，以免发生过期妊娠。可以在预产期后2~3天内做检查，根据医生建议决定入院与否。

有以下情况的准妈妈需要提前入院

1 如果准妈妈患有心脏病、肺结核、高血压、重度贫血等，应提前住院，由医生周密监护。

2 骨盆及产道有明显异常，不能经阴道分娩的准妈妈，或者胎位不正，如臀位、横位以及多胎妊娠，可选择一个适合的时机入院进行剖宫产。

3 中、重度妊娠高血压综合征，或突然出现头痛、眼花、恶心呕吐、胸闷或抽搐，应立即住院，控制病情，病情稳定后适时分娩。

4 有急产史的准妈妈，应提前入院，以防再次出现急产。

第267天

本周变化：囤积脂肪，变得更饱满

宝宝就要呱呱坠地了，他现在还在继续囤积脂肪，养精蓄锐，等着临产的征兆。准爸妈要做好迎接他的准备哦。

外层皮肤正在脱落

本周，胎宝宝身长约52厘米，体重已有3200~3500克，男孩的出生体重往往比女孩稍重一些。他的脂肪层正在加厚，这会帮助他在出生后控制体温。胎宝宝的外层皮肤正在脱落，取而代之的是下面的新皮肤，这也是你看到新生儿有点脱皮的原因。

免疫系统已经建立

这个阶段，胎宝宝本身的免疫系统虽已建立，但还不十分成熟，为了补偿这种不足，胎宝宝可以通过胎盘接受来自母亲的抗体，从而抵御一些像流行性感冒等感染。宝宝出生后你还可以将抗体通过母乳输送给他，给他提供保护。这正是提倡母乳喂养的原因之一。

压迫子宫颈，准备降生

胎宝宝已经完全入盆，头部已固定在骨盆中，将会向下运动压迫你的子宫颈，你的尿频现象加重。随着头部的逐渐下降，他便会来到这个世界上。

胎教贴心话 对于大多数准妈妈来说，接下来的两周就只是耐心地等待了。在等待过程中，坚持数胎动确定胎宝宝的安全，并仔细观察自己的身体变化，再将整个身心放轻松，可以缓解准妈妈的焦虑情绪。

第268天

故事胎教：《葡萄园里的珍宝》

这是一个适合父亲来讲述的故事，当一家人一起出门散步时，准爸爸可以放慢脚步，给准妈妈和腹中的胎宝宝讲述这样一个故事，告诉胎宝宝，不管什么时候，爸爸都是爱他的。

葡萄园里的珍宝

在山的南边，住着一个老农夫和他的三个儿子。这个老农夫有一大片的葡萄园，每年都会长许多紫红色、甜美多汁的大葡萄。可是老农夫年纪大了，体力渐渐衰弱，再也不能到园里工作，而他的三个儿子虽然已经成年，却十分懒惰，眼看着园子一天天地荒芜了。

临终前，他把三个儿子叫到身边，对他们说："我的孩子们，在葡萄园里，我埋藏着一批珍宝，你们生活困难时就挖出来补贴家用吧。"说完他就去世了。儿子们见父亲已死，立即找来锄犁，挖的挖，耕的耕，翻土三尺，可是始终也没有找到那批财宝，而整座葡萄园由于他们的耕、挖等于来了一次精耕细作。虽然他们没有找到意外之财，而土地却给了他们奖赏。

第二年，葡萄获得了大丰收，每颗葡萄都圆滚滚的，像一颗颗紫红色的大珍珠发出耀眼的光芒。三兄弟高兴极了，他们把一部分葡萄运到镇上去卖，一部分酿成了葡萄酒，赚了一大笔钱。

"虽然没有找到珍宝，但把园子松了土总是对的！"老三开心地说道。

老二说："现在我总算明白父亲的用心了！其实他是要咱们辛勤劳动，这样才能收获无数珍宝。"

老大感慨地说："你们看，那满园的葡萄不就像珍宝吗，它们是那样的闪亮、美丽！"

——选自《伊索寓言》

第269天

音乐胎教：名曲《致爱丽丝》

相传，《致爱丽丝》是贝多芬为其心爱的人所作，整个乐曲仿佛一个少女，单纯、美丽而活泼，洋溢着浓郁的爱慕之情，现在听再合适不过了。

乐曲赏析

乐曲的开头，主题活泼亲切，刻画出一个温柔美丽、单纯活泼的少女形象；中间部分色彩略显暗淡，节奏性强，表达了情绪不佳时的少女；最后，乐曲在欢乐明快的气氛中结束。准妈妈从中感受到的正是这份感情，并传递给胎宝宝。

谁是爱丽丝

《致爱丽丝》这首乐曲是贝多芬在40岁左右时所作，但在他生前未发表，谁是乐曲中的“爱丽丝”呢？说法不一。

女学生特蕾莎•玛尔法蒂。这是贝多芬教的一名女学生，贝多芬教课时对她产生了好感，于是写了这首乐曲送给她。贝多芬去世后，整理这首乐曲出版的人将曲名错写成《致爱丽丝》，流传下来。

女高音歌唱家伊丽莎白•罗克尔。贝多芬也教过她一段时间，两人保持着亲密的友谊，伊丽莎白后来嫁给了贝多芬的朋友，爱丽丝是伊丽莎白的昵称。

富商家的女儿。传说贝多芬12岁时，到一个富商家里去教钢琴，贝多芬非常喜欢这家的女儿爱丽丝，于是在那个时候创作了这首乐曲。

胎教贴心话 准妈妈听好的音乐不仅有助于陶冶胎宝宝的艺术情操，而且能让心情更快乐，让胎宝宝拥有一个良好的内环境。

第270天 儿童画欣赏：《幸福的一家》

在孩子们的眼中，这个世界是那样的五彩斑斓，充满了鸟语花香。儿童画中颜色鲜艳的色调，散发着快乐的音符，一定会让你的心情更加舒畅。

你也可以画儿童画

儿童画并不是孩子的专利，你也可以拿起画笔来，充分发挥想象力，描绘一些儿童画。在画画的过程中，可以使你心绪宁静，同时能把这种良好的刺激传递给胎宝宝，让他受到艺术美的熏陶。看着自己笔下的童趣和稚拙感，你会步入一个五彩缤纷的儿童世界，与胎宝宝一起想象这种无忧无虑的快乐。

第271天

手工胎教：做个小兜肚

以前的妈妈在宝宝出生前会为他准备全套的婴儿服，如果这个时候准妈妈身体状况稳定，情绪良好，那么可以从简单的入手，给未来的宝宝做个小兜肚。

准备材料：

准备两块棉质的方布，花色挑自己喜欢的，尺寸约为30厘米×30厘米，可自己进行调整，用同样的棉质布料裁剪棉布带子4根。

制作步骤：

1 将两块棉布面朝外相叠，然后对折成三角形。

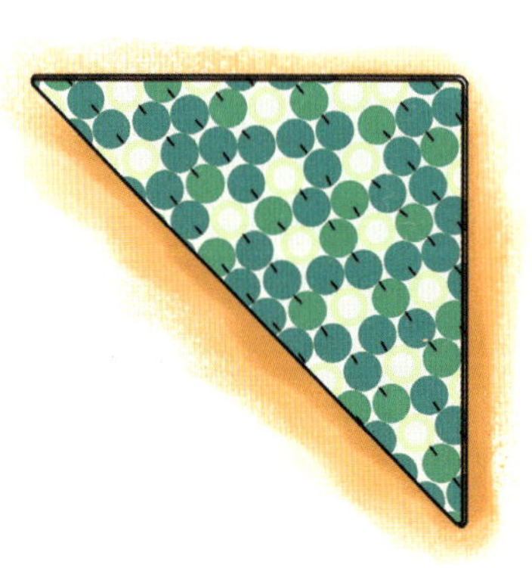

2 将一边为折边的任一角裁剪出凹弧形，用作脖子部分，其余两角剪成凸圆形。

3 将剪好的布料展开，缝合两块布的接口，然后在脖子两端以及两边腰部各缝一条带子即可。

4 有绣工的准妈妈还能在兜肚上发挥更多的好创意。

胎教贴心话 拿着自己做好的兜肚，准妈妈肯定非常有成就感，这种积极的情绪对胎宝宝发育将非常有利，而且这个小兜肚马上就能给宝宝用上了哦。

第272天

营养胎教：缤纷水果餐

水果不仅味道好，还可以帮助准妈妈和胎宝宝补充维生素，自己动手或者让准爸爸来准备几款缤纷美味的水果餐作为加餐吧！

水果沙拉

原料 你喜欢的各种水果，如2个草莓、半个苹果、半个梨、1个猕猴桃等，按照自己的口味选择，150~200毫升的酸奶1盒。

做法 将所有水果分别洗净，去皮，然后将各色水果切块装盘，在水果上淋上酸奶即可。

功效 多种水果中含有你和胎宝宝必需的维生素，而且含有大量的水分和膳食纤维，与酸奶拌成水果沙拉，还具有缓解便秘的功效。

草莓奶昔

原料 草莓200克，牛奶100克，冰激凌1球。

做法 将草莓洗净，去蒂，与牛奶和冰激凌混合放入搅拌机打碎即可。

功效 补充钙质和维生素，对胃肠道和贫血均有一定的滋补调理作用。冰冷食物可能让胎宝宝躁动不安，准妈妈千万不要贪食哦。

水果粥

原料 粳米50克（半量杯），苹果半个，梨半个，枸杞适量。

做法

1. 粳米洗净，加入适量水大火烧开转小火，熬成粥；
2. 起锅时，将苹果、梨洗净去皮切丁，加入粥内，枸杞洗净加入粥内，一起煮开后即可。

功效 具有清心润肺、消食养胃、润燥的作用，吃起来清新爽口，别有风味，很适合脾胃不佳、食欲缺乏的准妈妈。

胎教贴心话 水果含糖量高，准妈妈在孕晚期尤其不要过量食用，每天200克左右即可。在烹饪水果餐时不要放糖，如需要加入适量蜂蜜调味。

第273天

情绪胎教：超过预产期不要慌

很多准妈妈都会超过预产期分娩，而在预产期后两周分娩也属正常。在孕40~41周期间，如果准妈妈和胎宝宝的状况良好，医生一般不会采取相关辅助措施，而是让准妈妈静待分娩的发动。

平和心态，等待宝宝的降临

在等待宝宝降临的时候，准妈妈需要做的就是不要焦虑，平和心态，可以做点自己能做的事情，散步、整理宝宝衣物、和朋友聊聊天等，转移注意力，不要总是担心自己是不是能感觉到有动静了，这会加重自己的焦虑感。准妈妈也可以和老公外出走走，享受一下最后的美妙时光。因为宝宝出生后，就很难得有这样的机会了。注意散步时不要离家太远。

准妈妈还要注意休息，为分娩储存能量。如果准妈妈很难在晚上好好睡一觉，可以在白天打个盹，把脚抬高，打开音乐。如果睡不着，也不必发愁，打个瞌睡也很好。亲朋好友的询问会给你更多的压力，告诉亲朋好友，不要每天都打电话来询问情况，如果真的生了，你会打电话通知他们的。

坚持定期产检

准妈妈还需要坚持产检，如果怀孕41周后还没生，医生会核对准妈妈的孕产期是否准确，查看胎宝宝的大小及胎位，对准妈妈进行内诊，检查子宫颈是不是已经为分娩做好了准备（既柔软又有弹性），来确定继续等待或者引产。如果确定继续等待，准妈妈需要进行定期检查（每2~3天1次），确定胎盘和胎宝宝的状况，看看胎宝宝是不是一切正常。如果确定可以生了，准妈妈需要做好入院的准备。

胎教贴心话 如果怀孕超过42周还不生，那就是过期妊娠了。考虑到胎宝宝的健康，如果超出预产期2周还没出生，医生会建议终止妊娠，采取催产手段或施行剖宫产让宝宝娩出。

第274天

本周变化：发育成熟

等待是让人忐忑又兴奋的，就要和宝宝告别这10个月幸福而难忘的时光了，再耐心点，他一定不会辜负你十月怀胎的辛苦。

随时都可能出生的小生命

胎宝宝出生时平均身长在52厘米左右，体重一般都在3200~3400克，但应注意避免让宝宝的体重在4000克以上。胎宝宝身体内的所有器官和系统都已发育成熟，随时可以出生了，你要特别关注临产的征兆。

等待一声响亮的啼哭

胎宝宝最后一个成熟的器官肺部最终运作需要胎宝宝的第一声啼哭。随着他的哭声，会激发心脏和动脉的结构迅速产生变化，从而使血液输送到肺部，帮助他建立起正常的呼吸模式。他出生后第一声啼哭通常都是没有眼泪的，因为他的泪腺功能还没有被开发，这种情况会持续两三周。

胎盘开始老化，羊水变浑浊

现在，胎宝宝的重要生命线——胎盘正在老化，传输营养物质的效率在逐渐降低，同时胎宝宝所处的羊水环境也有所变化，原来清澈透明的羊水变得浑浊，成了乳白色液体，如果过期妊娠，这些变化将会给胎宝宝带来危险。

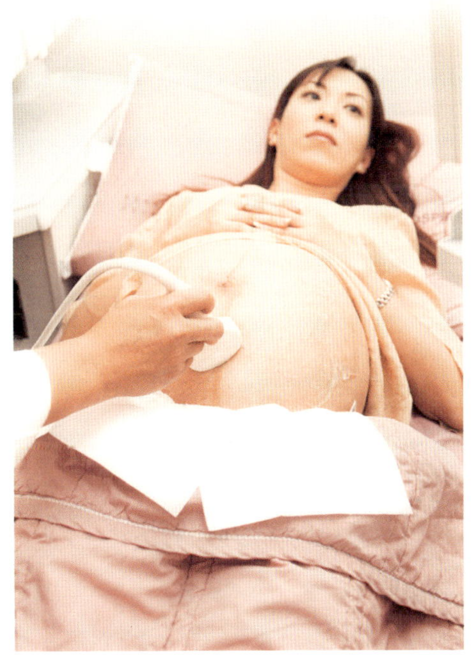

胎教贴心话

胎宝宝出生后，护士会将擦洗干净的小宝宝抱到妈妈的怀里，生产完毕，不管有多累，准妈妈都要抱一会儿宝宝，这样更有利于宝宝安全感的建立。

第275天

艺术胎教：简笔画毛毛虫和蝴蝶

孕育的过程何尝不是毛毛虫化蝶的过程，今天来学习一下毛毛虫和蝴蝶的画法吧。

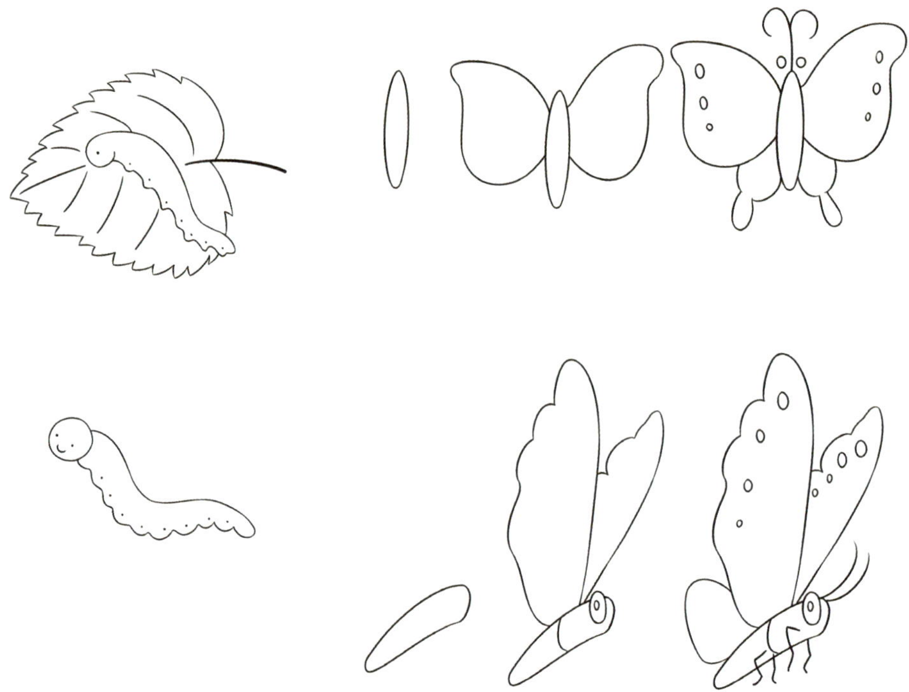

胎教贴心话 画完画别忘了给画作上色哦，要知道，缤纷的颜色不但能赋予画作更饱满的生命，还能让准妈妈自己的情绪变得更好，让胎宝宝感觉更好呢。

第276天

艺术胎教：电影《龙猫》

越临近分娩，准妈妈的情绪越容易变得起伏不定。看看这部《龙猫》吧，让影片给你带来麦穗的舞蹈、风的歌声和坐在木篱上静心倾听的感觉……

电影简介

中文名：龙猫，又名邻家的豆豆龙、 隔壁的特特罗

英文名：My Neighbor Totoro

导演：宫崎骏

主演：日高法子/坂本千夏/岛本须美/北林谷荣/高木均

制片国家/地区：日本

语言：日语

发行时间：1988年

影片赏析

“在我们乡下，有一种神奇的小精灵，他们就像我们的邻居一样，居住在我们的身边嬉戏、玩耍。但是普通人是看不到他们的，据说只有小孩子纯真无邪的心灵可以捕捉他们的形迹。如果静下心来倾听，风声里可以隐约听到他们奔跑的声音。”——《龙猫》

《龙猫》是一部平静而温馨的电影，这个可爱的生物有着可爱憨厚的外表，它和天真无邪的孩子是好朋友，也和精灵们是好朋友，他们给我们带来了一个简单、奇妙、安详、宁静、从容、细腻的故事，故事里有悠扬的音乐、干净的画面、趣稚的人物，一切都像回到了童真纯净的年代。

胎教贴心话 宫崎骏可以说是日本动画界的一个传奇，可以说没有他的话日本的动画事业会大大逊色。在他的笔下，场景梦幻温馨，他创造了一个又一个童话电影，《风之谷》《千与千寻》《哈尔的移动城堡》《悬崖上的金鱼姬》等，为孩子们还有很多成年人构建了完美的童话世界。这是一部适合全家老小一起看的影片，人人心中都有个龙猫，人人心中也都装着自己的童年。

第277天

艺术胎教：电影《人体漫游》

人的一生是怎样一个旅途？正在孕育一个新生命并经历了整个孕期的准妈妈一定会更有感触。这部纪录片相当于一部人生旅途的生命教学片，但比教学片能赋予你更多的感触。

电影简介

中文名：人体漫游

英文名：The Human Body

导演：Richard Dale, Emma Death

主演：Robert Winston (Pres/Narr), et al.

制片国家/地区：英国

语言：英语

发行时间：2004年

七个阶段讲述人的一生

Step1：Life Story，生命物语。时间一分一秒地流逝，存在我们体内的无数个不可思议的微小奇异世界里，正发生着天翻地覆的变化。

Step2：The Beginning （An Everyday Miracle），永不止歇的奇迹。生命是世界上最复杂难懂的奇迹。

Step3：First Steps，人之初。在婴幼儿阶段，宝贝将学会走路、说话等一些基本的生存技能。

Step4：Raging Teens，澎湃的青春期。青春期被称为荷尔蒙的革命，不用怀疑，你年轻时干过的傻事都是基于此影响。

Step5：Brain Power，脑力的支配。人体的大脑是宇宙中最难懂和神秘的物体，但我们对其还知之甚少。

Step6：As Time Goes By，光阴似箭。这体现在你的老化过程中，但老化并不代表人类的退化，而是进化，虽然这也不能安慰我们什么。

Step7：The End of Life，生命的尽头。死亡自古以来就是一个难解之谜，怎么来面对死亡？

胎教贴心话 对于孕期准妈妈敏感的情绪来说，Step6与Step7并不那么美好，那就先放下，等将来宝宝问起爸爸妈妈生命的源起、生命的去向时，再和宝宝一起观看吧。

第278天 满天星与婴儿的呼吸

满天星的英文名叫 Baby's breath——婴儿的呼吸，很奇特吧？与很多好听的中文花名一样，很多花儿的英文名称都富有诗意，与胎宝宝一起来看看吧。

满天星 Baby's breath

"婴儿的呼吸"，这样的名字从口中读出来，都有种温馨甜蜜的意味。这个词是美国英语中用来称呼满天星的，这种花的学名是Gypsophila，可就半点浪漫意味都没了。

康乃馨 Carnation

康乃馨的中文名是从英文音译过来的，学名在希腊文中的原意是Heavenly flower。传说粉红色的康乃馨是圣母玛利亚的眼泪灌溉出来的，所以代表了至纯的母爱，是母亲节送给母亲最好的花。不久的将来，宝宝也可以为你准备一束粉色康乃馨了。

牵牛花 Morning glory

牵牛花别名"朝颜"，这大概与牵牛花的花期有关——早晨盛开，太阳出来后闭合。朝颜这个名字更富有诗意，与大气而庄严的 Morning glory 更匹配些。

水仙 Narcissus/Daffodil

Narcissus这个名字来源于希腊神话中的美少年Narcissus，由于痴恋自己在河中美丽的倒影而憔悴致死，死后化作水仙花。因此我们常说的"自恋"英语中就是narcissistic；narcissus这个词是"水仙花"的总称，而daffodil指的是其中的一种，黄水仙。

勿忘我 Forget-me-not

显而易见，中文是从英文中直译而来，而英文最开始是从法文名ne m'oubliez pas（别忘记我）直接翻译过来的。勿忘我还有个希腊文名字，意为"老鼠的耳朵"，因为勿忘我的叶子长得像老鼠耳朵。

萱草 Day lily

萱草又称忘忧草，英文名day lily来自希腊语，原意是"day"和"beautiful"。在我国，古时候由于母亲居住的地方，门前总是种满萱草，所以用"萱堂"来指代母亲。这是一种寄托思念的花，《诗经》中就有"焉得谖（xuān）草？言树之背。愿言思伯，使我心痗（mèi，病的意思）"的诗句，其中"谖草"就是萱草的古称。

第279天

学几招护理新生儿

宝宝的降临可能会让新手爸妈有些措手不及，不要着急，学一点新生儿护理知识，相信你一定能完美地完成从准妈妈到新手妈妈的角色转换。

掌握正确的喂奶姿势

躺着喂：身体侧躺在床上，膝盖稍弯曲，放几个枕头或靠垫在你的头部、大腿下及背部，用下方的那只手放在宝宝头下，并支撑他的背部。先喂下侧的乳房，喂另一侧时，可抱着宝宝一起翻个身。

坐着喂：把宝宝放在腿上，用手腕托着后背，让宝宝头枕着你胳膊的内侧。用手托起乳房，待宝宝张开嘴时，把乳头和部分乳晕送入宝宝口中。最好选择低一点的椅子，如果椅子太高，可用一个小板凳垫脚，这样能更舒服些。

给宝宝穿衣服

新生宝宝全身软软的，他还不会配合穿衣的动作，给新生宝宝穿衣服可是要讲点技巧的哦。

上衣的穿法：

1 先将衣服平放在床上，再让宝宝平躺在衣服上。

2 将宝宝的一只胳膊轻轻地抬起来，伸入袖子中，再将宝宝身下的衣服向对侧稍稍拉平。

3 轻轻抬起另一只胳膊，使肘关节稍稍弯曲，将小手伸向袖子中，然后从袖口中将小手慢慢拉出来。

4 系好衣服的带子就穿好上衣了。

裤子的穿法：

1 将手从裤脚管中伸入，拉住宝宝的小脚，将裤子向上提就可以穿上了。

2 如果是连衣裤，先将连衣裤解开扣子，平放在床上，让宝宝躺在上面，先穿裤腿，再用穿上衣的方法将手穿入袖子中，然后扣上所有的扣子即可。

给宝宝换尿不湿

1 让宝宝仰卧，一只手稳稳地抓住宝宝的脚踝（最好用你不常用的那只手），使他的屁股抬高，然后另一只手用尿不湿比较干净的部位将宝宝的小屁股擦干净，顺势取出脏尿布。

2 清洁宝宝的小屁股，以消毒棉球或蘸了温水的湿布擦拭他的生殖器部位，女宝宝要从前往后擦，避免感染。

3 拿一片新的尿不湿，一端放到宝宝屁股后，另一端放到宝宝下腹部，固定好即可。

第280天
别忘了巩固胎教成果

胎宝宝是有记忆力的，准妈妈在怀孕期间教给他的那些知识，包括儿歌、故事、认识数字和图形，还有听过的音乐，都会在他的大脑中留下记忆。所以，在宝宝出生之后，妈妈所要做的就是继续这种学习，用熟悉的东西唤起宝宝的记忆。倘若妈妈这样去做了，一定会惊奇地发现，早教在你的孩子身上变得很容易。

重复可以巩固胎教成果

胎教内容涉及教育的方方面面，这为宝宝的学习和认知打下了良好的基础，也为早教提供了很好的素材。要知道，宝宝不怕重复，他更喜欢熟悉的东西，一次又一次，不厌其烦。如果你在早教的初期，坚持给宝宝复习以前的胎教内容，你会惊奇地发现，当宝宝听到熟悉的音乐、熟悉的故事和歌谣，听到你熟悉的呼唤时，会给你积极的反应，这些都将对宝宝的发育带来有益的影响。

灵活运用之前的胎教计划

在胎教时做的计划，可以继续在新生儿期运用。虽然新生儿大部分时间都在睡觉，但妈妈可以播放轻柔的音乐（声音不要太大，那会吵着他），在他醒着的时间，把那些在孕期讲给胎宝宝听的小故事，再一次讲给宝宝听。这样按照计划来重复宝宝熟悉的内容，有助于唤醒他最初的记忆，你会高兴地看到宝宝每天都在发生令人惊奇的变化。

胎教贴心话 实践证明，巩固胎教成果会让宝宝睡眠更规律，也会让他更早地学会说话。不过，每个宝宝都是独特的，对宝宝的发育妈妈要保持一颗平常心。

图书在版编目（CIP）数据

科学胎教每日一页 / 付娟娟编著. —北京：中国人口出版社，2015.1
ISBN 978-7-5101-3095-3

Ⅰ. ①科… Ⅱ. ①付… Ⅲ. ①胎教—基本知识 Ⅳ. ①G61

中国版本图书馆CIP数据核字（2014）第281960号

科学胎教每日一页

付娟娟 编著

出版发行	中国人口出版社
印　　刷	河北美程印刷有限公司
开　　本	720毫米×1000毫米　1/16
印　　张	18
字　　数	200千
版　　次	2015年1月第1版
印　　次	2015年1月第1次印刷
书　　号	ISBN 978-7-5101-3095-3
定　　价	32.80元

社　　长	张晓林
网　　址	www.rkcbs.net
电子信箱	rkcbs@126.com
总编室电话	(010) 83519392
发行部电话	(010) 83534662
传　　真	(010) 83515922
地　　址	北京市西城区广安门南街80号中加大厦
邮政编码	100054